● 新装版

知のモラル

小林康夫／船曳建夫―［編］

東京大学出版会

The Ethics of Knowledge, Revised Edition
Yasuo KOBAYASHI and Takeo FUNABIKI, Editors
University of Tokyo Press, 2023
ISBN978-4-13-003357-2

21世紀の読者へ
新装版刊行にあたって

　長らく品切れになっていた『知のモラル』が，今回，新装版として再刊されることになりました．

　1990年代の大学における〈知〉のあり方に一石を投じたと言うことができる，われわれの編集による『知の技法』（1994年）から30年という節目に向けて，版元の東京大学出版会が『知の技法』以降の〈知の三部作〉（いや，『新・知の技法』を入れれば四部作なのですが）を手に取れるよう『知の論理』と『知のモラル』の新装版を刊行することになりました（『新・知の技法』は電子版が発行される予定です）．

　四半世紀以上前に編者であった小林康夫・船曳建夫の二人は，すでに東京大学を停年退職していますが，幸いなことに，それぞれ元気に活動を続けています．

　今回の新装版のお話しは，われわれにとっても嬉しい，ありがたいことですが，――二人で話しあって――われわれとしては，それをただ，過去への追憶的〈祭り〉にしてはならないということで一致しました．

　やはり〈知〉という以上，そしてとりわけ三部作全体を通じて〈行為としての知〉を強調したのであった以上，われわれもまた，〈今〉という時において，この本の意味をどう考えるのか，みずから問わないわけにはいかないだろう．それこそが，〈知のモラル〉ではないか！

　というわけで，1996年初版のテクストの冒頭に，「遅れてきたAnnexe」として，あるいは「2023年版の序文」として，遠い過去から，突然，回帰してきたこの本に向かい合う，われわれの思い，

それぞれの〈知〉の現在の反応を記しておくことにします.

●●

いまこそ〈知のモラル〉を!

『知のモラル』こそ,わたしにとっては,『知の技法』の刊行から
はじまった 1990 年代の東大・駒場(教養学部)における「知の改
革」が,ほんとうの意味での「運動」であることをはっきりと示す
書でした.

じつは『知の技法』が構想されたはじめの動機は,カリキュラム
の組み替えによって,(文系の学生のために)「新しい教科書」をつく
ることだったわけですが,出版されると,社会から大きな反響をも
って迎え容れられました.そうなると,それは,もはや東大・駒場
の「新しい教科書」というだけではなく(実際には,教科書としては
ほとんど使われなかったのではないでしょうか? よくあることですが,
組織の内部では「新しい動き」はつねに抑圧されるのです),それを超え
て,つまり東大・駒場という限界を超えて,そのとき誰もが感じて
いた時代の激しい変化に対して,〈知〉はどのように応えるのか?
──まさに,それこそが問われていたのだと思います.

〈知〉の行為は,基本的には,論理の行為です.習俗や感情,欲
望などの次元にあるのではなく,あくまでも論理的な言語行為の次
元にある.とすれば,『知の技法』を裏付けるのは,あくまでも論
理です.ところが,その論理そのものが 20 世紀に大きく変化した.
新しい論理,新しい論理展開が発明され,創造される.当然,そう
した論理を学ばなければならない.『知の論理』は『知の技法』と
は表裏一体の関係にあるわけです.

「知の教科書」としては,ある意味では,この『知の論理』で終
わってもよかった.

しかし,われわれは〈知〉が行為であることを強調しました.
〈知〉はたんなる知識の集積でもなければ,専門的な技術というわ
けでもない.〈知〉はそれ自体,世界に対して,他者に対して,歴

史に対して，あらたな認識あらたな現実を生み出していく行為でも
あると，われわれは強調したわけです．その意味で，〈知〉は自己
完結的ではない．それは，かならずそれぞれ特異的な「現場」とか
かわり，多くの他者たちとかかわる．とすれば，どうしても，そう
した「現場」における「知」の行為の妥当性を問う視点が避けられ
ないだろう．必然的に具体的な，現実的な他者とかかわるその次元
を開くこと——それこそ，「モラル」という言葉に託したわれわれ」
の願いでありました．

　「モラル」——この言葉は難しい．普通に考えれば，そこではた
とえば「人のためになるように」「幸福になるように」「人間の尊厳
のために」「平和のために」……等々というような誰も反対するこ
とができない「善」を掲げて，そのためには「○○○すべきであ
る」というある種の行動規則を定めることが求められているように
も思われるかもしれません．もしそうならば，〈知〉の名において，
そのような「道徳原則」を定めること自体は，はたしてどこまで倫
理的であるのだろうか？　それは「モラル」的であるだろうか？
——当然，そのような疑問が提起されてきます．
　実際，われわれが執筆を依頼した先生たちからもそのような反応
が還ってきました．そして，じつは，それこそが，われわれが望み
願ったことであったのです．
　すなわち，われわれが願ったのは，一方的に「モラル」を説くこ
とではなく，かといって，「モラル」を説くことはモラル的ではな
いと言って，いっさいそれに触れず，知らん顔をするのではなく，
けっしてたんなる「規則」や「法則」などには還元できない，その
度ごとに特異に異なっている〈知〉の具体的な行為の「現場」にお
いて，それでも他者とかかわる以上は，開かれざるをえない「モラ
ル」的な次元を，——性急に解決するのでも，無視するのでもなく
——ひとつの「開け」そのものとして開くことであった．それこそ
が，来るべき未来への希望ではないか！　と言ってみたかったので
す．

別の言い方をするならば，それは，〈知〉においてその主体はけっして消去されないということでもある．

　〈知〉は，普遍性，客観性，事実性などといった，個人の主観を超えた「真理」（ないし「事実」）に基づいて論理を構築していく行為です．そこでは，最終的には，「私は考える」という主体性は，非人称的な「真理」へと明け渡されなければならない．実験で確かめられたデータを基に，「私の主観的な思考」を超えた客観性が確保されなければ〈知〉ではない．そしてそのことによって〈知〉は社会のなかで，ひとつの「権威」として機能するようになる（それが「大学」の「権威」です）．〈知〉は本質的に権威的なのです．

　だが，同時に——われわれがこの『知の技法』三部作で一貫して強調していることですが——，〈知〉は行為である．そして行為であれば，かならずやそこには主体があり，その主体性は消し去ることができない．そして，その主体性は，さまざまな他者，かならずしも〈知〉という制度のなかにいるわけではない多くの具体的な，現実的な他者たちとかかわりをもつ．とすれば，そこに，他者とのかかわり，しかもけっして予測可能ではないような他者との関係性が生まれてくる．しかし，それぞれまったく異なる「現場」に共通する規則をあらかじめ定めておくことはできない．それでは，権威的ではあっても，「モラル」的ではない．「モラル」とは，あらかじめ定められた規則などに従うことではなくて，その度ごとに，異なった「現場」，異なった他者とのかかわりにおいて，〈知〉がどのような希望を語ることができるかを引き受けることではないのか？——それが，われわれの問いかけであったのです．

　それ故に，『知のモラル』に関しては，われわれは，執筆をお願いする人を，それまでの東大・駒場の教員という枠を超えて開くことを考えました．もちろん，駒場の三部作という路線は踏襲しつつ，労働経済論の隅谷三喜男さん，憲法学の樋口陽一さん，一般設計学の吉川弘之さん，行動生態学の長谷川眞理子さん，さらには——（わたし自身がヴェネチアにまで赴いてインタビューしたのですが）——イタリアの哲学者にしてヴェネチア市長であったマッシモ・カッチ

ャーリさんにも参加をお願いしたのです.

　同時に, 駒場の教員の方に対しても, それぞれの方のいわゆる専門領域に根ざした論考をお願いするというよりは, その専門的〈知〉の限界において,〈知〉が広い意味でのモラル的な次元へと触れていき, 入っていくその行為としての切り口を語ってくださる方を選んでお願いをしました. そのために, それはたんなる同僚という立場を超えて, われわれがその人の存在のあり方をそれなりに知ることができていた, ある種, 親密な人でなければならなかったのです. だからこそ,『知のモラル』の 10 人の駒場の同僚の執筆者のうち, わたしを含めて 4 名が駒場のフランス語教育の担当者であり, そのうちの 3 名が表象文化論学科に属するメンバーとなったのでした. それは, 組織内のバランスのような「モラル」の視点からすれば, 逸脱的なことであったかもしれない. だが, そうした組織原理的な限界を開くことに,「知の希望」を見出したかったのです.

　実際, その 4 名が語ったことは,「美」(蓮實重彥),「詩」(松浦寿輝),「菩提心」(竹内信夫),「注意力 (祈り)」(小林康夫) でした. それぞれが「知のモラル」を問うことで「美」,「詩」,「菩提心」,「祈り (注意力)」という軸を提示した. わたし自身の論考もここに含めているわけですから, 当然,「この独りよがり的な思い上がりこそ非モラル的ではないか」という批判もあろうかとは思いますが, しかし, わたし自身にとっては, そこにこそ,〈知〉を開いていく, それぞれ異なった方向性の指示記号がはっきりと打ち出されているように感じられたのです. そのことは, いま, 読み返しても, 変わりなく感じられる. そこにこそ『知の技法』三部作のひとつの到達点があったと, 当時も, そしていまも, わたしは思います.

　わたし自身の論考は,「注意」こそ「魂の自然な祈り」であるというヴァルター・ベンヤミンの指摘から出発して, それをその前年に出版された大江健三郎の講演集『あいまいな日本の私』(岩波新書, 1995 年) のなかで語られていた, 大江さんと子息の光さんとのささやかなエピソードに結びつけつつ,〈知〉にとっての注意が祈りへとつながっていくことを喚起しようとしたものでした. それは「知

のモラル」という（ある意味では）みずからが提起した問いにどう応えるのか，を自分なりに模索する行為を記述したものでしたが，その行為は，わたしの〈知〉のなかにひとつの軸を刻みこみました．実際，わたしは，その数年後，同じエピソードをふたたび取り上げつつ，「祈りの行為論」について，わたしにしては長大な論考を書くことになります（『宗教への問い2 「光」の解読』，岩波書店，2000年）．爾後，この「モラル」の問いは，──いまに至るまで──わたしの思考に取り憑いているのです．

　しかし，この間に，〈知〉にかかわる「モラル」の状況は，前代未聞の仕方で劇的に変化しました．その激変をひと言で示すなら，たとえば，わたしがこの拙稿を書いている2023年7月に，国連の安保理ではじめて「AIの脅威」が取り上げられ議論されるようになったことを挙げてもいいかもしれません．もちろんchatGPTも含めて，AIという新しい地平について，まさに人間的な「モラル」との関係において，徹底して議論しなければならない時代に，突入してしまっているということです．それは〈知〉の問題です．〈知〉の「モラル」の問題です．そこには，けっして大げさではなく，人類の未来が懸かっているのです．

　われわれの『知のモラル』では，AIにつながるような直接的な情報テクノロジーの問題は扱われていません．その意味では，この本は，時代遅れかもしれない．だが，同時に，本書の第IV部は「人間の場所」と題されていて，そこでは「遺伝子」（長谷川眞理子），「霊長類の一員としてのヒト」（長谷川寿一），「人間の共同体のつくられ方」（船曳建夫），「人工物」（吉川弘之）という問題系が論じられています．「遺伝子」（情報）という観点も含みつつ，「人間」という存在のあり方が問われている．そこには，AIを生み出し，かつそのAIとの関係を根源的な「モラル」として問わなければならなくなった現代の思考が踏まえておかなければならない地平が，簡潔に，語られていると思います．

　「モラル」の問いは限界においてこそ立ち現れます．そして，限

界とは，そこに断層が走り，その両方の境界の差異がはっきりと見えてくるということです．その意味で，わたしは，われわれのこの『知のモラル』が，AI によって象徴されるような現代の人間の能力を超えて情報化された〈知〉が突きつけてくる問題に対する直接的な解答をもたらすなどとは夢想しないにしても，しかし，われわれのひとりひとりが，この問題を受けとめ，それに応答しようとするときに，「それ以前の知の問いかけ」がどのようなものであったのか，という基本を学ぶために，いまだに有効であると確信しています．

　AI に対して，われわれはどんな「知の希望」を語ることができるのか．それは，どんな「モラル」の地平を開くのか．
　われわれは，どのように「魂の自然な祈り」を生きることができるのか？　遠い時間の経過を経て届く言葉のなかに，われわれの注意を惹きつけるものがある，そのように時間を超えて，人間の言葉が伝わっていく，それこそが〈知〉の「希望」！なのだ，とわたしは言いたい．

（小林康夫）

●●

『知のモラル』──待つこと，希望すること

　『知のモラル』を含めて，〈知の三部作〉が再刊されるとなれば，編集をした者として，それが社会にどのような影響を残したのか，と振り返り始めます．あれこれ思い出すことがあり，30 年前の出版が，いま，どんな意味を持つのか，とまとめ出す．ところが書き出してみて，すぐにやってきた思いは，ここは人が間違いやすいところだな，という直感でした．回想録のインタビューなら自画自賛もご愛敬ですが，「モラル」と題する本の再刊ですから，自己点検をしなければならない．編集，出版はこんな具合でした，の HOW ならまだしも書ける．『知の論理　新装版』の方にはそれを書きました．こちらはモラルについての本ですから，より深い WHY と

いう問いが出てくる．そうした問いはあったのか，それには答えられたのか．読み返すと私は「希望」について書いたりしている．ではその希望はどうなったのか．30 年間の点検はどのように可能か．

　そこでまずは散歩をしました．散歩をしながら思い出したのは，30 年前，問われてすぐには答えられなかった，ある問答です．
　『知のモラル』を出す頃には，一種の責任も感じていました．大学という母屋のひさしを借りての営業ですが，出す前から 10 万部くらいは出るだろうと目論んでいたのは，大学出版会の著作物としては異例でした．そうした化け物を出すことには，責任があるのか．「知」というものに対するモラルは何であったのか．もし私個人が数十万部売れる本を続けて書いたら，生活から変えて「作家」にでもなって，書き続ける中でモラルを果たす方策もあります．この〈三部作〉の場合，20 人もの方々に書いていただいてやっと一冊出せるというのですから，そうは行かない．「ベストセラー編集者」というのは，別種のものです．縮めていえば，図らずも売れすぎた二冊のあと，それも「モラル」というタイトルで編集をすることに，ためらいを感じていました．こうした本を「大学」から発信するとき，それは社会にいかなる意味と責任があるのか．
　その，初夏になると翌年の『知の XX』へ，と前に押し出される気分の時に，執筆を依頼した方から，知的な問いを投げかけられました．『知の技法』にも「レトリック——Madonna の発見，そしてその行方」を書いて下さった松浦寿輝さんが，「船曳さん，どうして知のモラルなんですか，知のエチカではなく」と聞いてきました．とっさに答えるには，私には難しすぎる質問でした．が，なんだかその意図は分かった．「モラル」の教科書・副読本を作って，学生に「こうしなきゃいけないよ」，と教え諭すの？　ということだったのでしょう．そして，この本の，松浦さんの「真理からフィクションへ——知のエチカ・詩のエチカ」を読むと，おっしゃった意味がよく分かる．その一文の最後に，「重要なのは超越的な『モラル』ではなく内在的な『エチカ』だということ」とあります．そこでし

ょう．

　それでも，と逆接ではなく，私にはその超越性と内在性の区分けと同じ理由で，この『知のモラル』は出すべき本でした．私には「モラル」は内在的です．「エチカ」は言葉として馴染みがないのもありますが，サボり気味のカトリックですが，私情として，旧約の超越的なる「十戒」は，新約によって内在化されたと考えています．内在化されたからこそ，ルター以降，個人的なインモラルは，免罪符はおろか，告解室の告解でも許されそうには思えない，と考えます．『知のモラル』で，学生に読んで欲しかったのは，個人の内なるモラルの発生とその支え方でした．

　〈知の三部作〉は，社会に，大学に何かの変革をもたらしたのでしょうか．俗っぽいところから話すと，この〈知の三部作〉のスタイルは，模倣されることになるだろうと思っていましたが，それは外れました．

　その「スタイル」とは，「ですます体」で身近雑記とは違うエッセイ，論考集であり，一つ一つの文章の頭にリード文があって，最後に何かおまけを付ける．文章をいくつかのパートに分けたら，パート毎に解説が付き，著者紹介欄には自分の短文による紹介と自身お気に入りの写真．まるごと，小林康夫さんの発明と言っていいものですが，それゆえに「まるごと」は避けたかったのでしょうか，そうした本は出なかった．いや，模倣本は出ましたが，スタイルをまるごと模倣する覚悟がなかったせいか，いずれも中途半端で，笑っちゃうようなものでした．結局一冊の本のスタイルとしては，定着することはなかった．

　でも，部分的にはかなり影響を与えたと思います．こうした，大学の教師が，専門の研究について，分かりやすく書く，と，今となってはそれのどこが新しいの，という，「態度」のようなものは当たり前になりました．それほどかつての大学教師は「大学の教師」であり続けねばならないことに臆病なほど慎重だったと言えるでしょう．

それもこれも，ことが「教養学部」から起きたのは，歴史論理的な事実です．『知の論理』には「奴隷の反乱」と書きましたが，そうだったのです．「貧すれば感ずる」のが当時の駒場の40歳前後の若手研究者だったと思います．ただし，その大学の中で劣位に置かれていた地域から「社会に向けて発信」が行われた，そう捉える方もいらっしゃるかと思いますが，私はそれは違うように思います．「『屹立する高さ』としてではなく，『開かれた濃密さ』」，との蓮實重彦さんのアジテーションにありましたが，塔から降りてもその濃密さは社会の方からたやすく近寄れるほどには緩んではいない．「大学に何がしかの特権があるとするなら，それは『屹立する高さ』としてではなく，『開かれた濃密さ』によってでなければなるまい」とあるように，ここでは「特権性」の主張がなされています．どこに対して？　そこが意外かも知れません．この三部作は駒場から社会に対してではなく，「駒場以外の東大」に対して書かれていた，と私は考えます．

　社会への影響，余波，は，起きることですし，起きたと思います．しかし，あえて繰り返せば，事件は大学内で起きたのです．世の中に何十万部売れても，〈知の三部作〉の意図と目的は，大学内に向けてでした．三部作の書き手の第一の読者は同僚です．その第一の読者を貫いて，社会的な読者を獲得したとしても，それは「学内」的であった，と考えます．同輩が読む，と思えば，おろそかな文章は書けません．作品に気が入ったのはそこです．大学の事情を知らない方はここがおかしく聞こえるかも知れませんが，大学の教師は，それぞれ別の分野で研究をしているので，元々は同じ教養学部でも他人の論文など読まないのです．

　ただし，ここに東大駒場の特殊事情，まさに「特権的」と思えるような成り立ちがあります．ちょうど英国のケンブリッジ大学などの「カレッジ」と似た事情があるのです．旧制の第一高等学校を前身として，大学の「教養部」ではなく「教養学部」として出発した駒場には，貧しいながら，それゆえの矜持がありました．長い説明を省けば，英国カレッジにある，同じ研究をすることによるのでは

なく，同じ「場」を共にする，「共同感」があったのです．駒場という「場」．英国のカレッジにあるのは食堂とチャペルです．駒場にあってそれに代わったのは「教授会室」です．この文を読んだ昔の同僚が，「あの200人もの人が集まったら議論をする場にすらならないのに，毎月一回，必ず研究時間を奪っていく，あの教授会が『共同感』を生む?!」と嘆息なさるのは目に見えています．しかし，文化人類学者だからでしょうか，私には別のものが見えます．人間の社会が持つ，東北の村でもオセアニアの島でも見られる「寄り合い」．退屈さをしのぎながら，教授会の中でぬるいお茶を飲み，時には誰かが持参した甘いものを摘まんだりしながら，こっそりおしゃべりをするあの時間と空間が，駒場を，多分，日本社会で例外的に，知的で遊蕩的ですらある，めざましいところにした，と思います．

　学校というものすべてが嫌いで，退職したその年の3月31日にすぐさま大学から離れ，その後，十数年間，駒場を再訪したのは，回避出来なかった5回しかない，というメンタリティの持ち主の私ですが，あの教授会は楽しかったのです．〈知の三部作〉は，あの冗長な教授会に座っていた各メンバーの内なるモラル，あるいはエチカの，内部圧力の高さの産物だった，と思います．

　こうやって，退職を機に大学から去り，自分を取り戻したように思える自分が，新装版刊行に不意打ちをされることで思い返しながら，『知のモラル』が，〈知の三部作〉が，何を果たしたかと自問自答しています．大学や社会にどんなインパクトがあったのかと言えば，それなりにあったろうと思います．大学内の改革の一つとして，「知」の組み替えの中の一つの宣言として，次のうねりの中での力動たり得たと思います．エピソードとして消えゆくものも，それは，「事件」というものの性質上，忘れられるものかと思います．しかし，モラル，それがエチカとしても，果たさなければならないこと，それは常にどこまでも自分の内側にある，と考える私にとって，外に対してではなく，この30年，ことに，大学を退職してから「知

のモラル」は，私自身に何を促したのかを考えてみます．

　驚くことに，私は，大学を辞めても，新学期になると，勝手に新たに「ゼミ」生を受け入れていました．文化人類学の「プロ」養成のゼミナールではなく，読書会や，おしゃべりゼミナールの方です．教授会でしていたあれです．そうした事例を他にも耳にします．いろいろな方がしている「私塾」というやつですね．ただ私のには「私」塾という意識はなく，在職中の 30 年近く行っていたゼミをそのまま引き継いで，毎年，先細り行く新入生を受け続けているのです．どこかで，批判されることは承知で言えば「公的」なつもりです．で，何のために？　新しいゼミ生に対してだけでなくむしろ元からのゼミ生に対して．それにしてもなぜ？　それは『知のモラル』に書いた「結び——そして希望せよ」に直接関係があります．希望を保つためには，「待たない」とならない．その「待つ」ためにゼミを開いています．自分のしているゼミ活動に，いちばんよく似ているのは，以前よく調査に行っていた地方の伝統芸能です．後継者が先細りになる中で，それでも，「あ，まだやっているんだ」，という受け止められ方をされながら，続けているあれです．私も，これまでそうしてきたから，を頼りに，その最後の日まで，希望を持ちたいと思っているのです．

　そんなことで，いま書いたばかりの学校は嫌い，という啖呵に反して，恥ずかしいかぎりですが，70 歳になったのに突然，新しい大学で講義とゼミとの教育を始めました．ゼミに関しては，元からのゼミと二本立てです．ブレグジット，トランプ，コロナ，ウクライナ，と思想的な基礎体力の薄い私には，打撃が続きます．やって来た 21 世紀は，こんなぐあいに始まっているのですから，21 世紀を丸々生きなければならないことになったらどうなるのでしょう．これからそれを生きる若者に檄を飛ばすのは，戦争に駆り立てる老人のような後ろめたさを感じます．ことに，戦後，首の皮一枚繋がって平和の中に生まれ込んだ世代の私にとっては．しかし，学校が嫌いと言いながら，好き嫌いでこなしていく目の前の日常とは違う，考えれば未来が組み込まれざるをえない時間の幅を生きるには，希

望を持ち続けないと，私自身が，生きていられない．

　伝統芸能的モチベーションを頼りに，希望を待ち続けていると，不思議なことも起きます．ゼミ生が突然宇宙飛行士に受かる，ゼミ生の，その息子が入ってくる．当たり障りのない人たちばかりではないので彼らがいまも同じ失敗を繰り返す．結局は同じことを繰り返している私には，モラルについても繰り返すしかありません．30年ほど前に「結び」に書いたのと同じこと，「『待て』のところ，そこに何を入れるのか．『跳べ』か『笑え』か『思いをこらせ』」などいろいろあるとして，「待て，そして希望せよ」と思うしかありません．

（船曳建夫）

2023 年 8 月 25 日

小林康夫
船曳建夫

● はじめに

　この本は，当初，東京大学教養学部の文科系１年生の必修科目「基礎演習」のためのサブ・テキストとして２年前に出版された『知の技法』，そしてその続編として，昨年出版された『知の論理』に続くものであり，言わば「知の三部作」の完結編とも言うべきものです．

　第一作の『知の技法』では，われわれは，一方では，どのように論文やレポートを書くか，どのように口頭発表をするか，という文科系大学生にとっての必須の知の技術ないし作法を呈示するとともに，他方では，学問のもっとも最先端の現場において，どのような知の技法が用いられているかを具体的に解説しながら行為としての学問の実践的なおもしろさを伝えようとしました．

　また，第二作の『知の論理』では，われわれは，終わりつつあるこの20世紀という時代を振り返って，文科系のさまざまな学問領域においてどのような「論理」がどのような現場から生み出されてきたのかを明らかにすることを通じて，学問という行為のダイナミックな創造性を浮き彫りにしようとしてきました．

　これらの２冊の本に共通する根底的な考え方は，——それらを読んで下さった方には明瞭だったはずですが——学問というものを，単に専門的な知識の集大成として考えるのではなく，なによりも行為，しかもある一定の理念と，それから派生する技法と論理とによってコントロールされた言語の行為として考えるというものでした．何を知っているか（what）に偏ったアクセントを置くのではなく，それと同じくらい，いや，それ以上に基本的なこととして，どのように知ろうとしているのか，どのように知っていることを表現しようとしているのか（how）を強調しようとしたわけです．学問の行

為論的な次元を明らかにして，それを問い直す——そういう試みが
いまこそ必要だとわれわれには思われたのです．

　それは，ひとつには，言うまでもなく，大学に入ってこれから学
問を学ぼうとしている若い学生諸氏に，大学という場を支えている
行為の核をはっきりと教えたいということがありました．それぞれ
の専門領域の学問的な成果とは別に，大学という場に共通のコミュ
ニケーションの作法・方法があって，それを自覚的に学ぶ必要があ
ることを示したいと思ったのです．

　しかしそれだけではなく，もっと根本的に，あらためて大学とい
う場を成り立たせているさまざまな行為を問い直してみる必要があ
るのではとも思われました．制度というものは一度確立してしまう
と，いつのまにかその行為を問うということが行われなくなります．
すべてがあたかも自明であるかのように機能してしまう．そのかわ
り，それぞれの場の現場性の感覚が失われてしまい，生き生きとし
たダイナミズムが枯渇してしまうということがおこるのです．

　われわれの誰もがはっきりと意識しはじめていることですが，現
在，日本の戦後社会を構成していたさまざまな社会的制度が硬直化
して，激しく移り変わっていく現実に対する柔軟な対応能力を失っ
ていることが露呈しつつあります．そのように，その基盤が根底か
ら問いなおされはじめているさまざまな制度のなかに，大学という
知の制度も含まれます．知とは人間による世界の理解，人間自身の
理解であり，それを絶えず更新していく営みです．知を基盤として
さまざまな現実的な変革が行われます．ですから，そのような世界
理解・人間理解がどのように創造され，伝達されるのかは，社会全
体の未来にとって根本的な重要性をもっています．

　だが，大学という制度を問いなおし，知のあり方を再定義すると
言っても，それを抽象的な一般論として外側から行うよりは，むし
ろわれわれが所属する具体的な大学の現場から出発して，ひとりひ
とりの執筆者が——顔をもった存在として——その言語が差し出さ
れる相手が具体的に想定できるようなコンテクストで（ということ
は，日々われわれが接している学生諸氏の顔を思い浮かべながら，という

ことでもあります）——自分がもっともシリアスに，あるいはヴィヴィドに取り組んでいる学問的な課題について，できる限り分かりやすい仕方で語ってみるということがより重要であり，より魅力的であると思われました．しかも，そうした専門領域の壁を超えた，さまざまなタイプの研究者の表現が集まることによって，専門区分という大学の制度に否応なく課せられる制度に拘束されないある一定の土台のようなものが自然と浮かびあがってくるということが重要だと思われたのです．大学について外側から論じるよりは，むしろ大学という場の根本にあるもの，しかも一般的に制度の重さのなかでなかなか見えてこないものを自覚し共有する，つまり古い制度のなかに新しい生き生きとした場を発見する——それがすべての制度改革に伴うのでなければならないとわれわれは考えたのでした．

このように，前二著を貫く基本的な考え方はすでに十分にモラルと係わっています．いや，それどころか，すでにみずからの行為を自覚しようとし，また現場のさまざまな関係に注意を払おうとする点において，この三部作のすべてはモラルへのある種の配慮から出発していると言ってもいいはずです．

第一作では，それを大学1年生への基礎的なオリエンテーションへと方向づけました．

第二作では，大学3年生を基準にして，知的な認識の内部の論理に立ち戻って，20世紀の知がどのような現場から論理を創造してきたのかを概観しました．

この第三作では，前二作の根底にあった知のモラルへの問いかけを前面に出して，それを大学の内外を問わず多くの人びととともに考えてみようとしています．この困難な時代にとって，とりわけ21世紀という未来にとって人間のモラルをどのように考えたらいいのか？　モラルの問題を考えていくときに，学問的な知はいまどのようなヒントを与えることができるのか？　ある意味では現代文明を支えている大学を中心とする知の営みにとってモラルの問題はどう立っているのか？　大学の外の現場と学問的な知とはどのように係わるのか？　知の責任とは何か？　モラルという観点から知の

行為を考えるときどんな視点が可能なのか？　——あくまでも大学という場を出発点にしてではありますが，こういったさまざまなモラルの問いを問う場がこの本によって開かれることが望まれているのです．

　誤解のないように言い添えておきますが，われわれはこの本を通じて，そういったモラルの問いになにか決定的な解答を用意しようとしているわけではありません．あるひとつのモラルを顕揚しようとしているのではない．また，現在，現実の社会で提起されているすべてのモラルに関する問題を網羅することが企図されているわけでもありません．ただ知という場においていまどのようにモラルの問いが可能かということを，それぞれ具体的な問題設定から出発して考えてみようとしているのです．知の行為が必然的に他者と係わる以上，そこではかならずモラルの問いが提起されます．どんな知の行為もそれを免れることはできません．それがこの本が前提としているミニマルなモラルであり，それぞれの執筆者はその具体的な問題設定・問題領域を通じてそうした知のモラルの地平を明らかにしようとしているのです．

　なお，以上のようなこの本の趣旨に応じて，われわれ編者はこの本に関しては，前二著とわずかに編集方針を変えて執筆者の範囲を拡大しました．これまでは，原則的には，われわれの同僚である東京大学教養学部・大学院総合文化研究科（駒場）の教官スタッフが執筆してきましたが，今回は，従来通りの駒場のスタッフに加えて，東京大学の他の学部（本郷）の教官・元教官ならびに他大学の教師，また，学生も知的共同体の一員であることから——それもひとつのモラルです——大学院学生，そして海外からの執筆者も迎えました．

　また，前二著にはあったいわゆる実践的な手引きの部分は，今回は明確な形では設けられていませんが，しかし第Ⅴ部の「モラルの希望」が言わばそれに代わって，若い人びとが，今後，未来のモラルの地平を手さぐりしながらモラルの問題を考えていくためのヒントとなるような着眼点について論じています．

それ以外については，前二著と同じく，どこから読みはじめても
よい，また読者が興味のあるところだけを選んで読んでもよい構成
になっています．読者が自分が関心のある現場を扱った論からはじ
めて，さまざまな執筆者とともに，今後の知のモラル，いや，もっ
と一般的に人間のモラルについての厳しい，しかし重要な問いを少
しでも共有してくだされば，われわれにとってそれ以上の幸せはあ
りません．

　おそらく，最終的にそれぞれの人間の「どう生きるのか」，「どう
行為するのか」に触れられないような知ならば，何の意味もないの
だとわれわれは思うのです．

　なお，各セクションの扉ならびに各論文の冒頭に付した数行のコメン
トは編者の手によるものです．執筆者を **F**（船曳）**K**（小林）で表示し
ました．また，各論文のタイトルは，各執筆者の意向も考慮しましたが，
原則的には編者の責任に帰すべきものです．

　1996 年 2 月 18 日

小林康夫
船曳建夫

●第Ⅰ部

知のモラルを問うために

21世紀のモラルをもとめて

●●

小林康夫

はじめに

はじめに言っておきたいことがあります．それは，「知のモラル」という言葉，あるいは「知のモラル」を問うという作業を通じて，われわれはなによりも——それがどれほどささやかなものであろうとも——希望を語りたいと思っているということです．すなわち，知にとっての希望，そしてさらに，もっと一般的に，知が人間の未来にとって，未来のモラルの可能性にとってきわめて重要な役割を果たしうるという希望です．

過剰な力と絶望的な無力

そのことは，一見自明なことのように見えるかもしれませんが，しかしそれほど簡単ではありません．どのような形にしろ，「知」が「進歩」という歴史観に無条件に結びつけられていた近代的な観念体系のもとでならいざ知らず，今日では，知が一方向的に進歩し，それが人間の希望や幸福にそのままつながっているということを素直に信じることは困難です．

このわずか100年ほどのあいだに，確かに知はめざましい進歩を遂げました．理論的にも大きな飛躍がありましたが，それ以上に，知の技術的な成果としてのさまざまなテクノロジーがわれわれの生活を根底的に変化させてしまいました．自動車や飛行機からロケット，原子力，コンピュータや遺伝子工学に至るまで，人間精神の自然な発展（というものがあるのかどうか，分からないのですが）を超えるスピードで技術的な現実の地平が変化し，人間は人間自身が作り出したその新しい現実にみずからを適合させることを強制させられ

て生きてきました．いや，それどころか，そうした現実はすでに人間にとって，さらには地球にとってすら，脅威となりつつあります．人間の技術力は，ほとんどみずからのコントロールを超えた膨大な量の物質エネルギーを解放することに成功したわけで，日々解放されるそのエネルギーが，いまでは人間の，そして地球という自然の生態系全体を脅かしはじめています．

そして，人間的な尺度を大幅に超えたこうした科学技術の発展に比して，――われわれがとりあえず視野の中心においている文科系学問の領域である――人間理解はかならずしも進歩したとは思われません．20世紀の歴史は，部分的に相対的な安定性が垣間見られたとしても，全体としては血塗られた歴史でした．戦争，抗争，抑圧，飢餓，暴力，貧困，差別，排除，無理解……，ヴァン・ゴッホの言葉ではありませんが，人間の悲惨と悲しみはけっして終わらない．人間理解のために費やされた膨大な努力もこうした現実の前ではまったく無力であるように思えてきます．知は生き生きとした，人間的な現実を作り上げていく力であるどころか，むしろその絶望的な無力をまざまざと露呈させているかのようなのです．

一方に過剰な物質的な力，他方に人間に対する絶望的な無力――この2つの極のあいだで，現代の知は，そのありうべき本来的な力を失いかかっているように思われます．そして，それ故にこそ，この時代に知を希望へと結びつけることが途方もない困難に思われるのです．

モラルとしての知

にもかかわらず――いや，むしろそれだからこそ――われわれはいま一度，知をわれわれの希望へと結びつける努力をしなければならないとも言えます．

すなわち，ひとつには，すでに述べたように，われわれの現実が根本的に科学技術によって規定されてしまっており，われわれにとってのさまざまな現実的な脅威がもはやけっして知と無関係ではないどころか，多くの場合，知のあり方そのものからやって来るから

です．それは，知の内部で，知の営み自体に対するある種の批判がどうしても必要だということを意味しています．知は知の行為そのものに対する反省を迫られていると言ってもいいかもしれません．

　もうひとつには，そのように知を克服するために知が必要だというだけではなく，もう少し積極的に，知の理想がやはり現在でも──いや，これまでのどの時代にも増して──必要であるように思えるということがあります．すなわち，現実のさまざまな困難に対して，超越的な絶対性（たとえばそれぞれの「神」）や超越的な特異性（たとえばそれぞれの「民族」）にア・プリオリに依拠するのではないとすれば（そうした仕方は，われわれの現代史が証言しているように，傾向的には，人間のあいだに相互的な憎悪や排除を生む構造を備えています），つまり逆に言えば，少しでも人間の相互理解や相互的なコミュニケーションへと進もうとすれば，普遍性という理想あるいは判断基準に従う知のダイナミズムを避けることはできません．知とは，ただ単に，なにかを知っているということではなく，なにかを理解し，了解していることであり，またそうした了解を求め，了解から出発して行為することであるからです．そして，現代において，知以外に，──言語を通じた一般性のレベルにおいて──そうした相互了解，ないしは人間の自己理解に向かう一般的な営みはないのです．

　そこに，たとえ時には絶望的なまでに困難に見えようとも，われわれがむしろ知をわれわれのモラルの条件のひとつに考えようとする理由があります．すなわち，知は，おそらく最終的には，それが理解しようとし，理解したとするその「なにか」とともに生きることを可能にしてくれるべきものです．その「なにか」が物質的なものであれ，人間的なものであれ（後者ならばなおさらのことですが），知ることが理解や了解につながり，その理解や了解がともに存在し，ともに生きること，いや，さらにはともによりよく生きることにつながる──それが，知のミニマルのモラルであり，ミニマルの希望であるはずなのです．

　しかし，すでに述べてきたように，現代のわれわれの世界にあって，そうした知のモラルは必ずしもはっきりと見えるわけではあり

ません．むしろ知とモラルのあいだには，容易には超え難い深淵が開いているようにすら思われます．そして，それはただ外的な条件や理由によってそうであるというよりは，もっと本質的に知の行為のなかに構造的に潜んでいる問題であるように思われます．

　ここでは，言うまでもなく，そうした複雑な問題のすべてにわたって詳細な分析を加えることはできませんが，いくつかのポイントを指摘しながら，知のモラルの可能性について考えてみようと思います．

上空飛行する知

　その場合に，まずはじめに考えておきたいのは，知は，認識という局面ではたしかに真理の探究ということになるのですが，ここで問題にしているような実践という局面ではなによりも力として発現してくるということです．知は，さまざまな意味で力であり，そしてそうだからこそ，モラルが求められなければならないのです．

　このことは当然のようですが，しかし忘れられがちなことでもある．知が，われわれの現実を動かしているさまざまな力とは無関係な特別な領域を構成しているという錯覚が起こることもあるのです．

　実際，すでに指摘したことですが[1]，一般的には，知の行為――つまり，たとえばある対象についての一般的な記述――が成立するためには，問題となっている対象から乖離した視点をとる必要があります．ある哲学者はそれを，科学の「上空飛行」と呼んでいますが，対象が置かれている現実の地平から離れた視点をとることができてはじめてそれについての客観的な記述が可能になるわけです．言い換えれば，科学的な知が成立するためには，すでに――たとえばそれが言説のあり方にすぎないとしても――対象に対する操作性が確保されていなければならないのです．ついでに言えば，それこそが「知の技法」の根拠です．

　このことは，自然科学の場合は自明であるでしょうが，文科系の学問の場合でも同じようなことが言えます．たとえば，文学研究においても，ある文学作品を感動して読んだというだけでは，まだ知

の営みとは呼べないでしよう.「わたしはそれを生き，それがわたしの人生を変えたのだ」とどれほど力説しても，そしてそれがどれほど真実であっても，その言説は知とは関係ありません.明らかなことですが，そのような発言には，知を成立させている一般的な記述を可能にする距離が欠けています.それを語る人間にとってのみ真実であるような特異性の言語は，少なくとも知という資格においては，いかなる意味もないのです.

知という言語ゲームのなかにいる限りにおいては，そのような生の特異性や直接性に依拠した発言は慎まなければなりません.それは，知のモラルというより，知という言語ゲームの規則だと言っていいでしよう[2].感情や感覚を通じてではなく，一般化可能な論理的な言語を通してコミュニケーションを行うのが，知の基本的なあり方だからです.ゲームをするためには，それぞれのプレーヤーが同じ規則を，しかもフェアに運用するのでなければならない.そこから，——別の場所（『知の技法』第I部）で述べたことですが——公正さという大事な原則が生まれてくるわけです.

だが，同時に，直接的な生や経験に対するこのような距離の故に，また，それが原則的には一般化可能であり，普遍的な論理に従っている故に，知は，その言語ゲームの外にいる人びとに対しては抑圧的に機能する場合があります.知の内的な整合性は，知の力がその一部であるにすぎないより広い，複雑な現実の現場のなかでは，かならずしも無条件でその正当性を認められるわけではないのです.そして，知はかならずそうした知以外の領域，知とは別の規則や論理が働いている現場に接触するのであり，それこそ知についてのモラルが問われるべきもっとも基本的な状況なのです.

知の現場

知と直接的な生とが出会う現場として，もっともシリアスであり，もっとも具体的であるようなケースとして医学的な知を取り上げてみましょう.あくまでも，知のモラルの原型的な現場を素描するためであることを断った上でのことですが，いささか簡略化してその

構造を描けばこういうことになります.

　・まず，医者. かれは，医学という人類が長いあいだかかって蓄
積し，更新し，発展させてきた知の共同体に属するその担い手であ
って，その知が扱う対象に対する操作的技能をもっています. そし
て，その力によって社会的な，しかも明確に制度化された権威を与
えられています.

　・この知の対象は，人体です. ただし，あくまでもその時代の一
般的な記述が可能にしているような，ある意味では抽象的な身体で
す. つまりその対象に対するさまざまな記述論理（病因と徴候につい
ての因果関係，薬剤の化学的な効果など）や操作可能性によって囲いこ
まれているようなモノとしての身体です.

　もし知を構成する主要要素がこれら2つだけに絞られてしまうの
なら，実は，モラルの問題はさほど鋭く提起されることはないでしょ
う. 知の上空飛行的な超越的主体とモノとしての対象——知の行
為がこの関係図式のなかに閉じこもってしまえるのならば，そこで
は現実的な人間が直接に問題にならない限りにおいて，あらためて
モラルという問題を考えなくともすむのです. 実際，近代的な知は，
まさにそうした関係図式を極限まで押し進めることで進歩してきた
わけであり，また，それだからこそ，そうした知の場所である大学
は，社会の他の現実からは一定程度独立した特別な領域，つまりあ
る種の「塔」とすら見なされてきたわけです.

　ところが，——これもこの本に先行する2冊の本のなかで繰り返
し述べてきていることですが，——われわれはこの閉ざされた知を
開くべき時代に来ているという認識をもっています. 近代的な知の
あり方はさまざまな意味において行き詰まっており，いまや，それ
にかわる新しい知のあり方を模索するべきだと考えているのです.
だが，「開く」とはどういうことか.「開かれている」とはどういう
ことか.

　それは，まずなによりも，知という行為が，知の主体と対象との

あいだの関係だけに閉ざされるものではなく，それ以外の人間の現実，知という言語ゲームに参加していない人びと，つまり知にとっての他者との関係に対して開かれていることであり，それが自覚されているということなのです．すなわち，たとえば医学の知を構成する主要要素として医者とモノとしての人体だけを数えるのではなく，行為としての知の実践性においては，次のような要素を本質的なものとして認めなければならないということなのです．

・他者．それは，この場合は患者であると言っていいでしょう．ただし，けっして単なるモノとしての人体には還元できない一個の特異な人間存在としての他者です．それは，知の能動性や操作性を頼り，それを受け入れようとしている受け身の存在としての他者であり，しかもみずからの身体が問題になっているにもかかわらず，それに対して知のゲームを行うことができない無知の他者，あるいは非知の他者というわけです．かれ（あるいは彼女）は，医学という知の権能をもっていません．知の言語を使用することのできない弱者です．しかし，明らかなことですが，知が責任を負っているのは，あくまでもこの他者に対してであって，けっしてモノとしての人体に対してではありません．モラルが問われるのは，つねに他者に対してなのです．まったくあたりまえのことですが，モラルとは・・・他者に対するものなのです．
・現場．そして，その他者を含む複雑な現実としての現場があります．すなわち，医者と患者だけが医という知の現場を構成しているのではなく，そこには，たとえば看護婦や医療技師をはじめとするさまざまな職種の人たちがおり，医療保険や病院システムといったさまざまな社会的な制度が関与してきます．互いに性質を異にする諸力が複雑に絡まって，ひとつひとつの現場を構成しているわけで，知はそこでつねに，知を律する規則とは違う規則に従う諸力と触れ合っているわけです．

知のモラル

　知が知にとっての他者と出会うところに，知のモラルの問題が提起される——それが，以上の知の現場についての簡単な，原型的な図式から導き出されることです．知が，知という言語ゲームを実践しているわけではない他者と出会っている．とすれば，そこでは，知というゲームの規則をそのままそこに適用することはできません．しかも，間違わないでほしいのですが，それは単に相手がたまたま別のゲームをやっているというわけでもないのです．モラルの問題とは，異なったゲームのあいだの規則をどう定めるのか，というような問題ではありません．というのも，ここでわれわれが他者と呼んでいるものは，なによりも具体的で，特異的なそれぞれの人間の生なのであって，そしてその現実的な生はけっしてゲームなどと呼べるような単純なものではないからです．

　知という観点からは，この他者は弱き者です．ときには，まったく言葉を奪われてしまいかねない弱い者です．誰でも，自分の身体が問題になっているにもかかわらず，医者が用いる専門的な言語がまったく意味不明で，途方もない無力感と不安とを感じた経験があるはずです．にもかかわらず，この他者は，——それが誰であれ——その特異性と現実性において，いや，人間という存在において，圧倒的に，比べることができないほどはるかに尊い．知がけっして把握することができないほど，複雑で，豊かで，深遠なのです．そして，知が応えなければならないのは，言い換えれば，知が責任があるのは，あくまでもこの他者に対してなのです．

　おそらく，知のモラルの問題は，このことをはっきりさせることに尽きるのではないでしょうか．

　つまり，行為としての知の責任は，なによりも他者がよりよく生きることに対して向けられなければならない．他者とは生です．その生がよりよく生きるためにこそ，知は貢献しなければならないということです．

　ここで重要なことは，「よりよく」ということです．ただ「生き

る」というのではなく，「よりよく生きる」のでなければなりません．だが，「よりよく」とはどのようなことなのか．それはけっしてあらかじめ定まっているわけでもなく，それに対するはっきりとした判断基準があるわけでもないのです．

　医学の現場では，そのことはつねに重大な問題です．つまり，ここで述べたことが意味するのは，医学の専門的な知の対象は人体であるにもかかわらず，その実践的な責任はあくまでも単なる人体にではなく，一個の人間的な人格としての他者にあるということだからです．つまり，しばしば起こることですが，人体を人工的に延命することが，かならずしも患者が「よりよく生きる」ことにはならない場合がある．なにをもって「よりよい」と判断するのかが極度に難しいケースがたくさんあります．しかも，そのような場合には，患者はしばしばすでに言語的なコミュニケーションが不可能な状況にある．とすれば，どうしたらよいのか．

　もちろん，こうしたことがらは，あくまでも具体的な現場において考えるべき問いです．しかし，このような状況において，どのような方向に考えていくことが，知のモラルにつながることなのか，ひとつの思考実験として読者の皆さんに考えていただくべきかもしれません．医学の場合ほど明確ではないにしても，知のすべての専門領域において，知がこのような言葉を奪われた他者——社会的な弱者，過去の他者，まだ存在していない未来の他者——と触れ合う場面はあるわけですし，そこにおいてこそ，ほんとうに知のモラルの問いが提起されるからです．

　言うまでもなく，決定的な答えなどあるわけはないのですが，しかしわれわれが考える方向性は次のようなものです．
　あくまでも知という原則にこだわる限りにおいてですが——というのも，こうした極限状態においては，知という原則を捨てて，たとえば「愛」というようなまったく異なる原則へと移行してしまうことも可能だからです——，われわれは，それでもなお言語の力，

コミュニケーションの力のうちに立ち止まろうとするべきだと思います．というのも，われわれは，**まさに言葉をもたない者に言葉を貸し与えることができるのが知**だと考えるからです．

　もし医学の知が，意識を失い，言葉を失った人間を，それだからといって単なる人体なのだと見なすとすれば，それは道徳的には間違っていますし，知の本来の理想からも隔たっています．ちょうど，知が，物言わぬ対象を記述し，そうすることによってそれに言葉を与え，それを理解するのと同じように，知はその言語の力を他者としての人間にも振り向けるべきなのです．言葉をもたないものに言葉を与えなければならない．たとえば，それは，危篤の患者を前にして，家族や縁者の人びとにその人がどのような人間であるのかを聞くということであるかもしれない．人間の存在とは対象としての人体だけではないのであって，さまざまな人間関係そのものがまた「その人」でもあるわけですから，そうした人間関係を通じて，その人の言葉を聞き取ることができるかもしれません．あるいは，もう少し技術的に，言葉以外のその人のさまざまな生体反応——表情，動作，叫び，鼓動，脳波等々——をコミュニケーションの徴候として読み解くということもあっていいかもしれません．

　いずれにせよ，相手をあくまでもコミュニケーションの可能性を備えた他者として扱い，他者として理解しようとすること．自分のコントロールを超えた独自の世界をもっている人間として「ともに生きようとする」こと——そこにモラルの方向性があると思います．モラルとは，「ともにある」ことへと開かれた他者の存在を認め尊重すること以外のなにものでもないからです．

　そして，知という観点からは，「よりよく生きる」ということは，とりもなおさず，コミュニケーションを通じて相互に了解しようと努めながら生きることであり，その開かれたあり方こそがまた，人間の尊厳でもあるからです．

人間の尊厳

　こうして，われわれの議論は，モラルの問いの鍵と言ってもいい

人間の尊厳という問題に到達します．そして，われわれは，ここにおいて，人間の尊厳をあえて「開かれてある」こととして再・定義したいと思います．

詩人リルケがうたったように，動物とは異なる人間の人間らしいあり方は，なによりも世界に対するその「開け」にあります．人間は直立し，世界と向かいあって存在し，そうして世界を問い，世界を知るための言語を所持しました．言語を通じて，人間は世界へと開かれている．そして，知とは，まさにその言語の力を通してより一層深く，世界を理解し，世界へと開かれていく努力にほかならないとも言えるのです．

そこに，知が人間の尊厳のひとつの現れとなる理由があります．かつてパスカルがかの有名な「人間は考える葦である」という言葉を含むテクストで語っていたように，「世界が人間を押しつぶすのだとしても，しかしそのことを知っているというその一点において人間は世界よりも尊い」．そこに人間の知の尊厳があります．知ることとは，そのように世界へと開かれて，世界と自己とをともに理解しようとすることにほかなりません．

しかし，同時に，われわれは「知っている」だけでは十分ではないと言わなければなりません．世界に対する人間の知の尊厳は，かならずしもそれだけではほんとうの人間的な尊厳を保証しはしない．それどころか，しばしば見受けられることですが，知の尊厳がそのまま単なる権威的な尊大さにつながることもあるのです．とするならば，われわれとしては，あらためて知は他者の尊厳を認め，理解し，あるいは他者にその尊厳を与え返すことによってはじめてみずからの尊厳を得ることができるのだと強調しておかなければならないと思います．

他者の世界がより「開け」られ，広がること．つまり，みずからをよりよく知り，了解すること．そしてより多くの可能性に対して開かれること．——それをあるいは，「自由」という言葉で呼んでもいいかもしれませんが，そのような他者の「自由」に貢献することが知の使命であるはずなのです．

時間を与える

　だが，言うまでもないことですが，ここでこうして述べたことは，ある意味では，知のモラルの理念であって，具体的なそれぞれの現場では，かならずしもこれが十全に追求されうるわけではありません．いや，それどころか，現実というさまざまな力が絡み合った複雑な現場においては，そうしたモラルの理想はつねにどこかで挫折すると言ってもいいと思います．そして，そのことを分かっていることはとても重要なことです．

　というのは，われわれの現実は，なによりも時間によって支配されているからです．たとえば，医学の現場において，ある患者の生命維持装置を取り外すかどうか，という瀬戸際において，たしかにわれわれはあくまでもその患者にとって「よりよく生きる」ことがどういうことであるのかを理解しようとするべきなのであり，それこそがモラルの問いなのですが，しかし現実は，しばしばそのための時間を許してはくれません．

　現実の決定が迫られる現場においては，時間はつねに切迫しています．そして，それこそがおそらく，モラルの問題のもっとも根本的な条件なのです．もしそれぞれの人間に時間が無限にあるのだったら，そこではモラルの問題は提起されないでしょう．時間が不足しているところ，その切迫のもとで決定しなければならないからこそ，モラルの問いが提起されるわけですが，しかし同時に，それだからこそ，モラルはそのはじめの条件からして，危うくなっているわけです．

　だが，それこそがモラルなのです．すなわち，もしわれわれがみずからの行為を完全に倫理的に正しいと自認するようなら，それはまったくモラル的ではありません．みずからの行為を正当化することがモラルの問題ではないのです．モラルはイデオロギーではない．自分に対して倫理的に正しいという判断をあらかじめもってしまっていることほど，モラルとして醜いことはありません．そうではなくて，みずからの行為が正当であるかどうかの保証がなく，確固と

した判断基準もないところで，しかしみずからを基準にするのではなく，あくまでも他者を基準にしてみずからの行為を考えようとすることこそがモラルです．

　他者に時間を与えようとすること，

　他者にコミュニケーションのための言葉を与えようとすること，

　他者にその未来への「開け」を与えようとすること，

　つまり，他者に希望を与えようとすること，

　──そのような気遣いこそがモラルなのだと思います．

　とすれば，冒頭に述べたことですが，われわれは希望を語らなければならないことになります．知は希望を語らなければならない．人間にとってのより広い理解の可能性，より開かれた生の可能性について語らなければなりません．現実のさまざまな切迫を前にして，──その現実に抗して──他者のために時間を与えようとし，言語による相互了解の場を確保しようとしなければなりません．言語というわれわれの根源的な「開け」の力を他者の尊厳へと導きつつ希望の場を開くこと──それが知にとってのモラルの地平だと思います．

　　　註
　1)　こうした知の行為論については，この本に先立つ『知の技法』，『知の論理』所収の拙論をお読み下さい．
　2)　「言語ゲーム」という言い方は，ウィトゲンシュタインによります．異なった規則に従うそれぞれ異なったさまざまな言語の編成があるということ．ただし，多くの場合に，その規則の全体が明示的に分かっているわけではありません．

モラルの地平

●

人権，国際法，異文化，歴史，いずれをとっても大きな広がりをもった概念です．私たちはその中に，立っています．この広々とした自由な感じは，国とか町とか家族，といった私たちを囲むものがないことからきます．しかし，そうした地平に立ち続けるのはやさしくはありません．私たちひとりひとりはそこで，一個一個の人として同じような人たちとあいさつをし，話し，交わり，肩を組み，背を向けあい，あるときは激しくすれ違うのです．そのために，まずは一人の人間として，自分の他人に対する関係の取り方，モラルのあり方を，決めなければならないのです．じつは私たちは，生まれてきたときにはもう，国や町や家族の取決めにしたがって生きるという，安全なやり方を受け継いでいます．ところが，その安全がいつのまにか，私たちの身を，がんじがらめにしてしまうことがあるのです．私たちはふだんから，小さな安全の外に出て，広い歴史や異文化の地平に立ち自分たちの位置を確かめ，あるときは国を超えた問題における適切な振るまい方を探り当て，またそれらの根幹にどのような「人権」があってこの世界が成立するのかを考え直す必要があります．（**F**）

「知」の賢慮に向けて
知とモラル そして知のモラル

●●

樋口陽一

●「知のモラル」という問題の理論的な困難を説きあかすところからはじめて，法学的な知の根底を暴きつつ，それを現代日本の問題へとつなげていく．本書の第二の序論とも言える本質論が展開されます．そして，人権という今日のモラルの地平を規定する概念に潜む二律背反にまで思考は及びます．ここで学問あるいは知がどのような深さにおいて捉えられているかを見失うべきではありません．（**K**）

知とモラル，または「知」を抑制するモラルのこと

「知のモラル」というタイトルを見て，素直にその中身に入ってゆける人は少ないのではないでしょうか．といってもそれは，「知」も「モラル」も，今どき口に出して言うのは気はずかしいような言葉だから，というふうな，感覚的な次元でのことではありません．もっと論理的な次元でのことです．

というのは，私たちがなじんできた近代の「知」観からすると，「知」と「モラル」は真向から対立するものと考えるのが，むしろオーソドックスなうけとめ方だったはずだからです．神をも怖れぬ反「モラル」の精神が，近代「知」を鍛えあげてきたのではないでしょうか．悪魔に魂を売っても，この世の奥を統べているものを「知」りたい，という衝動が，壮大な近代「知」の体系をつくりあげてきたのではないでしょうか．もっとひらたく言えば，「真」と「善」「美」は別物だからこそ，「真・善・美」という言いまわしがあるのではないでしょうか．

それに，近代日本の学問の世界で，新カント派流の二元論は，たいへん強い影響力をもちつづけてきました．存在と当為，在るもの（Sein）と在るべきもの（Sollen），認識と評価を，二項対立的にえがき出す考え方です．

もっとも，方法二元論といっても，いろいろな問題局面があります．自分にとってそれが望ましいからといって，在るものを無い，無いものを在る，と言ってはいけないという約束ごとなら，当りまえのことでしょう．

　当りまえのことは当りまえのこととして前提としたうえで，しかし，もう一歩ふみこむと，ひとによって考え方が違ってくる岐れ道があります．

　「である・こと」の認識が得られたとして，「あるべき・」だという評価をそこから引き出すことはできない，という立場を認識・評価峻別論と呼ぶことにしましょう．それは，何より，認識の客観性を確保しようとするねらいをもつものといえるでしょうが，そういう目的を共通にしながらも，それに伴って生ずる附随的効果にどう対処するかによって，3つのちがった態度がありうるでしょう．

　第1の立場は，認識という行為——認識結果の伝達を含めて——にたとえどんな附随的な効果が伴ったとしても，そのことを無視して認識行為にたずさわるべきことを主張します（単純峻別論）．それに対し，第2の立場は，認識行為にはそれとして徹するけれども，それとは別に，その人にとって好ましくないと思われるような附随的効果が予想される場合には，その効果をうち消すための評価的態度をとるでしょう（批判的峻別論）．第3の立場は，予測される附随的効果に対する自分自身の評価にもとづいて，認識という行為をするかしないかの決断，たとえば，研究の中断とか研究結果を公表しないという決断をするでしょう（認識と評価の自覚的結合論）[1]．

　第1の立場（単純峻別論）は，一見すると，峻別論の論理にいちばん忠実なように見えます．だが，本当にそうなのでしょうか．認識と評価が異質の人間行動であることがいえたとして，方法二元論の立場に立つかぎり，そのような認識上の命題から，「だから両者を峻別すべきだ」という評価的な命題が自動的に出てくるとはいえないはずです．だとすると，「であること」についての認識の成果を公表することが，「であるべきこと」についてのその人の評価的立場と衝突するときに，それでもあえて認識の成果を公表するかし

ないか，公表するとしてそれに伴う附随的効果にどう対処するかは，その人自身の実践的決断として選択されるべきでしょう．その際に，私は「認識に徹する学問の命ずるところに従っただけの話だ」という弁明をすることはできないはずです．

第2の立場（批判的峻別論）と第3の立場（自覚的結合論）は，それぞれ，その人自身の選択であることを意識するところに成り立っているはずの立場です．

そのうち，第2の立場に対しては，「常識的な合理性との衝突」，「我々を困惑させる要素を含んでいる」，というコメントがあてはまります．実際，問題となっているような場面にひとが当面した場合，「附随的効果を打ち消す努力の効果をも考慮した上で，なお公表を差し控えるという選択が，我々が通常考える合理性の観念に一致している」[2]，とするのが常識というものでしょう．その意味で，第3の立場の方が，「我々の常識的な合理性の観念に適っている」[3]のです．しかし，それをわざわざ「自覚的」結合論と呼んでまわりくどいほどの説明をしたのは，ほかでもありません．この「常識的」な立場は，常識的であるだけに，強烈な方法的「自覚」がないと，都合のわるいことを隠す自己検閲の誘惑に流されるおそれがあるからです．

他方で，話を第1の立場（単純峻別論）にもどしますと，これはこれで，方法二元論からすると一見「常識的」に見えるということに，さきほど注意をうながしておきました．批判的峻別論という「強烈な立場」，反・常識的な立場の存在理由は，2つの側での「常識」に対して緊張関係をつくり出すことによって，第1と第3の立場を選ぶひとに対し，それが自分自身の選択なのだということの自覚をうながす，というところにあるでしょう．

特に法学の「知」をめぐって

ところで，認識と評価という2つのものの関係をどう理解するか，ということとのかかわりでいうと，いろいろな学問分野のなかでも，法学の「知」にとって特有の問題があります．jurisprudence, Juris-

prudenz（英語，ドイツ語で法学．フランス語では判例）という言葉の
もとになっているのは，ラテン語の iuris prudentia です．まさに
「法の賢慮」ですから，これは，はじめから評価的な立場を含んだ
実践「知」でした．法学は，実際，「善と衡平の術」（ars boni et
aequi）として扱われてきたのでした．

　物理学を範型とする近代自然科学のあり方が，社会現象を相手と
する学問にとっても，意識的・無意識的に，準拠基準と目される傾
向が出てきますと，「法の賢慮」「善と衡平の術」は，その学問性を
いささかならず疑われるようになります．もっとも，正統的な法学
は，何しろローマ法にさかのぼる強固な伝統をひきついでいますか
ら，そういった懐疑は，法学アカデミズムの主流にはなかなか反映
されません．しかし，そうはいっても，意識的に方法論上の問題を
考えようとする論者たちは，この主題に敏感にとりくむことになり
ます．

　「神学的段階」から「形而上学的段階」を経て「実証的段階」へ
と人間の「知」がすすんでゆく，という見地からすると，伝統的な
法学は，まさに神学になぞらえるべきものとされます．実際，法教
義学（Rechtsdogmatik）という言葉があります．ドグマ＝神学の教
義を間違いのない前提とし，前提を疑うことなしに論理的に矛盾の
ない体系をつくりあげる，という含意がそこには込められていまし
た．

　そういう法学のあり方に対抗して，近代自然科学に近い手法で社
会現象をとらえようとする社会学をモデルとした学問が構想され，
あるいは，ある一定の目的を前提としたうえでそれに適合的な手段
をみつける一種の応用工学としての法学が，デザインされるように
なりました[4]．その際しばしば，「科学としての法学」という自己
定義が見られました．そのような言葉づかい自体のなかに，iuris
prudentia（法の賢慮）よりは iuris *scientia*（法の科学）の方を，いわ
ばより高度な「知」とする見方が，反映していたのです．伝統的な
法学は，「知」の体系として，いちばん古い学問のひとつという名
誉を担っていた（角帽の四つの「角」のひとつ）はずでしたが，今や，

後進的な「知」の領域と目されるようになったわけでした.

　ところが, ある文脈で, もうひとつの逆転が問題とされるように
なります. それは, 近代科学の意味での「知」の際限ない展開が
「技術の暴走」を生み出すのではないか, それをどうやって抑制す
べきなのか, という課題が, 次第に人びとによって意識されてくる
ようになるからです. こうして, あらためて, 「**賢慮**」＝prudentia
をエッセンスとする「知」のあり方が呼びもどされることになりま
す. そういう文脈のなかで, いってみれば, ひと周り遅れて走って
きたはずの法学の「後進性」が, 今日的意味での新しい先進性を示
すものになっているのではないか, という論議が出てきました[5].
このことについては, つぎの項目で「知のモラル」そのものについ
てとりあげたうえで, 法学の主要主題である人権をめぐる「知」の
緊張, という場面に即してあらためて考えることにしましょう.

　それはともかく, 「知とモラル」という主題は, ここ日本で, 特
別の意味をもっているのではないでしょうか. 1929 年——といえ
ば, ロシア革命によって切りひらかれたかに見える社会主義への展
望が, 近代をのりこえる方向をさし示していると, 人びとにうけと
られていた時期です——にカール・シュミットが, 「ロシア人の眼
下に」生活しているヨーロッパ (とりわけ1917 年以後), という問題
意識を前提にして, こう書いています. ——「ロシアの土壌で, 技
術主義という反宗教が本気で信じられている」「ロシアは, ヨーロ
ッパに特有だった諸観念を完成し, さらにそれを追いぬく. それら
諸観念を極限までおしつめることによって, 逆に, 西洋近代史の本
質を曝露したのだ」[6].

　「ロシア」を「日本」と言いかえると, この文章は, 西洋近代の生
み出した「技術主義」という「反宗教」が経済成長の原動力となっ
た 1970—80 年代の状況を, 的確に言いあてているといえるでしょ
う.

知のモラル, または「知」ろうとするモラルのこと

　ここでは, 「知」ること自体がモラルの内容なのだ, ということ

が問題です．少なくとも，「知」にたずさわる仕事を選んだ人間にとって，それはモラルの内容でなければならないでしょう．大きな破局がやってきたあとで，その破局を招きよせるのに——善意からであれ——力を貸した知識人が，あとになって，「私はだまされていた」と言ったとしたら，それは，モラルの問題なのではないでしょうか．

　ひとつの例だけをあげますが，それは，その人の作品の多くが，私の好きなものだからです．1961 年に，ひとりの詩人が，こう書きました．

　　「……これを書いたことは晴らしようもない一生の恨事である．愛する祖国のためならば，体と心とだけで黙々と働けばよかったのだ．たとえ敵への憎しみをあおる物は一篇だに書かなかったとはいえ，自分がそれによって名を成している芸術を戦争に仕えしめるべきでは断じてなかった……」．

　そのような「これ」を書く数年まえに，しかし，詩人は，こういう詩を書き，それをのせた詞華集が発売禁止になるという経験をしていたのでした．

　　「……もう取り返しのつかない砕かれた頭，／穴のあいた，みじめな胸．／これがかつてそれぞれの／労苦の母の最愛のものだった．……われわれを護国の鬼などと云うのはやめてくれ．／本当はすでに互いに忘れていながら，／奉仕し，奉仕されたと思おうとするのは嘘だ．／われわれはもう君たちの寄託からは自由だ．／異郷の夏の草よりも風よりも遠く，／もう金輪際／君たちとは無関係だ．」（「新戦場」1940 年）

　詩人はまた，さらにその十数年まえに，ロマン・ロランらの雑誌 Europe のために寄せて，こううたってもいたのでした．

「ほがらかな，新鮮な，／慕わしい，自由の風が吹いて来た．／……とおく赤旗をなびかす風が来た．／……父祖の国は息づまって暑い真夏の夜にねむりさめず／すこやかな若い心は／ゆらめく朝霧を引裂いて躍り出ようとする．／……」（「新らしい風」1924年）

　「後になって明らかにされたような事情に一切無知だった自分の愚かさ」を詩人は「自分自身に対して」恥じるのです．それにしても，あれほど深くロマン・ロランに傾倒し，彼との約束にしたがって，（夭折した）愛児に「ジャン・クリストフ」の著者の名にあやかった名（朗馬雄）をつけたほどの詩人が，なお「自分自身に対して」「慚愧」し「悔悟」しなければならない「無知」を，経験しなければならなかったのです[7]．

　それは，この詩人を含めて日本の知識人が十分に「知」的でなかったからなのでしょうか，それとも，「知」的でしかなかったからなのでしょうか．「知」という言葉が，知ることへの執着と情熱までを含んでいるとしたら，答えはやはり，前者だといわなければならないでしょう．ひとは，世の中のことぜんぶについて知識をもつことはできません．そういう，教室で教えられるような「知識」ではなく，自分にとって大事と思われることを知ることへの執着と情熱，そして，何を大事と思うかというそのことこそが，「知」とよばれるべきでしょう．「知識」と「知性」の違い，といっていいかもしれません[8]．

「無知」のおとし穴と「知」のおとし穴

　今もなお，「無知」のおとし穴はいろいろな所に掘られています．「知」ろうとするモラルは，今でも，ねむり込まないように，たえずよびさまされる必要があります．そのことを前提としたうえで，しかし，ここでは，「知」ろうとするときのおとし穴のことを問題にしましょう．とりわけ2つの問題場面を，とりあげましょう．

　ひとつは，「コンフォーミズムに反対しなければならぬという強

迫観念」「逆説をのべることへの熱中」，という傾向です．性差別や
とりわけ人種差別をめぐって，一方では，言葉狩りから political
correctness の運動まで，「知」の自由な流通に枠をはめようとする
流れがあります．ここではしかし，その反対に，何ごとにであれ批
判的であろうとする「知」が，新奇さを求めて，自由な社会の基本
価値——それこそが「知」の追求を保障する——にゆさぶりをかけ
るという現象の方に，注目したいのです．

　1980 年代はじめのヨーロッパですでに，その前兆として，極左
の一部活動家たちが，「ナチのガス室は無かった」という主張にく
みする発言をしていました．そのような傾向に乗って差別的言論が
横行してきたことに対抗してフランスの 40 人の知識人が警告のア
ピールを出したのを論評した『ル・モンド』紙の論説[9]は，きわめ
て適切な言いまわしで事態をとらえています．——「自己反省と批
判の自由は不可欠だとしても，同じほどたしかなのはつぎのことだ．
コンフォーミズムに反対しなければという強迫観念，逆説をのべる
ことへの熱中，『ウルガータ』（教会公認のラテン語訳聖書）と戦おう
とする意思，健全な人民たちが自明としていることにだまされたく
ないという偏執，そういったものがある種のもの書きたちの立場の
クロスシャセをもたらし，それがまた，思想の混乱を大きくしてい
る」[10]．

　ライン河をへだてた隣国でも，同じ問題があるようです．かつて
西ドイツ社会の繁栄と安定に対する尖鋭的な批判理論の担い手であ
ったはずのハーバーマスは，そのような「反コンフォーミズムの強
迫観念」の危険が切迫しているとうけとめたからこそ，「批判理論
の改宗？」という言い方で批判されるようなスタンスを，意識的に
固めているのではないでしょうか．もとより，彼自身にとっては，
「憲法パトリオティスムス」を説くとき，一国の基本法へのコミッ
トメントを言うからといって「批判理論」であることをやめたわけ
ではありません．実際，その反対に，歴史的な運命共同体としての
Volk とか，言語・文化共同体としての Nation とか，経済的成功
（Mark）にドイツ人のアイデンティティを求めることを拒否して，

普遍的な立憲主義の価値理念にそれを求めることこそが，いま，かえって批判的意味をもつはずだからです[11].

　この脈絡は，ほかならぬ日本社会にもあてはまるでしょう．いま「護憲」にこだわることは，一見すると，「守旧」で「コンフォーミズム」で，批判的な「知」の役まわりとしては恰好よくないのかもしれません．憲法をあしざまに扱うことが，「タブー」を知らぬ批判的な「知」にふさわしい，という議論もあります．しかし，本当に「批判的」なのがどちらかを，見誤ってはならないでしょう．

　ものを書く人間にとって，誰でも言っていること，当りまえのことをくりかえすので満足していてはいけないということは，それこそ，知「の」モラルでしょう．けれども，だからといって，反・コンフォーミズム，逆説へのこだわりを，知識人の資格証明のように考えるのは，おかしな話です．とりわけ，当りまえのことを誰も言わなくなったときには，その当りまえのことを語りつづけることができるかどうかこそが，知「の」モラルを問う試金石となるでしょう．

　もうひとつの問題場面は，「対話をしなければならないという強迫観念」という傾向です．「知」を深めるのは対話だ，というのは，それ自体としては，ここでも確かです．だが，ここでもまた，問題はそこで終ってしまうわけではありません．

　フランスの古代史家ピエール・ヴィダル＝ナケは，ナチのガス室の存在を否定する「歴史修正主義」を相手どって書いた『記憶の暗殺者たち』の序文で，こうのべています．

　　「私は告発者たちに答えないということ，いかなる点においても私は彼らと対話しないということを，きっぱりと了解していただきたい．たとえ敵対者同士であっても，その二人の人間の間に対話が成立するためには，共通の土俵が，今の場合，真理に対する共通の敬意が前提とされるものだ．しかし，『歴史修正主義者たち』を相手とする場合，このような土俵は存在しない．月はロックフォールチーズで出来ているなどと断言する『研究者』がい

ると仮定して，一人の天体物理学者がその研究者と対話するような光景が想像できるだろうか．……『歴史修正主義者たち』について議論することはできるし，かつまた，そうしなければならない……が，『歴史修正主義者たち』を相手に議論はしない．……」[12]

　さらに進んで言えば，「『歴史修正主義者たち』について議論」することも，本当に，「そうしなければならない」のでしょうか．議論の対象となる相手の縄ばりを勝手にきめて仲間うちの議論にふけるのは，「知」の頽廃です．しかし，「知」の共和国の市民は，誰でもよいというわけにはゆかないのではないでしょうか．

人権をめぐる「知」の緊張

　「人権」という言葉でどういうことがらを考えるかは，実は一様ではありません．Human Rights という語感は，人間が人間らしく（human に）生きる権利，といったものを連想させるかもしれません．だが，個人差までは問題にしないとしても，何が「人間らしい生き方」なのかとなると，文化圏がちがえばその中身もちがってくるのではないでしょうか．自分自身の考えなどにこだわらず，まわりの大勢に「溶けあって」，持ちつ持たれつでゆくやり方が，その人にとって「人間らしい」ということも，あるでしょう．

　しかし，近代法が想定する人権は，もっと特定した歴史的性格を刻印されています．それは，身分制秩序の網の目から解放された個人が，自分自身の意思にもとづいて自己決定する，ということを可能にする枠組だったはずです（身分的権利から人権へ）．何事によらず，解放されるということは，放り出されるということでもあります．ここでも，ひとは，自己決定の主体として，その結果をひきうける「強い個人」だというフィクションに耐えなければなりません．実際にはもちろん，生身の個人は，そんなに強いはずはありません．だからこそ「階級」や「団結」に，弱い個人の支えが求められてきたのです．しかし，その代償として，例えていえば，団結強制の法

制度のもとで，労働者個人の思想信条の自己決定が妨げられるのは，避けられませんでした．近代個人主義が，「個人」主義とはいってもはじめから想定していた集団が「家族」ですが，その存在は，保護のはたらきをすると同時に，女性を抑圧するものでした．反対に，本気で個人の解放を追求しようとすると，家族の解体という現象をひきおこしています．

他方で，それでは額面どおりに，人権主体としての個人が自己決定しようとすると，どうでしょうか．「知」を抑制することなくつらぬき，その成果を使って自己決定をつらぬくところに，どういうことがおこるでしょうか．

「強い個人」の意思は，「生命」を否定することができるでしょうか．「生命」の定義いかんによって，妊娠中絶への態度決定がわかれるでしょう．いま，問題は，「強い個人」の意思で，現在と将来の「生命」を操作することができるのか，という形で提起されています（臓器移植から人工生殖まで）．

自己決定だから何でもできる，ということになると，それは，人権のもうひとつの核心，人間の意思で手をふれてはいけない価値がある，という要請を否定することになります．もともとこれは，人権という考え方自体に内在する二律背反なのです（自己決定の形式としての人権＝意思主義と，実体価値としての人権＝不可処分性，の衝突）．

この，自己決定＝「知」の権力性という難問を前にして，自己決定の要素を相対化しようとする方向があります．「強い個人」モデルから訣別して，自己決定できない人びと，さらには生きとし生けるもの一般，動物や樹木の「権利」を語る方向です．それとは別に，自己決定への外側からの社会的コントロールとして，自己決定の集積としてのデモクラシーというモデルから多かれ少なかれ距離をとり，専門家ないし「賢人」（まず裁判所の役割が問題になりますが，より一般的に）の出番を求めるという考え方があります．しかし，こういった方向のどちらにも，徹底するわけにはゆきません．平凡きわまることながら，「人権」に内在する背反的な二つの要素のあいだでの「知」の賢慮（prudentia）を，試行錯誤を含めながらくり

返してゆく以外にないでしょう．いずれにしても，「知」の抑制そのことが，最高度に「知」的ないとなみなのですから[13]．

註

1) この議論は，もと，広中俊雄「認識・評価峻別論に関するおぼえ書き」（世良晃志郎教授還暦記念『社会科学と諸思想の展開』（創文社，1977 年））に示唆を得ている．私の議論を展開したものとして，『近代憲法学にとっての論理と価値——戦後憲法学を考える——』（日本評論社，1994 年）17-56 ページ．その主張はいくつかの批判・論評を得ているが，それらについては，同書の注記を参照．

2) 長谷部恭男『権力への懐疑——憲法学のメタ理論——』（日本評論社，1991 年）170-171 ページ．

3) 長谷部・前出．私も例をあげることにしよう．原子爆弾の開発を容易にするという効果を伴うことが予想される理論物理学の研究を1944 年のドイツであえて続行し，しかし，ナチスが原爆を持つという事態を阻止するためにヒトラー暗殺を企てる，という選択は，たしかに，「常識的な合理性の観念」からあまりに離れている．そのように追いつめられた場面の手前のところでは，しかし，私たちの日常生活のなかで，想定可能な事例がありうるはずである．たとえば，ある法令の準備・起草・制定の経過についてそれまでかくされていた事実についての研究成果を明らかにすることが，その法令への世論の評価をいちじるしく低める効果をもたらすことが予想されるときに，あえて成果を公表すると同時に，しかし，その法令に規定されていることの内容が擁護に値する価値を持つことを力説し，それに対する世論の支持を回復するために力をつくすこと．

4) そのほか，特に，純粋法学といわれるものがある．その代表者というべきハンス・ケルゼン（Hans Kelsen）は，価値判断から純粋な「規範科学」を提唱して，伝統的な法学のなかに混入している——というよりその本質的な要素だった——実践性を駆逐しようとした．それは，いわば，ひとつの側からする徹底的な法学批判の試みであった．純粋法学をからかって，〈*Reine* Rechtslehre ist *keine* Rechtslehre〉とか〈rechts*leere* Rechtslehre〉という語呂あわせがあるが，それは，言い手の主観を超えて，純粋法学の本質をいいあてている．

5) 「実定法学がこのように自らの中に価値判断，つまり法哲学を含むということに，その今日的意義があるのではないかということです．……医療や工学技術においては，目的がはっきりしていました．……ところが，最近になって，かつて前提として疑いを容れなかったそれらの目的が，果たして適当なものかという問題が起こってきました．……医の倫理とか技術の倫理ということです．ところが，従来の医学や工学自体はそれらを扱ってきませんでした．……法学の中には技術

的な要素と科学的な要素のほかに哲学的な要素が含まれているという
ことは，実は法学の後進性の表れではなく，むしろ法学の先進性の表
れ，といってよいかはともかく，古くからあるものがかえって今に至
って意味があることが示されている，ということができます」（星野
英一＝田中成明編『法哲学と実定法学の対話』〔有斐閣，1989 年〕
12-13 ページの星野発言）．「法哲学でも……むしろ法律学・法実務の
伝統的な叡知を見直し現代的に再構築しようとする動き」についての，
田中発言（同 13 ページ）をも参照．

6)　カール・シュミット「中立化と脱政治化の時代」（長尾龍一訳『現
代思想 1・危機の政治理論』ダイヤモンド社，1973 年）135-136 ページ．

7)　1961 年の文章は，尾崎喜八詩文集 8『いたるところの歌』（創文社，
1962 年），詩「新戦場」は詩文集 2『旅と滞在』（1959 年），「新らし
い風」は詩文集 1『空と樹木』（1959 年）所収．

8)　「悪い文明人」に対置して「善い野蛮人」を論じた文脈で，渡辺一
夫は，モンテーニュを引きながら，〈sauvage〉という言葉を「野性
的」と「野蛮」とに訳し分けている（『文学に興味を持つ若い友人へ』
〔弥生書房，1995 年〕202-203 ページ）．「文明人」の側が「野蛮」と
呼ぶものの中に，自然の独力が生み出した天与のもの＝「野性」的な
ものへの敬意があり，反対に，それを人為によって改変することこそ
「野蛮」と呼ばれるべきだとしたら，「野蛮」とくらべられる「知」に
ついても，本文でのべた意味での「知識」と「知性」ないし「知」そ
のものの区別は，肝要であろう．

9)　Roger-Pol Droit, La confusion des idées, *Le Monde*, 13 juillet 1993.

10)　こういう言い方の背景には，「ガス室は無かった」という類の言論
そのものを刑事罰の対象とする法律が議員提出立法として成立してい
るという事情がある．この，「人種差別，反ユダヤ，または外国人排
斥のすべての行為を禁止する法律」（1990 年 7 月 13 日法律）につい
ての私の簡単なコメントとして，『近代国民国家の憲法構造』（東京大
学出版会，1994 年）126-131 ページ．

11)　このことにつき，私の「戦後憲法の暫定性と普遍性・永続性」『法
律時報』1995 年 5 月号，9-10 ページ．

12)　P. ヴィダル＝ナケ『記憶の暗殺者たち』（石田靖夫訳，人文書院，
1995 年）9-10 ページ．

13)　私の人権観については，なお，最近刊の『一語の辞典・人権』（三
省堂，1996 年）を参照されたい．

21 世紀モラルの鍵は？

本文では大風呂敷をひろげましたから，ここでは，「21 世紀」まで自分
が生きていたとして，自分自身の足もとのことを考えながら，2 つのこと

を書いておきましょう.

　第1——.「詩というものはうまい詩からそのことばのつかみ方を盗まなければならない, これは詩ばかりではなくどんな文学でも, それを勉強する人間にとっては, はじめは盗まなければならない約束ごとがあるものだ.」「詩というものは先ずまねをしなければ伸びない, まねをしていても, まねの屑を棄てなければならない.」(室生犀星『わが愛する詩人の伝記』1958年) ——詩や文学ばかりでなく, およそ「知」のいとなみに, それはあてはまるでしょう. 誠実に「盗む」素直さと, 大胆に「屑を棄て」まくる思い切りのなかから, 本物の「自分」をつかみ出してゆく仕事には終りがないのです.

　第2——. 司馬遼太郎さんから頂いていた書簡類を, 愛惜の念を新たにしながら読みかえしました. そのなかに,「明晰であることの一つは, 手のうちのカードをすべて見せてしまう勇気と無縁ではないと思いました」という一節があります. 私の書いたものへの過褒の文章を私信から引用するのは気がひけますが, その文脈はぬきにして, この一節は, 目ざさなければならない「知のモラル」を, きびしく言いあてているのではないでしょうか.

国際法と公正
国際法の諸事例を通して
●●

小寺 彰

●モラルの問題を個人のレベルではなく，国家間の問題として考えてみ
ます．そこで問題になるのは国際法です．国際法の「危うさ」を通じ
て，国際的に発言することがどういうことかを，具体的な例を通して
検証します．ここでもモラルの条件は，何もしないための言葉ではな
く，現実に働きかける言葉であることが分かります．（**K**）

現代社会と法

　現代社会は，国内社会，国際社会を問わず，およそあらゆる分野
で激しい変化に見舞われ，その変化に法が追いつかないことがしば
しば起こっています．変化を事前に予見することは容易ではなく，
法が現実の後追いになるのはやむを得ないことではあります．わが
国でもこのような例は枚挙にいとまがありません．マンション規制
問題の推移は，法の後追いがうむ歪みをあざやかに示しています．
　1970年代から大都市部を中心にマンションとよばれる集合住宅
が多数建設されるようになりました．近隣住民は，マンションが建
設されるといままで通りの日照が確保できないと建築主に抗議し，
両者の間で日照に関する紛争がしばしば起こりましたが，建築基準
法などの既存の法的規律では的確な解決が得られませんでした．こ
れに対して，たとえば武蔵野市は，居住環境の整備の目的から，行
政指導によって，マンション建設にあたっては日照の影響について
付近住民の同意を得ることを建設業者に要求しました．しかし，こ
れは法的な規律ではなく行政指導ですから，法的な手続によって強
制できません．そこで武蔵野市では，この行政指導を守らせようと
して，守らないマンションへの水道供給を停止したところ，これが
水道法の正当な給水停止にあたらないとして，市長自身に刑罰が科

されてしまいました（武蔵野給水拒否事件）[1]. 武蔵野市は, 地方公共団体として, 法的規律が不十分な部分を補おうと良心的に努力したと言ってよいと思いますが, 正規の法的規律ではなかったために歪みが生まれたのです.

このような場合でも, 国内社会には議会があり, 即座の対応とはいかなくても, いくらかのタイムラグを経て, 法律や条例を制定し, 変化に対処できます. さきのケースでも, 東京都が日影条例を制定して, 法的な対応をし, 歪みは一応解消しました.

国際社会と法源

変化への法の対応ということは, 国際社会ではどうでしょうか. 結論を先取りすれば, 国内社会と比べるとはるかに深刻です[2].

国際社会は現在190余りの国によって構成されています. それらの国家の間では, 文化や経済状態が国内とは比較にならないくらい違うだけに, 国際社会の変動は国内社会より激しく, 複雑です. しかも, 国際社会には, 国内のような議会はありません.

国際連合には, 世界のほとんどの国が参加しています. しかし, 国際連合といえども加盟各国を法的に拘束する決議は, 安全保障理事会の一部のものにすぎず, 国連の全加盟国が参加する総会の出す決議は, 単なる勧告の効力しかもちません.

法学には法源という概念があります. これは法の存在形態のことで, 対象である行為または状況に対して適用すべき具体的なルールを導き出すための概念です. わが国の国内法では憲法, 法律, 政令等が法源で, それらの中に書いてある規定を解釈して, 具体的なルールを抽出することが許されます.

国際社会のおもな法源は, 国際慣習法と条約です. 国際社会全体を規律し, 国際法の根幹となる一般国際法は, 国際慣習法の形をとります. 国際慣習法は, 名のとおり, 慣習法の一種であって不文法です. 法であるという多くの国家の確信が, 実際の行為によって示されてはじめて法が成立します. このため, いつ法が成立するかははっきりと確定できず, また不文法のためにルールの内容が曖昧だ

という問題点があります.

　他方，条約は国家間の合意です．ルールは文章によって記述されます．つまり成文法ですから，その内容は明晰であり，またいつ効力を発生するかという点もはっきりしています．もちろん合意しない国を縛ることはできません．条約は，国内の法律とは違って，反対する国があっても多数決で決めれば，反対した国や表決に参加しなかった国にも，効果が及ぶというものではないのです．そこで条約上のルールが明晰であるという点に注目して，それまでの国際慣習法を条約の形に直したり，あらかじめ国際慣習法に発展することを見越して条約を作成することが行われます．これを法典化とよびます．法典化がうまく行われますと，国際社会にも議会があるのと同じような体裁になります．国連総会が法典化の役割をもっているのは，このような意図のためです．ただし，これは法典化が諸国の同意を上手に見極められる，または諸国の同意をうまくリードできる場合に言えることです．しかも諸国の同意を取り付けるためには，長い時間がかかります．また諸国の利害が鋭く対立する問題では，すべての諸国が納得できるようなルールにするために内容の乏しいものになってしまう恐れもあります．

　ガット・ウルグアイラウンドは，当初から交渉期限を決めて，だらだら交渉が続かないようにしました．また海洋の基本秩序を定める国際連合海洋法条約では，条約の内容をいくつかに，たとえば大陸棚，深海底等に分けて，諸国の利害がバランスするように議長等が条文案を作り，諸国に全体として受諾を迫るというパッケージ方式をとりました．あるルールには強い反対の意向をもっていても，他のルールについてそれにまさる利益があると各国が判断して，全体としては受諾するという仕組みです．それでもガット・ウルグアイラウンドは，当初の交渉期限の 1990 年 4 月から 4 年遅れました．海洋法条約も，いったん 1982 年に条約が完成したのですが，アメリカをはじめとする先進諸国が内容に不満をもって条約には加わらず，開発途上国の批准数だけが増えるという状況が続いてきました．結局批准国が 50 カ国に達して条約が発効する直前の 1994 年に，発

効前の条約を，しかも条約中の条約改正手続とは別の手続によって
改正して，先進国が満足し，やっと名実ともに「海洋の憲法」とな
りました．ここまで来るのに，交渉開始から実に 27 年が経ってい
ます．条約の抱える不都合へ工夫がなされても，やはり限界がある
ことが分かります．

　このように国際社会は，構造的に，法が状況の変化にうまく対応
できないという欠陥をもっています．この点をもう少し深く考えて
みましょう．

核兵器使用問題

　1993 年世界保健機関（WHO）総会は，国際司法裁判所に対して，
核兵器の使用が国際法上の義務違反かどうかについて勧告的意見を
出すように諮問しました[3]．1994 年には，今度は国連総会が，表現
は違いますが，同じ問題について国際司法裁判所に勧告的意見を求
めました[4]．

　国際司法裁判所は，国際連合の主要機関の 1 つで，国際社会全体
をカバーする唯一の司法裁判所です．国際司法裁判所は，国家から
の訴えに基づいて国家間の紛争について国際法に基づく判断を下し
ますが，同時に国際組織から法律問題について諮問を受けて，意見
を発表します．これが勧告的意見です．なお，国際司法裁判所を利
用できるのは，国家または政府間の国際組織に限られます．

　WHO と国連総会から出された，この 2 つの諮問については，現
在国際司法裁判所で審理中です．審理の途中で，国際司法裁判所は，
国際連合加盟国に意見を求めました．それに応じてわが国の政府は，
「核兵器使用が国際法に違反するとまではいえない」という意見を
出そうとして，物議を醸したことを記憶している方も多いと思いま
す．政党やマスコミなどから強い批判を受けた政府は，結局この見
解を削除し，「核兵器使用は人道上の精神に反している」との表現
にとどめて，核兵器使用の法的評価には踏み込みませんでした．
1995 年 11 月にオランダのハーグの国際司法裁判所でわが国の政府
代表が行った陳述もこの線に沿ったものです．他方，同時に出廷し

た広島，長崎の両市長は，原爆の惨禍を説明したうえで，「核兵器使用は国際法に反している」と証言しました．

　日本政府は国際法上の評価についての当初の立場を変えたわけではなさそうですから，広島，長崎の両市長とは一見立場が違うように見えます．1995年10月30日から始まった各国政府の陳述も，大体この2つの立場に分かれたようです．これらの2つの立場は，かけ離れたものでしょうか．私はそうは思いません．

　報道によると，長崎市長は，①文民を攻撃すること，②不必要な苦痛を与えること，③環境を破壊することのどれかにふれれば兵器使用が違法であるとして，これら3つの要件をすべてみたす核兵器使用は国際法上違法であると証言しました．この主張の特色は，核兵器の使用がなんらの根拠も引かずにただちに違法であるとは言わず——たとえば，あとで説明するように毒ガスの使用は国際法上なんらの実質的な理由もつけずに違法です——，一般的に兵器使用を違法とする条件を挙げて，核兵器使用が常にその条件をみたすから違法だという立論をしていることです．要件の挙げ方はやや違いますが，核兵器使用を違法と主張する国の立論は，この型です．広島，長崎への原爆投下は，以上の要件を明らかにみたしています．ただし，核兵器使用が常にさきの要件のどれかをみたすかは別に考えなければなりません．核兵器が一般の通常兵器と完全に区別できるかということです．たとえば，1隻のリモートコントロールで動く無人の軍艦からX国に対して武力攻撃が行われて，X国がきわめて小型の戦術核兵器によってその軍艦の攻撃をやめさせるというケースを想定しますと，これはさきの3つの要件をまったくみたさない可能性があるのです．違法論者は，そういう場合がないと考え，逆に反違法論者はありうると考えるのです．

国際法定立の困難

　実は核兵器使用問題は国際法の構造的問題を突きつけています．第1に，核兵器違法論者が核兵器使用自体が禁止されているとは明言せずに，迂回的な論法をとっているのは，核兵器の使用を禁止す

ると明言する一般的な条約が現在までに作られていないためです.
毒ガス兵器については,すでにそれを禁止する「毒ガス等の禁止に
関する議定書」(1928 年)がありますから,それをもとに国際慣習
法上も毒ガスの使用が禁止されていると言っても異論は出ません.
広島や長崎の悲劇を見れば,核兵器使用禁止を決める条約作りがは
じまってよいはずなのですが,現実にはそうはならず,現在に至っ
ても禁止を明定する条約はありません.もちろん核兵器が野放しだ
ったわけではないのですが,核拡散防止条約(NPT)に典型的にみ
られるように,米ソを中心とする核大国の手を縛らない範囲での規
律が実施されてきたといってよいでしょう.その意味では,1996
年中の交渉妥結を目指して現在交渉中の包括的核実験禁止条約
(CTBT)は,はじめて核大国の手を縛るものとして大いに注目さ
れるでしょう.

「大体,使用が許される兵器と禁止される兵器があるのがおかし
い.武力行使は一般的に禁止されているのだから」.この議論の言
うように,現在,戦争を含む武力行使は国際法上一般的に禁止され
ています.ただし,他国から攻撃されたときの自衛や国連安全保障
理事会による強制措置など,例外的に武力行使が認められる場合も
ありますし,第2次大戦後も実際には多くの国が武力抗争に巻き込
まれ,わが国のように巻き込まれなかった国の方がむしろ少ないと
いう世界では,この議論は説得力を欠きます.どのような殺害方法
がよいかを議論するなどニヒリズムだという立場も否定しませんが,
国際社会のコンセンサスは,無意味で,非人道的な殺害方法はやめ
るべきだというものであり,このコンセンサスにもとづいて,特定
の兵器の使用が禁止されているのです.核兵器使用はこのようなベ
ースで議論されるべきものなのだということを忘れてはなりません.

核兵器の使用が国際法上それ自体として禁止されていないことと,
核兵器使用を禁止しようと努力することは別だということにも注意
を払わなければいけません.核兵器使用がかならずしも国際法上違
法ではないという国際法上の認識をもつことと,禁止に向けて立法
の努力をすることはまったく別です.現在はかならずしも違法では

ないから，立法に向けて努力するというのは，まったく自然なこと
です．本来問わなければならないことは，核兵器使用を禁止する条
約作りを真剣に目指す覚悟があるかということです．

　核兵器をもたず，軍事に関することで取引材料に乏しいわが国が
——もちろんこれは平和憲法のたまものであって誇るべきことです
が，他面現代の国際社会ではそれにマイナスがともなうことも事実
です——，核兵器という高度な軍事技術に関する諸国間の利害調整
を行うということの困難は言語に絶するものがあると想像されます．
各国を脅したり，すかしたりしながら，禁止される兵器使用とそう
でない兵器使用を区別するという鬱陶しい役回りを引き受けて，世
界をリードすることには，相当な能力と覚悟が必要です．今重要な
ことは，核兵器使用が国際法上違法であると主張して免罪符——と
くにマスコミに代表される国内社会でのそれ——を得て，何もしな
いことではなく，世界の誰もが核兵器の使用が国際法上禁止されて
いるといえる状態を作ることのはずです．

裁判所の役割

　国際司法裁判所が一般的な形で核兵器使用の違法性の判断を託さ
れたことをどのように考えるべきでしょうか．かつて55年体制下
で自衛隊を支持する自民党政権が半永久的に続くと感じられたとき
に，自衛隊を憲法9条違反と考えた人たちは，国会に期待できない
との思いから，違憲立法審査権をもつ裁判所が自衛隊の違憲判断を
下すことに希望をつなぎました．

　国際司法裁判所で核兵器使用の法的評価を下してもらおうと主唱
した諸国は，国際社会で，核兵器使用を禁止する条約を作成するこ
との難しさを避け，国際司法裁判所で一挙に解決を図ろうとしたと
想像できます．

　裁判所はこのような問題を処理するにふさわしい機関でしょうか．
司法は，本来個別的・具体的な紛争の処理を目的とします．裁判所
は，前後で矛盾しない基準に従って判断を作成します，この判断基
準は個々の紛争処理に適したものであることが第1の条件です．こ

の点が議会による立法とは根本的に違う点です．議会は，個別的な事情を超えた一般的な状況を見据えて，社会一般に妥当するルール（基準）を作成します．特定の道路を建設するために立法するという具合に，具体的な事態のみを対象にして議会が法律を作ることもありますが，これは議会にとっては例外的なこと，また本来は許されないことという評価が一般的です．

WHO や国連総会の要請は現行国際法の確認であり，それは法典化作業として国連総会に割り振られているもののはずです．個別的・具体的な事実について，それにふさわしい判断基準を確定して，それによって裁くという司法裁判所の任務からははなはだ遠いところにあります．その意味では，この諮問は国際司法裁判所には負荷のかけすぎだという気がします．私は，WHO や国連総会の諮問は裁判所が却下すべき事案だと考えます．裁判所の却下は「門前払い」と呼ばれて一部では非難されますが，本来期待されていないことをやるのは最悪でしょう．

われわれは，各国の首脳が集まって合意できない世界の重要事の決定を何事によらず，15 人の裁判官に委ねたのでしょうか．別の観点から説明しますと，裁判所も含めて国際組織はその任務に相応した権限や組織をもちます．与えられた任務以上のことをやるためには，自前の人員等の能力では対応できず，結局その判断は正統性をもちません．このことが国際司法裁判所の権威を傷付け，具体的な紛争の処理という裁判所の本来の任務に関する判断すら諸国から尊重されなくなるという事態を，私は恐れます．

わが国政府の対応

この問題についてのわが国政府の対応を一言批判しておきます．政府の国際司法裁判所への陳述書は英語で 4 ページ足らずの大変不親切なものでした．当初批判された「核兵器使用は国際法に違反するとまではいえない」とは，以上に解説したことを意味しているのでしょうが，この一文には法的な説明はありません．しかし，この一文だけを読んで今まで私が解説したことだと即座に理解できる人

がどれだけいるのでしょうか．また WHO の勧告的意見の要請そのものに対しても，何の説明もなく，「注意深く（carefully）検討すべきだ」と言っているだけです（なお，国連総会からの勧告的意見の要請への陳述書には，この部分は落とされています）．

政府陳述書を見たとき，思わず禅問答を思い出しました．わが国とほぼ同意見のアメリカやイギリスが，英語でそれぞれ約 100 ページ，約 40 ページにのぼる立派な陳述書を提出し，詳細に法的議論を展開しているのと対照的です．

アメリカやイギリスのような長い陳述書を出すためには，政府内部，また国会の与野党との膨大なエネルギーを要する調整が必要でしょう．しかし，国際的にわが国政府の認識を示すというのであれば，条理を尽くして議論をしなければ，わが国の国民は言うまでもなく，他国の人が理解してくれるはずはありません．広島，長崎の市長が出廷して，被爆国として核兵器使用の実態を示したことは意義深いことでしたが，わが国政府が核兵器使用，国際司法裁判所の在り方等についてどのような見解をもっているかを世界に示す絶好の機会が失われたことは否めません．核兵器使用もさることながら，国際社会のインフラとも言うべき国際法，国際司法裁判所の在り方について，明確な哲学を開陳できてこそはじめて国際社会において責任を果たしたと言えるのではないでしょうか．

国際法の断片性

これまでは法が事態の変化に追いつかないという国際法の難しさを見てきました．これに加えて，法の断片性という問題が国際法にはあります．経済分野では特に心しておかなければならない点です．

経済分野，たとえば貿易，金融，投資という分野は伝統的には，各国が独自に規律してよいとされてきました．第 2 次大戦後，「貿易および関税に関する一般協定」（ガット）ができて，貿易の自由化のための動きが始まります．貿易について，自由無差別という原則を掲げ，貿易規制は原則として関税によるという仕組みです．この仕組みに立って，ガット加盟国は，ラウンドとよばれる集団交渉を

実施して，まず大幅な各国の関税引き下げを実現しました．関税が下がると，目に付くのが，ガット上禁止されている輸入数量制限でも，また関税でもない貿易障壁，たとえば，ダンピング課税です．これらを「非関税障壁」といいます．ガットはもともと非関税障壁についても規定をおいていましたが，その義務は弱いものでしたから，非関税障壁の規律強化が試みられました．注意しなければならないのは，関税引き下げが交渉のターゲットだったときに，関税は低いのだけれど非関税障壁が高く，両者をならせば高関税率の国よりも障壁が高いのに，関税引き下げ交渉では涼しい顔ができた国があったことです．貿易の自由化は徐々に進みますので，その過程ではアンバランスが生まれるということです．ウルグアイラウンドでは，サービスや知的所有権もガット（ウルグアイラウンドによって，組織としてのガットは，WTO に再編されました）の対象に入りました．アメリカがサービスや知的所有権をガット・ウルグアイラウンドの対象分野にすることを強く主張したのは，モノの貿易だけを自由にして，サービスの国境を越える取引（サービス貿易）を各国が制限するのはおかしいという主張です．

　モノの貿易だけがガットの規律分野だったときには，サービス分野で各国がどのような規律をしようが法的には自由です．しかし，サービス分野は法的に自由だと主張するだけでは「法匪」のそしりを免れません．自由で無差別な貿易をいうときには，人為的に資源配分を歪めるべきではないという哲学があります．国内であれば，経済について，このような基本理念が定められれば，製造業もサービス業も，この理念に沿って営まれるような法制度が整えられます．しかし，国際社会ではそうなるのに時間がかかるのです．国境を越えたモノの流れからサービスの流れまで視野に入れれば，次はお金の流れ，すなわち対外投資の自由化が課題として意識されるのは自然です．ウルグアイラウンドで，サービスや知的所有権は入りましたが，対外投資は，サービス分野をおくと，貿易関連投資措置としてわずかの規律が実現しただけです．投資の自由化のための交渉は，最初から WTO で行うのではなく，まずは OECD ではじめるとい

う迂回作戦がとられることになり，1995年に交渉はやっと緒につきました．ガットが動き出して47年たっても，このあり様です．

　国際法の対応が遅いために，法整備の途中で，実質的にはバランスを欠くような事態が起こるのは避けられないのです．

　法制度の適応への長時間性と断片性は，われわれに国際法の限界を見つめ，そのうえで行動することを要求します．国際法は，完成し，自律性の高い法制度ではありません．国際法は，かつての経験の痕跡を随所に残し，現代ではそもそも適応しないルールを抱え込んだままです．しかし，国際法が各国の合意を基盤にする以上，従来から妥当していた法の失効を安易に承認することはできません．ここで法を扱うための「賢慮」が必要となるのです．国際司法裁判所は，しばしばこの課題に直面してきました．国際司法裁判所が払った「賢慮」の一端を眺めてみましょう．

法適用における「賢慮」

　1971年にアイスランドは1962年のイギリスとの取決めを一方的に廃棄して，従来12海里であった漁業水域を50海里に拡張しました．本来公海は各国が自由に使用を認めることができる場所ですが，漁業水域になりますと漁業活動については，沿岸国が排他的な管轄権（支配権の一種）をもち，ほとんどの場合は，自国民に漁業を独占させます．これにイギリスが猛然と反発し，軍艦まで動員して自国漁民の漁業権を守ろうとしました．「タラ戦争」です．イギリスは実力行使を行うだけではなく，国際司法裁判所にアイスランドの行為の違法性の確認等を求めて提訴しました[5]．国際司法裁判所が事件を取り上げるためには，紛争当事国の同意が必要ですが，前に結んだイギリス・アイスランド間の取決めに，紛争は国際司法裁判所に付託して解決するという規定があったために，イギリスはこのような行動をとることができました．

　ここで当時の漁業をめぐる動きをざっと説明しましょう．古くから海洋は広い公海と狭い領海によって構成されると考えれられてきました．各国は，沿岸3海里を領海として自国領土なみに支配でき

るのですが，その外は，公海として各国が自由に利用できる海だったのです．ところがこのような状況は今世紀に入って急激にかわります．たとえば，各国漁民が自由に漁業を行っても魚類がなくならなければ問題はないのですが，漁業技術の進歩はこの前提を崩しました．各国が漁民に自由に漁業を行わせると，魚類は絶滅する恐れが出てきました．科学技術の進歩は海が資源を無尽蔵に擁しているという前提を変えたのです．それに対応して，沿岸国は3海里の領海のみに及ぼしていた管轄権を沖合いに拡大していきます．ここで取り上げている事件は，沿岸国の漁業に関する管轄権拡大が200海里まで承認される前，いわばそのような動きが強まった最中に起こりました．

　当時は，アイスランドが漁業水域を沖合い50海里までのばすことは，イギリスとの取決めでも，また国際慣習法上も許されていると言えない状況でした．他方，このような沖合いへの管轄権拡大が近い将来，国際社会で認知される可能性が日々高まっていたことも事実です．

　このような中で国際司法裁判所は，アイスランドの漁業水域拡張がイギリスに対抗できないと判断した上で，漁業水域をめぐる法律関係を摘示します．いわく，イギリスは伝統的な漁業に関する既得権をもち，アイスランドは優先的漁業権をもつ．この2つの権利を前提に両国は交渉する義務を負うと結論しました．

　ここで重要なことは，国際司法裁判所が国際法に則ってイギリスの主張に軍配を挙げながら，他方で漁業権益をめぐって交渉することを求めたことです．ルールに基づく判断を下したうえで，現実的な妥当性を確保する途を示したと評せましょう．紛争解決を目的とする裁判所は，単に法を適用するだけでは満足しなかったことが重要です．

国際法と「公正」

　われわれが国際法の解釈適用に関心をもつのは，もちろん裁判官としてではありません．しかし，最初に挙げた核兵器使用問題のよ

うに，国際法について何らかの認識をもつことは必要です．各人が自分の理想によって国際法を語れば，国際法とは個々人の単なる理想の表出でしかなく，国際法は法に本来期待される対立する利益の調整機能をもちえません．国際司法裁判所が国際法の名によって紛争について判断を示しても，それは裁判官のカズイスティックな判断でしかなくなります．理想は千差万別である以上，法も千差万別になり，裁判官を誰がつとめるかで結果が異なります．これでは国際法は法とは言えません．国際法は，自律的な存在として，国際社会を客観的に規律する役割をもっていることを忘れてはなりません．

しかし，何度も言いますが，国際法には構造的な欠陥がありますから，それを絶対視する態度はとるべきではありません．政府当局者が具体的な意思決定をする際に，法が十分でない分野であれば，他の適切な基準で補って，決定の際の基準とすればよいのです．武力紛争が起こった場合に，核兵器の使用がかならずしも違法ではないからといって，核兵器を自由に使用してよいとはなりません．このときの判断基準は，「公正」(fairness) とよばれます．それでは，この公正はどのように認識することができるのでしょうか．経済問題でアメリカ政府がよく公正な貿易を主張し，相手国にそれに基づいて関係の是正を迫ります．1994 年から 95 年にかけて，日本の自動車市場の閉鎖性がこの点から問題になったことを記憶している方も多いでしょう．このときも含めて，アメリカ政府の行動が批判される点に，アメリカ政府のいう公正がアメリカ社会の基準からのもので，アメリカの価値の他国への押しつけだというものがあります．この批判は，国際社会でも公正が一人よがりにはならず，一定の客観性を備えなければならないことを示しています．しかし，公正が本来的に法を超えるものである以上，これは難しい問題です．

公正をどのように捉えるかは，結局は各国政府当局者や関係者のコモンセンスの問題です．しかし，これはあまりに突き放した解答で，答えになっていないと言われても仕方がないので，もう少し客観的に公正を検証する方法を考えてみることにしましょう．

まえに見た漁業管轄権事件では，海洋法に関する動き，具体的に

は裁判当時に現在の国際連合海洋法条約の起草方向が固まってきたことが大きく影響していました．そのことは，国連総会の決議や国際慣習法になっていないけれども重要な意味をもつ関係条約，さらには国連決議の前提になる国際組織等での諸国の動向，そしてそれらを総合的に解釈した海洋法に関する法学者の見解からうかがうことができたのです．国連総会決議は加盟国に対して勧告的な効力しかありませんが，そのなかに国際法の内容を宣言するという文言があり，また圧倒的な数の国が賛成すれば，この決議の内容は国際慣習法になっていると評価できます．ここまでいかないものでも，国際社会における公正の基準を示したと考えることができるものがあります．数のうえでは，慣習法を宣言したものより，公正の基準を示したと考えられるものの方が圧倒的に多いと言えます．

1992年にリオデジャネイロで地球環境会議が開かれ，地球環境の保全のためのさまざまな原則を盛り込んだ「リオ宣言」が発表されました．この内容は，国際法というまでに熟したものは少ないのですが，今後条約化する際の大枠を決めたと言えましょう．このようなときに，リオ宣言の内容に反する措置を，現行国際法上は許されるからと強弁して実施することは，やはり公正に反すると言わざるを得ません．

今までは国連総会決議などによって公正を検証できると言ってきましたが，国連総会決議はなにも自然の生成物ではありません．国連加盟国が提案し，他の加盟国の賛同を得て採択されます．したがって，各国は，将来の方向を見据えて，さまざまな分野における公正を検討し，検討結果を国連総会などの国際的なフォーラムで主張し，相互に批判しながら，その結論を決議に盛り込んでいくという主体的な努力が重要なことが分かると思います．討議の初期の段階では，さまざまな議論が出てくるでしょう．政府当局者は，反論も含めて論戦に積極的に参加し，自分の主張に自信がある場合には他の諸国を粘り強く説得することが大切です．国際社会における公正とは何かを考えず，多数の意見に従っておけば安心だと心得て，多数の国が支持する決議に賛成し，問題が起こると，これは単なる勧

告だと言い逃れをする態度は，それこそ不誠実きわまるものです．

　国際社会において国際法が存在することは，国際社会の安定化のためにきわめて大切なことです．しかし，国際法は国内法とは比較にならない程の大きな限界をもちます．その意味で国際法上のルールを相対化し，別の角度からいえば，法を中核とする公正の基準を豊かなものにする努力が国際社会においては不可欠なのです．このような努力をせず，法の名の下に公正の実現を妨げようとする態度は，そもそも法の基盤にある公正をほり崩すものです．国際法も人間の活動の産物です．包丁等の道具と一緒で，われわれはこれをプラスにもマイナスにも使えます．また国際法の内容が適切でないと考えれば，みずからよりよい法や公正の基準を作る活動にも参加できることを忘れてはなりませんし，またしなければならないのです．現代の国際社会では，いぜんとして条約や国際組織の決議を直接に作る作業は政府当局者に委ねられています．しかし，われわれ市民は政府の作業を監視することができますし，また環境問題をはじめとして NGO（民間団体）が国際法定立や決議採択に大きな役割を果たす場面が増えてきている点を見逃してはいけません．

註

1) 最高裁平成元年 11 月 7 日決定（判例時報 1328 号 16 ページ）．
2) この章で国際社会と対比して国内社会と言うときは，わが国のような西側先進国のことを考えて下さい．開発途上国では，そもそもわれわれのいう法律が機能していないところも多いからです．
3) 「健康上および環境上の効果の観点から，戦争又は他の武力抗争において国家が核兵器を使用することは，WHO 憲章を含む国際法上の義務違反か」（WHO 総会決議 WHA 46.40）．
4) 「核兵器の使用又は脅威は，いかなる状況においても国際法上許されるか」（国連総会決議 49/75K）．
5) ICJ Reports（1974），p. 1.

21 世紀モラルの鍵は？

　自己の信条を首尾一貫させることはなかなか難しいことです．人が困れば助け合うというのは，国内では大方の一致が得られる原則でしょう．で

は国境を越えた外国ならどうでしょう．国内で困窮した人に対してとるべき措置を同じようにとるべきだということになるのでしょうか．平和が大切だということを，誰も否定しません．しかし，ボスニア内戦で多くの人命が奪われているときに，やはり平和が大切だから積極的な行動をとるべきだという声は国内ではなかなか聞かれませんでした．一般的な形で信条を語りながら，その適用範囲を自分の周りの狭い世界に限定するというのでは，信条の首尾一貫性はありません．もちろん適用範囲を限定する根拠を説得的に示しうるのであれば話は別です．

　われわれは多くの信条を日本国内に限定して語り，行動してきました．主権国家体制が確固たるものであれば，国内と外国を分けて考えても信条の一貫性には問題はありません．しかし，21世紀は現代以上にボーダレス化して主権国家の壁は低くなります．そのときに国内で語ることと外国に対して語ることが違えば，明らかにご都合主義です．

　現在の先進国で考えられているような「文化的な最低水準の生活」を，開発途上国のすべての人びとに保障しようとすれば，地球環境上の問題が発生するのは疑いをえません．「文化的な最低水準の生活」を世界的に保障する唯一の途は，われわれ先進国の生活水準を下げること以外にはないのではないでしょうか．また戦争が勃発した地域を平和に戻すためには，単に平和を呼びかけるだけでは足りず，権謀術数の世界に入りこみ，場合によっては同胞が血を流すことを甘受しなければなりません．わが国でも，このことを遅ればせながらカンボジアでの経験から学びました．

　信条を一貫させることは，そのための犠牲を覚悟することです．21世紀には，何度も，また今よりも鋭くこの点がわれわれに突きつけられるでしょう．われわれ日本人の質が真に問われるのです．自己を顧みると悲観的ですが，ボランティア活動の着実な定着など若い人の行動に一縷の希望を託せるのが幸いだと思っています．

●異文化理解

マジック・ミラーの盲点
比較文化の知識社会学
●●

リヒター, シュテフィ

●知のモラルの前提となるのが, 自分と異なるものを知り, 理解することです. だが, それを正しく行うことはそれほど簡単ではありません. 異文化理解にはしばしば盲点や死角が隠されています. 豊富で具体的な実例を通じて, その危険と可能性を指摘しつつ, しかし最後には, ユーモアと旅という究極的な技法が示されます. (**K**)

問題なのは……

　ある異文化を研究するとはどういうことなのでしょうか. それは, その文化を——欲しようと欲しまいとにかかわらず——自分の文化と比較するということにほかなりません. しかも, あらゆる比較は, 具体的な目的をもって具体的な状況の中で行われます. 例えば, 19世紀末にドイツで設立されたアジア・アフリカ研究所は, 単にその国々の文化について知識を広げるという目的だけではなく, ドイツ帝国の植民地政策を支える役割を果たす使命を担わされた存在でした. 当時そのような比較文化に従事した学問が, 幼い日本学をも含めて, 文字通り「植民地学」(Colonial Sciences) と名付けられたのは, そのためでした. 明治日本における西洋文化の受容過程を見るならば, 「富国強兵」という政策をその背景に見逃すことはできません.

　しかし, 比較文化学をめぐる事情は, その後大分変化してきています. 今日の制度化された比較文化学は, 新しい方法や技法, 問題意識, 技術に基づく現代学問の全体の一部門として存在するようになったばかりではありません. 個々人の移動性が爆発的に増大するにつれて, 数多くの人びとが他の文化・他者を自分の五感で直接経験できるようになってきたからです. しかし, ジェット機で世界を

飛び回り，コンピュータやインターネットでどのような情報をも手に入れられる現代人が，今なおなぜ，自分と異なる文化に対して，「あの国の人間は怠け者だ」，「何々人は汚い」，「あいつらは未開だ」，あるいは「西洋人はわれわれより論理的に考える」などの偏見にとらわれつづけているのでしょうか．それには，いくつかの理由が考えられます．言うまでもなく，経済的なギャップ・社会政治的な相違は，その重要なファクターの一つです．しかし，そのような理由を分析する時に，比較文化学者が従来の思考様式自体を問題にしないと，行き詰まることがあります．つまり，われわれ自身が学者として属している文化そのものを相対化してみないと他の文化をより深く理解することはできないだろうということです．異文化を研究しながら，自分の文化（相互依存的に編み合わされた人びとの感じ方，考え方，話し方，行動様式，価値観）を相対化する，そしてその作業を通じて，異文化に対しての先入観を一掃するというのが「知識社会学」（Sociology of Knowledge）の本来の仕事なのです．その意味で，知識社会学は，比較文化学を倫理的にコントロールする1つの重要な役割を果たしえるのではないでしょうか．1920年代に，ハンガリーに生まれたカール・マンハイムによって創始された知識社会学とは，あらゆる知識や思考の「存在拘束性」（知識や思考が実はその外に存在するリアリティーに限定されていること，イデオロギー性やユートピア性を必然的に有すこと）を暴露する学問であり，われわれ自身の知識や思考のあり方そのものについて反省を求める学問にほかならないからです．

では，以下3点にわたって，この知識社会学が比較文化学に対してどういう刺激を与えることができるのか，ということについて具体的に考えてみましょう．

竜安寺の目の錯覚——近すぎること，遠すぎること

竜安寺の有名な枯山水を思い浮かべてみましょう．白い砂利の上に3つの石群が7・5・3個ずつ配置されています．入口でもらったパンフレットの説明文によれば，苔に覆われた石が15個あるはず

です．しかし，方丈に座って数えてみても，すべての石を同時に見ることはできません．そのすべてを見るためには，普通のポジションとは全く異なる視野が，つまり視野の転換が必要となります．ところが，この石庭の中に入ることは普通の観光客には禁じられているのですから，15個の石の配置を正確に知るためにはその鳥瞰図を得る以外にありません．

　鳥瞰とは，言うまでもなくものを遠くから眺めるということです．われわれに自明の，馴染みの文脈から距離をおいて，それをもっと高い次元で，より広いコンテクストに埋め込むということです．この視点によってそれまで当りまえと思われてきたものが新しい姿をとって現れ，疑う余地のなかった知覚や知識が揺り動かされてきます．そうなると，「これは正しい」，「これは間違っている」とか，「これは良い」，「これは悪い」などのプラスとマイナスの価値判断では事は片付きません．逆にそのような判断の基準そのものを問題にしなければならなくなります．確かに，目の高さで近い視野から，「ああ，なんてきれいなのだろう」と感嘆された竜安寺の石群を航空写真で（あるいは高空から）見るならば，その美しさは遠い距離のためにかえって消えてしまいます．しかし，そのかわり初めて見えてくる実際の石の数がいったいどういう意味をもつのだろうかとか，7・5・3からなる石群の組成が日本文化の他の分野で知られている数字の組合わせとどのように関連しているのだろうかというような問題意識が可能になります．だとするならば，そういう新しいものの見方のおかげで呼び起こされた好奇心（＝新しい知識への憧れ）を比較文化学の領域にまで拡大しても良いのではないでしょうか．

　こうした鳥瞰図の立場に立って自分の属する文化的文脈を相対化する可能性は，少なくとも2つあります．1つは，日常生活に深く根を下ろしている，美的な意識ともいえるもの（もっと一般的にいえば，われわれに親しい習慣）の扱い方が，いつからどのようにしてなりたってきたかという歴史的な追究です．これを通時的な（diachronical）眼差しといいます．第2は，共時的な（synchronical）観点です．同時代であっても，地域によってものの考え方，感じ方

には差異が見られます．たとえば，竜安寺や東アジアの他の国々の園芸，あるいはイギリス庭園に表現されている美の理想にはどういう相違，または相似があるのか，そしてそれはそれぞれの社会の中で暮らす人間の相互関係について何を語るのか，というような問題です．

　しかし，自分がかかわっている生活世界に拘泥しすぎると無反省な自己中心主義やその結果である錯覚の危険が生じざるをえないのと同じように，あまりにも空高く飛翔しすぎると，近さによる盲目とは別の危険を冒すことにもなります．要するに，遠く離れているものは，本来それが置かれている過程や人びとの日常生活から分離して，いわば不変不動の状態に還元されてしまいます．またそれに伴って，距離をもった観察者も自分のポジション，自画像を絶対化することによって，それがある全体の流れの中の一要素であることを忘れてしまうのです．（知識）社会学者ノルベルト・エリアスによれば，「熟考対象から頭の中で距離をとる行為——それは極度に情感の抑制されたあらゆる反省が内包し，とりわけ科学的思考・観察作業が要求するものであり，同時にまた科学的思考・観察作業を可能にするもの——は，この段階の自己経験においては，思考者と熟考対象との間の実在の距離を意味しています」[1]．こうしたものの過程，行為，相互作用をある状態に還元するのが，ヨーロッパの古典的認識論の特質を示す，いわゆる「カプセル思考」（capsular thought）の決定的な一構成要素なのです．

　「カプセル思考」は，あらゆるものを，内と外との間に貫けない壁をもった単子（モナド）として描きます．その最も典型的な例は，近代の学問的思考によって構成された人間像であり，国民国家としての社会像，文化像でしょう．そこでは，人間は内面的に完全に自立し，他の人間から隔絶した「孤立した個人」として考えられているのです．そして，この個別化・孤立化の自己経験に基づいた人間像の裏面が，窓のない単子の集まりとしての社会像です．もっと正確に言うならば，それは共同体としての国民国家像なのです．ある国民国家（nation）に属するあらゆる人間は，同じ社会化に基づきつつ，同

一の価値を追求し，互いに調和しながら生活を営みます．そして，その同一の価値・規範などを他の国民に対する独自性として強調することによって，特に19世紀の後半頃から「文化」という概念が広がってきました．ある程度まで文化と国民国家が同一化されるために（例えばドイツ語にはKulturnationという言葉がありますし，日本の場合でも日本という国と日本人と日本文化とはあまり区別されていません），「文化」という概念が国境と同じように限定されてしまうのです．つまり，あらゆる文化は，それぞれが孤島として考えられていることになります．当初ばらばらに存在していて，しかも通常は静止状態にあったものが，いわば遅ればせに互いに「浸透」し合うようになるというわけです．

　中に閉じ込められた自由な個人（そしてその理性），最高の価値としての国民国家，一民族の特性の表現である文化——この理想と事実とを混同する自画像＝擬制は，確かに人間の自己経験の発展上の一定段階を特徴づけることにはなりましょう．しかし他方，こうした擬制によって，生成過程にある社会文化的現象がいつの間にか1つの静止した状態に還元されたり，絶対化されたりもしてきたのです．そして，この理想が，通時的に過去の文化のものであれ，共時的に異文化のものであれ，あらゆるものを測る永遠の価値尺度として機能してきます．そのような「脱歴史化」の仕組みこそが，従来の比較文化の方法を支えてきたヨーロッパ中心主義の一因であったと言えましょう．「他の文化の人間はわれわれの文化圏の人間より進歩していない，未開だ」とするヨーロッパ中心主義の高慢な態度（もちろん，これは西洋以外の多くの学者や文化人の間にも蔓延しています）を暴露することが，というよりこのような態度を歴史的に説明し，そのような価値判断を下す比較のレベルを克服することこそが，知識社会学の重要な任務の1つなのです．

地球の中心への旅

　フランシスコ・ザビエルに「ゴアのイエズス会員にあてて」という1549年11月5日，鹿児島から発送された書簡があります．その

一節を以下に引いてみましょう.

　「この国〔日本〕の人たちの食事は少量ですが，飲酒の節度は
いくぶん緩やかです．この地方にはぶどう畑がありませんので，
米から取る酒を飲んでいます．人びとは賭博を一切しません．賭
博をする人たちは他人の物を欲しがるので，そのあげく盗人にな
ると考え，たいへん不名誉なことだとおもっているからです．宣
誓はほとんどしません．そして宣誓する時は太陽に向かってしま
す．……彼らは一人の妻しか持ちません．この地方では盗人は少
なく，また盗人を見つけると非常に厳しく罰し，誰でも死刑にし
ます．盗みの悪習をたいへん憎んでいます．彼らはたいへん善良
な人びとで，社交性があり，また知識欲はきわめて旺盛です．
……彼らは獣の像をした偶像を拝みません．大部分の人たちは大
昔の人を信仰しています．私が理解しているところでは哲学者の
ように生活した人びと（釈迦や阿弥陀）です．彼らの多くは太陽
を拝み，他の人たちは月を拝みます.」[2]

　この記述はわれわれに旧約聖書の，ある意味でキリスト教的ヨー
ロッパの道徳律である十戒を思い起こさせないでしょうか．この神
様がモーセに与えたという十の戒めの中には，例えば，「あなたは
他の神を拝んではならない」，「あなたは自分のために鋳物の神々を
造ってはならない」，「あなたは姦淫してはならない」，「あなたは盗
んではならない」のような掟や禁止があるからです．
　「ヨーロッパ」と言われている地域が次第に世界の出来事の中心
になってから500年あまりたちました．それまでの世界＝地球とは，
中央や地方がどんなものか，どこにあるかなどについて限られた表
象しかもたないままに共存する帝国や文化圏というものであったと
言えましょう．偉大な発見の世紀として知られながら，西洋の近代
化の起源として忘却されがちなイベリア世紀（15世紀）を出発点と
して，それまではむしろ東洋（Orient）の「裏庭」にすぎなかった
西洋（Occident）が逆説的な自己発見の道を歩み始めるのです．そ

の自己発見が，かつては自分より優れていた文化の植民地化と同時に，それらのエキゾチックな審美化をももたらしたことはけっして忘れられてはなりません．まず第1に，ポルトガル人やスペイン人はキリスト教の布教をするだけではなく，商業上の利益のためにも世界中を旅したのであり，そこで略奪した財産が西洋の文明化の物質的土台になったのです．ラテン・アメリカの解放神学者であるエンリク・ダッセルの言葉を借りるならば，自分の成功を誇りにしている西洋人は，哲学的な命題「我，思惟す」(ego cogito) には実践的な命題「我，侵略す」(ego conquiro) が先行しているということをよく忘れているのです[3]．第2に，それまで知らなかった異国への旅，つまり新しい次元を得た空間的移動性は，ヨーロッパ人の頭脳，もしくは印刷された本の中にある自分の過去への旅，つまり時間的な移動性に投影され同一視されていくのです．

　広い世界に出て行く西洋人の権力欲や金銭欲，好奇心＝知識欲のおかげで，ものを観察し比較する仕方も次第に変わってきました．すなわち未知のものを奇蹟だと片づけるのではなく（奇蹟とは新しい事実を従来の真理に適合させる，あるいは伝統的知識パターンに吸収するという意味をもちます），その未知のものに驚き，動揺することによって伝統的知識を疑い，世界の自然や文化の多様性を認めようとする眼差しが可能になってきたのです．新しい眼差しに基づいた近代西洋の学問も，したがってけっして象牙の塔に閉じこもって一人で「真理」のために闘う天才の発明などではなく，当時の貿易船に乗って名声や名誉や富を得るために探検旅行をした学者や冒険者なしでは考えられないものなのです．もちろん彼らのこの新しい，遠近法的眼差しは，結局は身分的眼差しにとどまっていました．すなわち，この眼差しは，自分のものを絶対的基準として構成されているために，地理的に遠方にある他者は過去の野蛮なもの，未開なものとしてしか見えてこないのです．そして，そういう立場から初めて「世界史」を書こうとする欲求が生まれました．それとともに集められた資料を分類し，体系化することによって，自分の歩んだ道こそが最も先に進んでいるという考え方をはらんだ，直線的な時間

観が支配的となったのです.

　上に引いたザビエルの言葉は, はからずもそれを立証しています. それ以降発表された他文化の分析や描写, 旅行記もまた, その著者自身が暮らした状況の陰画として読むことができましょう. 「世界史」やすべての「異文化研究」は, 意識的であれ, 無意識であれ, ある程度までわれわれ自身の立場を再確認し, その自己同一性をつくるマジック・ミラーのような役割を果たします. そういうことは, 善悪の問題ではなくて, むしろわれわれの歴史にとって避けられない事実です. これを説明するために道路交通から類似の例をあげてみましょう.

　われわれが運転する車にはバック・ミラーやサイド・ミラーという鏡が付けられています. それによって自分や相手のポジションが確認できます. それでも事故が起こる可能性は, 少なくとも次の2つの理由のために残ります. 1つは, ミラーがあっても全く視野の及ばない死角があるからです. もう1つは, もともと相手の姿やポジションを自分の文脈(車の馬力やスピード, ブレーキや外光の状態, 自分の体調, 道路交通使用者としての経験の豊かさなど), 自分のパースペクティブからしか判断できないということがあるからです. そこで, 他の通行者との衝突をできるだけ防ぐためには, 次のような方法があります. つまり, パースペクティブ転換によって慎重度を高めることです. たとえば, 私自身は, 長い間歩行者として, あるいは自転車に乗る人間として道路通行に参加してきました. その場合, 速度が遅く弱い者である私は, 速くて強いエンジンが取り付けられている乗り物に対して恐怖を感じ, 時には腹を立てることもありましたが, 身の安全のために自分の行動を強者に合わせて調整してきました. もちろん弱者を保護する交通規則もありますが, 結局そうした規則は四輪車を中心にしてつくられた制度にすぎません. しかし, その弱い位置に身をおいているにもかかわらず, 私は時々知らないうちにとんでもなく非常に危険なことをやっていたのです. それに気づいたのは運転免許をとり, 初めて車に乗ったときのことです. 現在は両方の「世界」を経験し, それぞれを相対化することが

できるので，前よりずっと落ち着いて行動できるようになっている
と思います．ある意味では，「弱者」とか「強者」というカテゴリ
ーでしかものを考えられないような枠組みを超えたと言えます．

　これを，文化と文化との間の交通の問題に当てはめて考えてみま
しょう．ただし，その前にもう１つのことを付け加えておかなけれ
ばなりません．上に述べた慎重な行動様式は生まれつきのものでは
なく，長期にわたって外的拘束（例えば規則違反の時に罰金を払うこと
など）を内面化しながら自己強制（乱暴な運転の仕方に対する恥や不快
感）に変えた社会的過程の結果だということです．比較文化という
マジック・ミラーも，同じようにいろいろな発展段階をもった過程
です．ザビエルの時代には，異文化の発見は，当時のヨーロッパを
支配する価値尺度をもって無反省に他者を測り「吸収」するもので
あったと同時に，子どものようにエキゾチックな「奇蹟の世界」に
驚くことでもありました．そして，それはまた近世ヨーロッパの貴
族たちの自己確認でもありました．それが17・18世紀になると，
西洋の人道主義者や啓蒙主義者が異文化に対して払う関心は大分変
わってきます．旅行記や文学やエッセー集の中で賛美された「高貴
な野蛮人」という（アフリカ人などについての）フィクションは，宮
廷社会の偽善的，外面的「礼儀」（civilité）に対する批判の役割を
果たしたのですが，他者自体に対してはあまり興味も，そして知識
もなかったようです．

　たとえば，カントは黒人に対して一切知力を認めず，わずかに幼
児的な，「女性に似た情緒力」だけを認めています．後の時代にな
ってもそういう逆説的な状況，つまり他者や他文化を俎上に載せな
がら自己批判すると同時に「西洋」という自己同一性を固めるとい
う状況は続きます．マックス・ウェーバーの宗教社会学的研究はそ
れを例証しています．彼の中国やインドについての研究の背景にあ
る問題は，「なぜアジアにはヨーロッパと同じように自立的な資本
主義が発展しなかったのか，そしてその理由はアジアの諸宗教にあ
るのではないか」という問いかけです．彼によりますと，数学や合
理的な実験，概念，体系化等々の，すべて普遍的であると思われる

西洋の近代化に不可欠の要素は，東洋には存在しませんでした．彼の否定的な見解の裏返しは，西洋の合理化過程の肯定です．もっとも，ウェーバーとしては，アジアの特徴を「欠如」の言葉で描写しながらも，西洋の資本主義的な近代化を全面的に承認するつもりもありませんでした．彼の『プロテスタンティズムの倫理と資本主義の精神』にある次のような有名な言葉は，むしろ 19 世紀末から合唱されてきた自文化批判の声の 1 つでした．「こうしてわれわれの文化発展の最後に，次の言葉が真理となるのではなかろうか．『精神のない専門人，心のない享楽人』．この空虚な輩は，人類のかつて達したことのない段階にまですでに登りつめた，と自惚れることだろう」[4]，と．

その次に来るのが，ウェーバーのいわゆる「世界史的」な研究がもたらしたナルシシズム的な普遍主義（これは，つまるところヨーロッパ中心主義にほかならないのですが）を越えようとする文化批判的な言説（discourse）です．ミシェル・フーコー，ロラン・バルトなどを代表とするこの言説の目的は，異文化を「食らい尽くす」ことでもなければ，それを陰画と見なしながら自己肯定をすることでもありません．他者との出会いを通して自分（西洋）の価値観や概念の限界を指摘し，その意味を解体しようとすることにあるのです．

そのような異文化の扱い方の可能性はどこにあるのでしょうか．フーコーに言わせてみましょう．「鏡とは，場所なき場所である限りにおいて 1 つのユートピアです．私は鏡に自分の姿を見ますが，そこには私はいません．表面の向こう側に潜在的に開かれる非現実の空間．私は私のいないところにいるのです．それは，私に私自身の可視性を与え，私のいない場所を見させてくれる一種の影です．鏡のユートピア．だが，鏡はまた，現に存在し，私を私が現に占めている場へと送り返す限りにおいて，ヘテロトピアでもあります．鏡から私は私のいる場に不在の私を見出します．そこで，私は私自身を見るのです．私に向けられたこの眼差しから，ガラスの向こうの潜在的な空間の深みから，私は私に立ち返り，私の眼を再び私に向け，そして再び私のいるところに現れ始めるのです」[5]．「私のい

るところ」とは，要するに地球の中心ではなく，われわれ（西洋人）はどこか途中にいるのです，他のすべての人と同じように……．

　しかし，よく考えてみますと，その自己相対化のために使われている「鏡」の隠喩には問題があります．すなわち，こうした態度はいったい他者や異文化に対して本当に興味を抱いているのか，さらに言い換えれば，それは結局異文化については，何も言えなくなることではないのかという問題です．文化を比較する時には，そういう深刻な局面も生じうることは否定できませんが，しかしその困難をただ嘆き悲しんですますのは，一方では経済的な「国際化」や統合の過程，他方では政治的で文化的なナショナリズムの復活という状態にある今日の世界事情をかんがみるならば，けっしてできることではありません．しかも，今日では知識人の中にあからさまな西洋主義を見つけることはもはやほとんど不可能です．しかし，微妙な「逆西洋主義」（「逆ヨーロッパ中心主義」）とでも言えるものはまだまだ生きています．それはどういうことなのかを，第3の論点を通して考えてみましょう．

盲点

　渡辺崋山曰く――「然りといへども，西洋諸国の道とする所，我道とする所の，道理に於ては一有二なしといへども，其見の大小の分異なきに非ず．是能彼を審にするものにあらざれば，盲瞽想像の如く，一毛一脚も，象は即ち象なり．若毛を捉て象を説かば，垂鼻長牙，又何れにあるや」[6]，と．

　渡辺崋山と高野長英という二人の蘭学者は，かつて西洋の学問を受容する必要性に関して幕府を説得することに命を賭けていました．しかし，この二人が厳しく処罰された理由は，「野蛮人の知識」を賛美したからではありません．権力者はすでに大分前から自らの支配を強化するために西洋の知識の有益であることを知って，「蛮書和解御用」という制度の枠の中でそれを統制しながら権力知識として振興していたのです．二人の命取りとなったのは，むしろ次のことです．まず，二人とも，誰に頼まれたわけでもないのに，私人とし

て国家（公）の事柄を話題にしたことです．さらに，彼らの論証の仕方，批判の仕方も幕府の要人を怒らせるに足るものでした．つまり，彼らは，西洋について語る際に，普通の人でも理解できる言葉を使ったのです．上に引いた『慎機論』からもわかるように，崋山にとって「道」という従来の儒教的思想の中心的原理は，いわゆる野蛮な西洋をも含めて，世界中に同じように働いているものでした．そして彼は，支配者を盲人にたとえます．支配者は，象の毛や脚に触れただけで，象とはこういうものかと判断します．ところが，「象」というイメージの本質は，長い鼻や牙にあるのです．まさに，比較文化的に一般化できるたとえといえるのではないでしょうか！

有名な『戊戌夢物語』の中で，高野長英も同じように論じています．西洋の諸国は，普通の人びとを尊敬し，個人の命を救うのを最高の徳と見なしています．そこで，「今〔イギリスは〕漂流人を憐れみ，仁義を名とし，態々送来者を何事も取合不申，直に打払相成候はば，日本は民を憐れまざる不仁の国と存じ，……理非も分り不申暴国と存じ，不義の国と申触し，礼儀国の名を失ひ，……」[7]，と主張するのです．

崋山や長英のような蘭学者は，いうまでもなく西洋に二面があることをはっきり認識していました．その軍事的な強さを「毒ノ蔓草」や「酷悪ノ疫病」にたとえています．それにもかかわらず，いやそのためにこそ，西洋の軍事科学や医学を研究しなければならなかったのです．その知識が真理性や実用性をもつだけにとどまらず，「其法最厳密，修理斉整，譬えば日月の行道を違へざる，星辰の其位を失はざるが如きなり」であったからなのです[8]．

知識社会学的に見ますと，この論議においては次の2点が重要です．第1は，蘭学者たちは，新しい知識や情報をできるだけ馴染みのある言葉に翻訳しようと努力した，ということです．「道」，「仁」，「義」などの概念をそれまで「野蛮」と見なされてきた西洋にまで拡大すると同時に，日本を「暴国」，「不理」，「不義」の言葉をもって特徴づけたのです．幕府にとってはどんなにけしからぬ振る舞いにみえたことでしょう．

その上，見知らぬ現象や事情と取り組むために——まだ西洋を自分の目で見る時代が遠かったことを忘れてはなりません——漢字はある意味で便利でした．個々の漢字を組み合わせますと，無制限に新しい言葉が構成できます．そのようにして構成された言葉が，西洋文化の受容に動員されたのです．つまり，それまでの「大和言葉」と「唐言葉」との間にあったギャップが今度は日常語と（学問・政治・法律などの）抽象的な専門用語との間のギャップとして，あるいは別の言い方をすれば「東洋道徳」対「西洋技術」（後にいう「和魂」対「洋才」）の二分法として再生産されたのです．

　さらに第2のポイントは，自分の伝統的な思考の特色であった類比を使って西洋の文化を習得しようとしたことです．幕府の役人は「盲瞽想像の如く，一毛一脚も，象は即ち象なり」，西洋医学・軍事学は「毒ノ蔓草ノ如く」であり「譬えば日月の行道を違へざる……が如きなり」でもある等々．異文化を受容する過程の中で，翻訳は大事な柱の1つです．もっとも，異文化の言葉の「訳」を「翻」すのは創造的な，しかし危険な営みです．まず，伝統的な概念や象徴（とその背景にある意味や現実）を用いて，違う意味や考え方を自文化に吸収するために，他者から得る刺激をなくしてしまう危険があります．比喩やたとえ（analogy）はもともとその保守性とも言える危険を孕んでいますが，新しいタイプの体系的思考（西洋の近代的医学，地理学，軍事学など）を具象化し，それを人びとの具体的な生活世界と関連させようとする時に，それはある程度まで避けられないことです．さらに，漢字の組合わせによって作られた新しい学問の言葉と従来の文脈との間のギャップは深過ぎるという危険が存在します．蘭学者の果たした功績の1つは，自文化との繋がりを必要最低限の規模にとどめ，近代西洋文化からの刺激を可能な限り受けとめようという最初の試みだったことです．

　しかし，明治時代になると，つまりあらゆる文化が孤島であるという考えを前提にする近代国民国家の形成が早まる時期になりますと，西洋を用心深く日本語・漢字の世界に取り入れようとするその試みは「西洋主義的な近代派」対「東洋主義的な伝統派」の対立に

取って代わられていきます．そして，この対立法が，日本の近代化の典型的な特徴となるのです．まず前者にとっては，すでに個々の学科ごとに別々に受容されている専門知識をできるだけ早く制度化（行政，教育制度，保健制度，法律制度，文芸の世界など）することが大きな目的でした．その結果出来上がった専門用語とは，今日なお続いている日本人の精力的な翻訳活動の産物なのです．そして，このような翻訳語をもとにして，日本文化や経済，政治などの歴史の分析も行われてきました．しかし，その背景には最初からある根本的な問題が潜んでいました．それは，一体どの程度までそういう翻訳語が過去と現在の日本の現実を把握することができるのかという，あらゆる翻訳（＝比較）がもつ問題です．その必然的な結果があの「逆ヨーロッパ中心主義」なのではないでしょうか．

「逆ヨーロッパ中心主義」は「西洋的ではない」(non-western) 文化の担い手自身が西洋という理想を自分の社会文化的な発展の尺度とするところから生じます．つまり，自分のリアリティーをその理想と比較するわけですが，そこに起こるのは「欠如の言葉」だけということになるのです．例えば，「……はまだない」「……は十分ではない」「……が欠けている」「……が遅れている」等々といったようにです．そのような劣等感に満ちた言葉は，結局日常的には理解されないままとるに足りないものとみなされるか，あるいは不安や不快感を呼び起こすものとなるほかありません．西洋の理論を受け入れる学者は「実感」に対してコンプレックスをもっている，という丸山眞男の指摘は，おそらくこのことと関連しています[9]．

これに対して，先に述べた後者，つまり「伝統派」が使っている言葉は，この「実感」の世界に受け入れられ易いのです．もっとも，「伝統」といっても，それは近代化の過程の中で「発見」されたものであって，いわば近代的に変容された共同体の日常語とでもいうようなものです．こうした言葉で表現される知識や自画像は，多くの「日本人論」や「日本文化論」でも明らかになるように，近代的学問と同じような普遍性を要求するのではなく，むしろ共同体の中で生活する人びとの直接的な感じ方や考え方に興味をもちます（近

代的学問や哲学は，長い間そういう「実感」のレベルをゆるがせにし，主に人間自体とか社会一般というようなものしかテーマにしてきませんでした）．

　冷たい普遍主義対偏狭であっても暖かみのある個別主義，学問対感情主義，近代対反近代——こうした，けっして日本にだけではなく，どこの近代文化にも潜んでいる対立図式はまだまだあげられます．前者は，西洋的文脈から作り出された概念や方法，問題意識を無反省に「非西洋的」文脈へ投影するものですが，それはしかし特殊な現象や過程を見逃して，比較できるもののみを探し出しながら，それを任意に操作してしまう危険性をつねに孕んでいます．こうしたやり方を創造的に克服したいと考えている筆者にとって，最近おもしろい試みに思えたのは，阿部謹也の『「世間」とは何か』という著作でした．彼は，西洋の「社会」と「個人」を追究してきた歴史家の視点から，世間という意識に基づく社会認識を問い直そうとします[10]．

　後者，つまり暖かみのある個別主義などは，「今・ここ」から距離を置かないで日本文化に巻き込まれている人びとの自画像を，当為や理想と存在の混合を解かないままにとらえようとします．しかし，その日常的なものをもっと一般化するためには，それを単に物語るだけではなく，元来回避されるべき学問の手を借りて，それらを理論化，体系化しなければなりません．その成果の１つが谷崎潤一郎，ラフカディオ・ハーン，九鬼周造，そして最近では梅原猛のような「日本人論」や「日本文化論」です．自分の，「われわれ日本人」の同一性を探るこの言説は，遅くとも江戸時代の国学において始まっています．「大和心対唐心」の図式がその例ですが，明治末からは「和魂洋才」のスローガンのもとに，現実に存在する日本と中国ないしは東洋の文化と西洋の文化を分析するというより，道理的・知的なものの見方に対して美的・情緒的な視点が優先されます．だからこそ，日本人論の多くには「わび」，「さび」，「もののあわれ」，「和」，「家」，「建前と本音」，「甘え」などの概念がしきりに出てくるのです．そして，それを説明するためには，「西洋的」で

あると言われる形式論理や他の論証の方法より，具体的な連想を呼び起こす類比やたとえ話が好んで使われます．数学や物理学のような「明晰判明」な精密科学と比べれば，アナロジー的思考は曖昧であり，冷静な理性より情感的な感覚に適していると言えるでしょう．

　しかし「冷静な学問」と「情感的な日本論」という対比は，「西洋的なもの」と「東洋的なもの」という問題ではなく（もちろん，例えば「ドイツ人論」のように，西洋にもナショナリズムの可能性が存在しています），もともと人間の社会文化的な現実の2つのパースペクティブを指し示しているのです．問題は，近代化に伴ってこのリアリティーが分化していくとき，この2つのパースペクティブのうちどちらが優先されるのか，もしくは両者の間にどのような相互関係が生ずるのか，ということにあります．それは，それぞれの文化が歩んだ近代化の道と関連しています．ですから，例えばなぜ西洋諸文化では，その人びとが実際の日常生活のあらゆる分野に「曖昧な実感」をもって判断し，行動するにもかかわらず，言説上，長い間明晰判明な学問的思考が「その文化圏における典型的なもの」として絶対化されてきたのか，またそれに対してなぜ日本には，日本人がその社会や文化の具体的な文脈に応じての明晰判明な判断力や行動様式をもちながら，「曖昧な実感」を優先する擁護者が多かったのか，という問題を考慮しないと，また「あれかこれか」という二分法は行き詰まってしまうことになります．

「あれかこれか」プラス「あれもこれも」という「あれもこれも」の論理

　「あれかこれか，真理は1つしかない」という論理は，限定された分野にとっては不可欠な世界解釈の仕方として有効に働きますが，あらゆる世界についての知識に当てはまる論理ではありません．他方，「あれもこれも」という論理も，人間や文化間のコミュニケーションを可能にするために必要な要素です．しかし，たとえばそれを拡大解釈して適用したような「（自然災害である）阪神大震災は，（人間によって引き起こされた）第2次世界大戦の如き大災害であ

った」などと聞くと，私はつい不快感を覚えます．

　ものを絶対化する考え方，あるいは「対」という考え方の網をく
ぐるためには，次の方法をすすめることができます．まず，ユーモ
ア．ユーモアをもって，「対」という緊張を緩和することです．伊
丹十三が監督した映画『タンポポ』の中の一場面は，その恰好の例
です．場所は，ある高級レストラン．良家の令嬢たちが，礼儀作法
の教育係にスパゲティの食べ方を教わっています．教育係は令嬢た
ちに向かい「絶対に音をたてて食べてはいけません」と言って，自
ら手本を示して見せます．しかしその同じレストランの中で，一人
の西洋人が，日本人がラーメンを食べるのと同じように，ズルズル
音をたてながらスパゲティをすすっているではありませんか．令嬢
たちは当然のことながら，日本人である教育係よりもその西洋人を
信頼し，スパゲティを音を立ててすすり始めます．そして，しまい
には教育係も一緒になってスパゲティをすすりはじめます．この場
面は，日本人であれ，西洋人であれ，観客を大いに笑わせてくれま
す．

　もう１つすすめる方法は，文化と文化の間（＝言葉と言葉の間）を
通う旅をするということです．日本では（もちろん，それは日本だけ
の問題ではありませんが）ほとんどどんな品物でも手に入れることが
できます．たとえば，おいしいタイ料理のレストランに行くことは
いつでもできます．しかしそれと，タイ人と一緒に日常生活を送るこ
ととは，全く別のことだと言えましょう．また外国に行けば，他者
性を自分の目で味わい，身をもって体験することができます（一所
懸命外国語を勉強してもそれが通じない経験をも含めて）．つまり一言で
言えば，自己同一性＝自己充足性を揺るがせることができるのです．
本来の意味で旅をするとは，けっして楽しいことばかりではなく，
相手・他者とコミュニケーションを試みながら，双方が理解できる
新しい言葉を求めて悩むことでもあります．その時に失敗すること
もあります．しかし「失敗は成功のもと」の諺どおり，それはコミ
ュニケーション過程の１つの前提でもあるのです．したがって異文
化への旅とは，他者との付き合いを通して自分のものを失いながら

も，自分のものを，そして他者のものを新たに獲得していく綱渡り
のようなものではないでしょうか．

　ユーモアと旅とは，「あれかこれか＝明晰判明で，原理的な思
考・行動様式」対「あれもこれも＝曖昧な，今・ここという瞬間に
拘泥する姿勢」の二分法を超えようとするまた別の「あれもこれ
も」の論理と，さらには，比較文化とどういう関係があるのでしょ
うか．それに関して，2つの考えを述べて終えたいと思います．

　最近「笑いを考える」というような命題は，あちこちで目に留ま
ります．社会体制としての社会主義の崩壊に伴って南北問題が切迫
し，環境汚染の問題もなかなか処理できず，資本主義的先進諸国が
経済上だけではなく，文化的・政治的にも深刻に動揺しています．
そのような，人類全体が直面している危機の時代に，笑い，ユーモ
アを考えることは逆説的に見えるかもしれませんが，けっしてそう
ではないと思います（そういう時代に，漫才師が知事に選ばれるのも偶
然ではないでしょう）．なぜかというと，ユーモアの1つの根本的な
要素は開放性にあるからです．従来の知識に基づく論理的・体制的
な論証構造を一時的に解体しながら，われわれの（断片的な，またあ
る意味では非論理的な）連想，想像力を始動させて，新しい発想，認
識を得る道を開くことができるからです．ユーモアのもう1つ不可
欠な前提は，その会話的・社交的な性格です．コミュニケーション
の相手がお互いの事情を知らなければ，そしてその相手が自分の頭
で考える気がなければ（考えることができなければ），ことは失敗に終
わります．あるいは別の言葉で言えば，断片性，非論理性，連想性，
会話性が知識や論理性・判断能力で支えられていなければ，笑いは
われわれの口もとで凍りつくか，笑うどころかむしろ泣きたい気分
に転じてしまいます（「石仏」の写真参照）．

　旅とは，ユーモアと同じように，比較文化学が熟慮すべき，「自
分のもの対他者」，「内部・境・外部」などのような実体的な概念で
片づけられる理論的な問題だけではありません．人びとは実際に移
動します．そしてその結果をよく見ると，われわれ人間の現実が実
に複雑なものであり，そのような複雑な現実の中で実際に暮し，絶

えず境を越え，往来しているということがわかります．たとえば今日の日常的な消費行動（それは食べ物であれ，インテリアや衣服であれ，ポップミュージックや観光であれ）は，人びとがどのように境を越えるか，その時どのように違っているものを組み合わせるか，その過程の中でそのものの意味がどのように変化してくるかということを具象的に示しています．しかし従来の比較文化学は，そこまで触手を伸ばすことがまれでした．理由の1つは，そのような「ヘラクレイトス的な現実」——すべては葛藤し，すべては流れる——を操ろうとする概念装置，論理がまだ存在していないからです．文化的個別主義（相対主義）に基づく比較文化論が，そのような越境を直視せずに，抽象的（ヨーロッパ中心的）な「普遍主義」に基づいて行われる比較文化論をつづける限り，その境自体を見逃すことになるでしょう[11]．これから比較文化学がめざすべきなのは，「ヘラクレイトス的な現実」と取り組むことができる「ヘラクレイトス的な学問」ではないでしょうか．このような営みは「円積法」と同じくらい不可能な課題に見えますが，しかし学問とは元来そのような苦しくも楽しい，終わりなき過程ではないでしょうか．

註

1) ノルベルト・エリアス『文明化の過程・上』(赤井慧爾・中村元保・吉田正勝訳, 法政大学出版局, 1993 年) 69 ページ.

2) 『聖フランシスコ・ザビエル全書簡 3』(東洋文庫 581, 平凡社, 1994 年) 97-98 ページ.

3) Enrique Dussel, "Europa, Moderne und Eurozentrismus". In: Zeitschrift Marxistische Erneuerung 20/1994, S. 89.

4) Max Weber, "Die Protestantische Ethik und der Geist des Kapitalismus", Tübingen, 1992, S. 204 (大塚久雄訳『プロテスタンティズムの倫理と資本主義の精神』岩波文庫).

5) Michel Foucault, "Andere Räume". In: zeit mitschrift. ästhetik & politik. nr. 1/90, S. 90.

6) 渡辺崋山『慎機論』(日本思想大系・55, 岩波書店, 1971 年) 69 ページ.

7) 高野長英『戊戌夢物語』(日本思想大系・55, 岩波書店, 1971 年) 167-168 ページ.

8) 鶴見俊輔『高野長英』(朝日新聞社, 1985 年) 281 ページ.

9) 丸山眞男『日本の思想』(岩波新書, 1967 年) 52-57 ページを参照.

10) 阿部謹也『「世間」とは何か』(講談社現代新書, 1995 年) 5 ページ.

11) Heinz Bude, "Kultur als Problem". In: Merkur 9/10, 1995, S. 781/782.

21 世紀モラルの鍵は？

その第 1 の鍵は, 逆説的に響くかもしれませんが, ある社会や文化において「モラル」とみなされているものに対して, あるいはモラルをかかげて登場する人物に対して疑念を抱くことではないかと思います. 確かに, このことは, 「これは善い, これは悪い」などという形で社会的に認められている既存の価値観を個々の人間が自己の「超自我」として内面化し, 相対的に自立した個人的な行動様式を獲得するために不可欠な過程といえるでしょう. しかし, 道徳のこのような個人化があまりに無反省な形で自動的に行われるとするならば, わたしたちを取りまく変転してやまない状況 (たとえば, 環境の問題, 生活世界のコンピューター化・情報化, さまざまな意味における国際化など) に適切に反応することが次第に難しくなってくるという事態が生じてきます. わたしたち個々人の日常的なモラルとは, 基本的に保守的なものです. これらの事実を冷静に認識した上で, 「従来の秩序を維持し機能させるモラル」をコントロールする反省的なモ

ラルを，すなわちふつうの行動，ふつうの思考様式などといわれているものを根本的に問題視するモラルを模索していかなければなりません．

　ところで，その場合に，このような反省的モラルをどのように機能させていくのかという問題が併せて起きてきます．これに対しては，新しいタイプの学習や学習の道徳が必要になると思います．すべての近代的な学習の機関（たとえば学校）は，「立身出世」という原則に基づいてできた制度といえます．そこで問題となるのは，その背景にある競争という社会的原理の絶対化の結果として生じる，いわゆる弱者が排除されるということばかりではありません．「弱者」とはそして「勝者」とはどういうことなのか，「成功」がどういう意味をもつのか，なぜ「失敗」するのが「悪いこと」であるのか，どうして進学することが「望ましい」とされるのか，などの問題意識を育むことがきわめて困難となってくるのです．わたしたちがいま生きている社会や文化の中で機能しているすべての仕組みをじょうずに使う，経験や知識を教える学習ばかりではなく，その背景にひそむ歴史，可能性，危険，あるいは二者択一を問うのに必要な能力や楽しさを与える学習こそ，21世紀モラルのもう1つの鍵といえるのではないでしょうか．

神話をこわす知
歴史研究のモラルとは?

●●

小熊英二

●「日本は単一民族国家だ」という今でもよく聞かれる〈神話〉の形成を調査・研究した若き研究者が, みずからの研究の道筋を振り返りながら, 歴史を学ぶ意味は何なのかを問います. そこから, 神話を解体するという知の批判的なあり方が浮かびあがってきます. (**K**)

はじめに

　人はなぜ, 歴史を学ぶのか. 直接役に立つわけでもない, 過ぎさった時代のことを, なぜ知りたがるのか. ずいぶんと素朴な問いですが, こう聞かれてすぐに何らかの答えを言える人は, そう多くはないのではないでしょうか.

　本屋に行ってみると, 歴史関係の本はたくさんあふれています. しかし, あたりまえのような話ですが, それらの歴史の本は現代の人間が書いたものだ, ということを最初に述べておきましょう. 私たちは, 歴史は歴史であって現代のものではない, と考えがちです. たしかに, 古墳から出た石器とか, 数百年前の古文書とかは, 現代のものではありません. しかし, 私たちが歴史と呼んでいるのは, そうした史料そのものではなくて, それを材料にして現代の人間が書いたもののほうなのです. 石器や古墳は, そのままではただの石のかけら, 地面のでこぼこにすぎません. 江戸時代にも石器はみつかっていましたが, 多くの人は神仏や天狗のつくったものとみなして, 歴史とは結びつけませんでした. 史料そのものではなく, それに現代の人間が与えた意味が, 「歴史」になるのです.

　つまり, 歴史とは, 現代のものなのです. そしてそれは, 現代に生きる人間によって書かれ, 現代の必要にしたがって受け入れられてゆきます.

もちろんだからといって，現代の束縛をはなれて歴史を客観的に研究することは絶対に不可能だ，とは私は言いません．しかしそうはいっても，多くの場合は歴史をあつかう学者じしんも，自分のテーマが現代社会に何らかのインパクトを与えうるものだ，と信じながら研究しているものです．自分の研究は現代社会の情勢や学界の動向と何の関係もなく，何のつながりも反響も期待しない，という人はまずいないでしょう．現代との関係のなかで歴史を書いていることはけっして非難されるようなことではないと思いますし，むしろ良心的といわれる学者ほど，現代社会と自分の研究のつながりを真剣に考えています．

　しかし注意しなければならないのは，歴史は現代において書かれるものなのに，あたかも現代の外から働きかけるように，現代を動かす力をもっていることです．これはちょうど，道具と人間の関係に似ています．たとえば，ベルトコンベアーという道具は人間がつくったものですが，それがいちどできあがってしまうと，こんどは人間の労働のしかたや社会のしくみのほうがベルトコンベアーにあわせて変わってゆくことになります．ある歴史観が人間を動かし，ついには多くの人を死にいたらしめた実例は，この国の半世紀前のできごとを挙げるだけで十分でしょう．

　現代において書かれながら，現代を動かす力をもっている．歴史がそういうものであるとすれば，それにたずさわる者には，とうぜんモラルの問題がでてきます．歴史が，人間の介入の余地のない天体の運行のようなものであれば，あるいは現代に何の影響もないものであれば，モラルの問題などはありません．以下では，私自身の体験をもとにそれを語ってみたいと思います．

史料という他者

　私は最近，『単一民族神話の起源──〈日本人〉の自画像の系譜』（新曜社，1995年）という本を書きました．これは，「日本は太古のむかしから単一民族国家である」という論調（神話といってもいいでしょう）が，いったいいつから定着したものであったのかを題材に，

民族や国家といった集合的なアイデンティティや自画像（セルフ・イメージ）のあり方を，社会学と歴史学のアプローチから調べたものです．

このテーマを調べはじめたとき，こうした「単一民族神話」は現代日本の外国人労働者排斥や在日韓国・朝鮮人などへの差別にむすびついているから，これから日本が多民族国家になってゆくためにも，その起源を探るのは意義があるはずだ，という意識がありました．そして，戦前の日本は排斥や差別がいまよりひどく，日本主義を掲げて侵略を行ったぐらいだから，単一民族神話が支配的論調だったにちがいないと考え，まずそこから調査をしてみようと考えました．つまり，現代の観点から問題意識と予測をたてて，過去を調べはじめたわけです．

ところが戦前の文献や雑誌，新聞などの民族論を調べていても，日本は単一民族国家であるとか，日本民族は古代から純血の民族であるとかいった論調は，ほとんど出てきませんでした．探しかたが足らないのかと思ってさらに調べてみても，やっぱり出てこない．それどころかその逆に，日本は古来から先住民族や渡来人をまじえてきたとか，朝鮮人も立派な日本国民であるとかいった論調ばかりが山のように出てきたのです．

最初の予測が大はずれになってしまったので，私は，研究の方針を考え直さなければなりませんでした．どうしようか．大多数の史料を無視して，最初の予測にあっている史料だけを使って論文を書こうか．それとも，研究テーマじたいをやめるか変えるかしてしまおうか．

今から考えると，私はここで歴史をあつかうにあたってでてくる問題の１つに直面していたように思います．くりかえしますが，歴史というものは，現代において書かれます．しかし，では歴史はそれを書く者の勝手なひとりごと，モノローグなのかといえば，そうではありません．なぜかというと，史料は現代のものではないし，書く側の思いのままに変えてしまうことはできないものだからです．いうなれば，史料ははやりの言葉でいえば「他者」であるといって

よいでしょう．史料が思い通りにならないからといって，自分の予測にあわせて切り縮めたり，それと対面することじたいをやめてしまうと，それこそ研究はモノローグになってしまいます．

そうしたモノローグの研究がなぜまずいかというと，それは現代の自分の立場だけからつくられているため，自己の論理のなかをどうどうめぐりしているだけで，外からの変化を受け入れない構造になっているからです．ある行為を始める前と，それを終えたあとで，当人の考えや世界観がまったく変わっていないのであれば，その行為はその人に何ももたらさなかった，といってよいでしょう．研究にしても，同じことです．

モノローグの研究は，研究者自身や，あるいは研究者の属する集団や社会があらかじめもっていた世界観をいっそう強化する役目は果たしますが，それを変えてくれる効果は期待できません．私の場合も，そうした事態をさけるためには，史料にたいしできるだけ謙虚な対応を心がけることが必要だったわけです．

現代と歴史のかかわりかた

というわけでもういちど史料とつきあっていると，そもそも自分がもっていた戦前の日本，つまり大日本帝国に対する認識がまちがっていたのではないか，と気づきはじめました．

たとえば，第2次大戦中の有名な日本のスローガンに，「進め1億火の玉」というのがあります．ですがこの1億というのは，当時は日本の領土だった朝鮮や台湾などをふくめた帝国の総人口であって，いまの日本国にあたる部分の人口は7000万ほどにすぎませんでした．戦前の国定教科書をみると，「国民の民族別とその割合」という円グラフが載っていて，「大和民族」のほかに，朝鮮や台湾の人びともそのなかに入っています．つまり当時，朝鮮や台湾の人びとは公式的には「日本国民」であり，そして日本は多民族帝国だったわけです．

これは，私にとっていささか驚きでした．予測では単一民族神話にとらわれていたはずの戦前の日本が，じつは多民族帝国であり，

家住のそと人土灣臺

家住のそと人ヌイア

大和民族

朝鮮人
臺灣人
支那人
アイヌ人
樺太人
本島人
その他

國民の民族のそと分布

1930年代の国定地理教科書より.

て諸外國との貿易も盛である。又道路・鐵道・航路も開け、郵便・電信・電話なども行きわたつてゐて、

內外の交通が海陸共に便利である。
國民の總數は九千萬を超え、その大部分は大和民族であるが、朝鮮には約二千萬の朝鮮人、臺灣には支那から移住した約四百三十萬の支那民族と、十餘萬の土人とがゐる。又北海道本島には少數のアイヌ人、樺太には少數のアイヌ人とその他の土人がゐる。諸外國に移住してゐる大和民族は約六十萬である。

国定教科書でもそう教えていたのですから.

　しかし，いったんそのことがわかると，処置に困っていた戦前の民族論もよく理解できます．朝鮮人も立派な日本国民だと言っていたのは，「進め１億火の玉」のなかに朝鮮人も巻きこんで，たとえば日本軍兵士として動員するために必要だったからです．また日本は古来から先住民族や渡来人をまじえてきたというのは，朝鮮や台湾もおなじようにまぜあわせて同化してしまえるのだ，という文脈からでした．奥州平泉の都をつくったのはアイヌであったとか，坂上田村麿は渡来人系の武将だったといった説は，戦前では中学校の教科書に載っていたほど流布していましたが，これも，そのようなアイヌや渡来人もいまでは同化しているという主張のために使われていました．さらに，日本民族は南北のアジア諸民族が混合してできたものだとか，昔から海洋民族で島国に閉じこもってはいなかったとかいうことも広範にいわれていましたが，これは，だからこそ熱帯にも寒帯にも，海洋にも大陸にも進出できる能力がある証拠とされていました．戦前の文部省発行物では，天皇家に朝鮮系の血統が入っているということを公言していましたが，当時は朝鮮の李王朝と皇族の政略結婚も行われていたのですから，タブーでも何でもなかったのです．

こうした論調は，戦前の論壇の大物たちをはじめ，政府の役人や政治家，右翼の人物や教育者によってもおおっぴらに唱えられていました．それを支えていたのが，当時の古代史や人類学の学者たちの学説であったわけですが，たんに研究成果を利用されたというのではなく，学者たち自身も，自分の学説で同化政策や侵略を賛美していたのです．

　そうなると，歴史を描く者がその学説をどう時代の状況と関係させるかのモラルの問題を，考えさせられざるをえません．彼らは，どこでまちがいを犯したのでしょうか．

　こうした戦前の学者たちの論調を調べていて気づくことが，いくつかあります．まず，状況によって学説が変わってゆくことです．年代を追って細かく調べてみると，戦争とか領土の拡張など国際関係の変動がおこると，それまでの学説が微妙に変化する学者がいます．たとえば，それまで日本民族は南方から渡来したと言っていたのが，朝鮮が併合されると，じつは朝鮮方面も日本民族の「故郷」であってその故郷が併合されるのは正しいことだ，と言いはじめたりする．太平洋戦争がはじまると，南も北もアジア中がぜんぶ日本民族の故郷だと言った学者もいました．彼らが新しい学説だと主張しても，外からみると，当時の状況の必要から生まれた歴史観だとしか思えません．こういったものでも，権威ある学者のいうこととしてひとり歩きしてゆくわけです．

　また，時代にあわせた発言をしているうちに，もとの学説のほうが単純化されていく学者がいます．最初の学術論文の段階では「史料A，B，D，Eは××地方の石器時代人がこのような状態だったことを示している．史料Cはそれにはあてはまらないが，これはかくかくしかじかの例外状態と説明できる」という慎重なものだったのが，数年間たつうちに，「私の長年の研究によると，日本民族は石器時代からこうだったのです」と断言するようになっている．

　こうお話しすると，「彼らは歴史の真理をねじまげて政治的要求に合わせるという，学者にあるまじき行為をやったのがまちがいだったのだ．だから，真理に忠実であれば，そのような危険はない」

という意見が出そうです．しかし，理想的にはそれでよいとしても，そう唱えるだけで大丈夫でしょうか．

　おそらく上記のような歴史観を唱えていた戦前の学者たちは，自分が単純化を行っているという自覚も，ましてや政治の動きに都合のいい歴史観を捏造しているという意識も，なかったでしょう．それどころか，時代に左右されない真実，学問上の真理として学説を述べていると思っていたでしょうし，だからこそ確信をもって時代への提言を語っていたといえます．

　そもそも，神ならぬ人間が，歴史を真理として知ることは可能でしょうか．少なくとも，過去に起こったことをすべて把握することは不可能です．全部の時代の全部の人の生活，全部の政治家の行動，全部の戦争の細部，全部の経済の動きを知りつくすことが，どうして可能でしょうか．たとえ特定の個人研究にしぼったとしても，その人の全生涯の心の動きや，すべての交際や生活を，調べつくすことなどできるはずもないのです．もし調べられたと仮定しても，調べたすべてを論文にもりこむことはできませんから，研究者が自分の尺度で史料の重要度を判断して取捨選択し，さらにいくらかは単純化して書かなければなりません．そうした意味では，人間が描く歴史は，過去の実態そのものではなく，多少の省略と図式化をともなったスケッチです．もちろん，だからといっていいかげんな思いこみで歴史を書いてよいのだということにはなりませんし，一歩でも真理に近づく努力をするのは当然の前提なのですが，それでもあるていどの単純化と，研究者の判断が入り込むのは避けられません．これは歴史だけでなく，ものごとを記述する場合一般に共通する問題です．

　真理という言葉は，ある意味で便利なものです．それは，人間の判断を停止させるもの，疑いをさしはさむことを禁ずるものとして使われやすいのです．そして，学者が自分は学問的真理の探求に忠実だったと言えば，当人のモラルが問われることはとりあえず免責されます．自然科学においても，原爆開発が学問的真理の探求といえるか否かという古典的事例がありますが，社会科学の研究があく

までスケッチにとどまらざるをえないとすれば，研究者の責任はよけい大きくなります．そうしたとき，これは学問的真理だからと唱えることは，自分が学説をつくるさいにくだした判断の責任を，言い逃れることにもなりかねません．

では，政治に利用されることを避けるために，いっさい時代にかかわりのない研究だけをやったほうがよいのでしょうか．しかし，現代にまったくインパクトのない，毒にもならないけれど薬にもならない行為だけをやる，というのはあまり建設的とはいえません．「建設的」でなければいけないという言い方じたいがすでにひとつのイデオロギーだ，という考え方もありえますが，現実の社会とのコミュニケーションをいっさい放棄したような研究は，やはりほめられたものではないでしょう．

それとは逆に，社会科学者も現代の政治状況をよく理解して，現代社会がよりよい方向に進むように自分の研究が役立つよう積極的にとりくむことが望ましい，という考え方もあります．私もこれが悪い姿勢だとは思いませんが，まったく問題がないとはいえません．

問題の一つは，政治に役立つことを最優先すると，ちがう意見と対話する姿勢がそこなわれがちになることです．現実政治は勝ち負けの要素がどうしても入りますから，敵側を利したり味方の団結を乱すような意見は排除されがちです．もっとひどくなると，研究者自身が自己規制をして，特定の政治観にそった学説を生産することになります．

もう一つ，もっと大きな問題は，何が現代社会にとって「よりよい」方向であるかを決めるのは，やはり神ならぬ人間にはなかなかむずかしいものであることです．戦前の日本の学者たちも，日本の国にとって「よりよい」と思って侵略の片棒をかついでいたのですから，主観的には悪いことをしている気はなかったでしょう．なかには，朝鮮人も立派な日本国民になれば差別がなくなるからという「良心的」な動機に立って，積極的に自分の学説を提言に結びつけていた人までいました．これは後世のわれわれから見ると大まちがいだったわけですが，当時にあっては，その人は「よりよい」目的

のために努力していると信じて疑っていなかったのです．それを批判する現代のわれわれだって，50年後，100年後の人から見れば，どう評価されることになるかわかりません．

　そもそも，何が社会にとって窮極のよい方向なのか断言できるなら，社会科学者たちがこれほど悩んだり知恵を寄せあったりする必要はありません．人間が研究を他人に公表したり，対話や討論をしたりするのは，どんなに優れた人間でも一人の力で窮極の真理に至ることはできない，という前提に立っているからです．もし窮極の「よい方向」があるのなら，それに沿って人びとを一方的に啓蒙したり，対抗相手をたたきのめしたり，洗脳したりしてもよいという人も出てくるかもしれません．民族問題の場合は，同化主義というものがそれにあたるといってよいでしょう．こうした，対話を拒むような正しさを掲げる勢力どうしが対立すると，それは「神々の闘い」となり，それぞれが党派的な世界観や歴史観を再生産してゆくことになります．

　だとすれば，歴史を描くにあたって大事なのは，何でしょうか．どのようなモラルが，必要になるでしょうか．

現代の空気をつかみなおす

　この点は，やはりたんに歴史にとどまらず，社会科学者のモラルというかたちでさまざまな議論が積み重ねられてきた，ひじょうにむずかしい問題と重なります．

　いちがいに言えるわけもありませんが，私はひとつの鍵になるのは，自分がどういう時代状況のなかに生き，どのような時代の空気にとらわれながら歴史を書いているかを，どれだけ自覚していられるかだと思っています．つまり，ほうっておけば自分がどんな歴史観なり世界観を描いてしまいがちなのかを，意識しておくということです．しかし，色も匂いもない空気を感じることがむずかしいように，過去の他人の失敗を批判することは簡単でも，自分が生きている時代の束縛を自覚するのは，なかなかむずかしいものです．では，その自覚をもたらしてくれるものは何かといえば，私にとって

は，それが歴史との対面でした．

　歴史を描くにあたっては歴史と対面することが大事だ，などとはそれこそどうどうめぐりみたいな言い方かもしれません．しかし，自分がとらわれている現代の空気をつかむためには，現代社会から離れた立脚点が必要です．人によっては，その立脚点が異文化だったりするかもしれませんが，歴史もその一つになりえます．

　もちろん，くりかえし述べてきたように，歴史とは現代において書かれるものです．そして，史料という対話相手を離れて自己完結しているモノローグの歴史には，現代を相対化する力はありません．戦前の古代史学者たちも，最初は，時代の要請→史料の調査→学説の形成→現代への政策提言というフィードバック回路だったのが，同時代への主張をくりかえしているうちに，自分の勝手な思い込みを気づかせてくれる史料の部分をとばしてしまい，時代の要請→固定化された学説→政策提言，というモノローグ回路になってしまったのです．

　現代の空気をつかみなおすために歴史を足場にするうえで，ひとつ私が痛感させられたことは，過去の批判に熱中しすぎてはならないということです．他人を批判していると，自分はそんな誤りはしない全能の人間のように思えてきてしまうことは，よくあります．戦前の学者たちも，江戸時代の学者などをさかんに批判し，自分たちはそれを乗りこえたと簡単に思っていたようです．戦争責任の反省として戦前の人びとの誤りを批判するのはたいせつですが，他人を裁くことと自分を見直すことは，もちろん同じではありません．当時の人びとを現代の観点から一方的に批判していると，現代のほうは見直されるどころか，確信が強まるばかりとなりかねません．むしろ彼らの論理のなかにいったん身を置いてみるぐらいのほうが，現代の自分を相対化するうえでは有効です．

　私自身の場合，戦前の日本は単一民族神話にとらわれていたにちがいないという思い込みを，史料とむかいあうことによって，打ち壊されてしまいました．さきに述べたように，私は研究をはじめたときは，これから日本は国境を越えた多民族国家になるべきなのだ

し，また現代の保守系の政治家や官僚が日本は単一民族国家である
と言ったりしているから，戦前の日本は単一民族神話が支配的だっ
たにちがいない，と思っていました．しかし今から考えてみると，
じつはほんとうに知っていたのは，保守系の政治家をはじめとした
現代の論調だけです．つまり私の思い込みは，現代の対立関係を過
去に投影した歴史観だったのです．もっといえば，自己の内部にあ
ってほしくない否定的なイメージを投影して，戦前の日本の像をつ
くりあげていたともいえましょう．国境をこえた多民族国家を志向
している自分という自画像を安定させるためには，批判の相手であ
る戦前の日本がその正反対の存在，つまり閉鎖的な単一民族国家を
自称している国でなくてはならなかったのです．こうした心理は，
いわゆるオリエンタリズム（『知の論理』の丹治愛氏の論考を参照）と
共通のものといえなくもありません．

　考えてみれば，アパルトヘイト時代の南ア共和国だって「多民族
国家」ですし，どこの国の軍隊も「国境を越えて」侵略をしました．
だから，多民族国家であることや国境を越えることは，それだけで
はプラスの価値をもつものではないのです．そして国境を越えて多
くの民族を支配下に置いていた大日本帝国が，多民族国家を自称し
たり国境を越える行為を賛美しても，すこしも不思議ではありませ
ん．そうなるとあらためて考えさせられるのは，それを不思議に思
った自分の感覚をつくった現代の空気のほうは，どんなものである
かということです．

　複数の民族を支配する帝国だった戦前の日本を覆っていた空気は，
多民族の混合や，国境を越えることの賛美という症状となってあら
われていました．そして興味深いことに，敗戦直後ぐらいの時期に
日本帝国主義を批判していた進歩的学者の論調を調べていると，
「多民族国家」と「植民地領有国家」を同義語として使っているも
のがあります．彼らによると，朝鮮や台湾を領有することによって
戦前の日本は「多民族国家」になってしまったのであり，それを反
省して「単一の民族国家」になることのほうが理想とされていまし
た．この時期は，アジアやアフリカの元植民地地域が独立して国民

国家をつくっている真最中でしたから，大日本帝国や「アメリカ帝国主義」のような「多民族国家」よりも，世界の諸民族が独立してそれぞれ「単一の民族国家」をつくることのほうがよい，帝国主義の軍隊が「国境を越える」のは許さない，というのが時代の空気だったのでしょう．また敗戦により国際関係に自信を失っていた当時の日本に，もう国境を越えるのも入ってこられるのもたくさんだ，という気分が広がっていたとしてもむりもありません．いまの単一民族神話は，戦前の論調がいったん忘れられたあと，この時期以降に定着したものであるようです．

　単一民族神話への批判がつよまり，多民族国家という言葉がよい言葉として定着したのは，1980年代のことでした．この時期になると，独立した元植民地の国ぐには開発独裁や貧富の格差，国内の民族対立などにあえぎ，新しく国家を建設するということに幻滅が広がります．先進国への従属を断ち切って経済を自立させるという第三世界の試みもおおむね失敗し，多国籍企業が進出していました．「民族主義」や「国民国家」という言葉は，第三世界の民族自決運動や新国家建設がさかんだった20年ほど前までは必ずしも悪い言葉ではなかったようですが，いまでは評判がよくありません．一方で，アメリカなどで民族的マイノリティの権利獲得が進み，摩擦と困難をともなう分離独立よりも，一国家内での多民族の共存のほうが，よりよい選択とみなされるようになってきました．第三世界の国から若い労働者や教育を受けた才能ある人間が先進国へ出てゆくことを，「頭脳流出」と形容する（民族や国家の独立を重視する）か，「国境を越えた可能性の追求」と呼ぶ（個人の自由や成功を評価する）かはむずかしいところです．

　そして戦前の研究を経て，あらためて現代日本の論調を見直してみると，外国人労働者や在日との共存を求める側だけでなく，保守系の人びとからも，単一民族神話批判が出ていることがわかってきました．これが，アジア諸地域をはじめとした日本の進出や，国際化の掛け声のなかで戦後はじめて自衛隊が「国境を越える」いまという時代を反映したものであることは，いうまでもないでしょう．

よいものも悪いものも「国境を越える」のが現代であり，社会科学の研究においても，多民族性や移動をあつかったものに人気が集まっているようです．いまから思うと，私の思い込みをつくっていた現代の空気とは，よいか悪いかの評価はべつとして，こんなふうにも形容できるのではないかという気がしています．

神話をつくる知とこわす知

そもそも，「神話」とは何でしょうか．それは，現代の自分たちの確信やアイデンティティを強めるようにつくられた歴史像であり，世界観だと私は思います．

先に挙げた戦前の学者たちは，「わが民族は，古代においてこういう政策をしてきた．だから現代でも同じようにできるし，またしなければならない」といった語り方をしていました．こうしたものは，現在でもよくみられるものです．しかしこれは，煎じつめていえば，現代の必要から歴史観をつくり，その歴史観で現代を正当化するというものにすぎません．もし彼らに，自分がどのような時代の空気のなかで歴史を書いているかの自覚があれば，ここまで単純なトートロジーにはまりこまずにすんだはずです．

そしてこの問題をかつての自分に投げ返していえば，私自身が時代の空気を反映して，「戦前の日本は単一民族神話にとらわれていた」という神話をもっていたことになります．私は，単一民族神話にとらわれている明治いらいの日本を問い直す，という意気込みで研究をはじめたのですが，最終的に問い直されたのは，現代に生きる自分自身の神話でした．そしてその神話を解体する過程で，私は現代をちがった角度からつかみなおすことになったのです．

ある神話を解体する過程で，自分の神話に気づく．これができたことは，私にとって幸運であったと思います．くりかえしになりますが，神ならぬ人間にとって，歴史を真理として知ることは困難です．そして，自分や自分の党派だけは真理を知っていて，他の人びとはすべて神話にとらわれているなどということは，まずありえないことです．自分が神話をもっていることに自覚を欠いていると，

神話を破壊すると称しながら，じつは自分の神話でほかの神話を攻撃しているだけとなります．このような姿勢では，昨日までの革命家があっというまに新国家のエスタブリッシュメントになってしまうように，ひとつの神話を攻撃した努力じたいが，固定化してあらたな神話になるでしょう．私のやった研究だって，「単一民族神話は戦後のもので，戦前はちがった」という表面的な結論だけが単純化されてくりかえされていけば，やがては神話としてあつかわれる日がくるはずです．

　自分が神話をもっていることに自覚的でない人は，傲慢になりがちなものです．自分の神話をふりまわしたいために，たたいても安全そうな相手を断罪したり，アウトローを気取りながら「戦後民主主義の神話」や「東京裁判史観の神話」などを嘲笑する（嘲笑はまじめな批判とは別ものです）人がいますが，そうした行為には私はとても共鳴できません．そして一方で皮肉なことに，神話の担い手はこうした傲慢な強者ばかりではありません．神話はつらい日常を生きるうえで確信と慰めを与えてくれるものですから，民族主義の支持層がしばしば社会のなかで下積みの人びとであるように，弱く希望のもてない人はそれに頼りがちなのです．こうした神話が好ましくないとしても，弱者がよりどころにしている神話をただ頭ごなしに裁いて打ち壊すだけで事足れりとしてよいかといえば，私はいささか躊躇せざるを得ません．自分が神になって人を裁きたい強者と，神に救いをもとめたい弱者，このどちらの人びとも神話の担い手であるといえましょう．

　私は，人間が不完全なものである以上，神話をまったくもたないことは不可能だと思います．しかし，では人間は神話から逃れられず，たがいのそれをぶつけあう以外の関係をもてないのかといえば，私はそうは思いません．人間は神話から無縁になることはできなくとも，自分の神話を自覚し，相対化することはできます．その自覚があらたな神話になってしまうまでの一瞬，私たちは神話から自由になり，ぶつけあっていたたがいの神話の殻のすきまから，相手にむかって開かれることができるのではないでしょうか．大切なのは，

その一瞬の新鮮さを忘れずに，外界と対話し，時には相手の神話の主張にたいして謙虚になって，自覚の過程をくりかえし続けることではないでしょうか．

　ここで，もういちど最初の問いである，「なぜ歴史を学ぶのか」にもどりましょう．歴史は，現実から逃避するワンダーランドを提供してくれることもあるでしょうし，現在の自分の確信をますます強めてくれる神話として役立つこともあるでしょう．しかし，私は歴史のおもしろさは，現代において書かれながら，現代を問い直す力をもっていることだと思います．史料につまずきながら，自分と現代を問い直しつづける場．それが，歴史であるといえるでしょう．そしておそらく，このことは歴史いがいの対象にあっても，ほぼ同じことがいえるのではないかと思います．

　この稿で述べてきたのは，最初から最後まで，たったひとつのことです．私は，知には2種類あると考えます．ひとつは，人びとに答えと確信を与え，敵を指し示し，特定の方向に導く神話をつくる知．そしてもうひとつは，問いを発し，立ち止まりながら対話をはかり，神話をこわす知．どちらが世の中で求められているかは，いちがいには言えません．対話よりも，まず闘わねばならないのだという立場も，十分にありうるからです．しかし私は，神話をこわす知を選びたいと思います．そしてこわす対象は，何よりもまず自分自身の神話，より正確にいえば自分という媒体をとおしてあらわれたこの現代社会の神話です．神託として答えを提示するよりも，過去や対抗相手を裁くよりも，まず自分自身が打ち壊され，迷い，考え続けるその過程を示すことで，世界へ開かれる可能性を見せること．それが，いくたの神話が希望と悲劇をまきちらして滅んでいった近現代の苦い経験をうけつぎながら，なお知を行使しようとする者のモラルのひとつのあり方だと私は思うのです．

21世紀モラルの鍵は？

　本文で十分に大上段に構えてしまったので，ごく私的な立場から，これ

はモラルの鍵かもしれないと思った言葉をいくつか挙げます.

　歴史については多くのすばらしい本が書かれており,私の見解は,そのなかでそれほど突拍子もなく変わったものというわけではありません.E. H. カーは,古典として知られる『歴史とは何か』で,超歴史的な規準で歴史的行為は裁けないこと,また私たちの歴史観は私たちの社会観を反映していることなどを述べながらも,あくまで虚無的になることなく,「歴史とは歴史家と事実との間の相互作用の不断の過程であり,現在と過去との間の尽きることを知らぬ対話」だと強調しています.

　カーはまた,ともすれば乖離しがちな特殊と一般,経験と理論のバランスを述べながら,社会学と歴史学の相互交流を勧めています.私自身,社会学の問題意識に,国際関係研究の視点を加え,歴史学の実証性を接合するというのが現在の目標なのですが,なかなか〈言うは易し〉です.なのになおそれにこだわっているのは,自分の頭の中だけで考えていたのでは自分が思いつけることしか浮かばないのに対し,世界をつぶさに見て自分の想像をこえた事実にぶつかったほうが意外なほど知恵がでてくるからで,これはフィールドワークや社会調査などでも,また学問でなくとも多くの人が経験することでしょう.戦前の物理学者である寺田寅彦は,「物理学は結局世界中にどれだけ分らない事があるかを学ぶ学問である.自然界が分らぬ事だらけになればその人の物理学は稍堂に入りかけたのである」と言っていますが,科学の傲慢と横暴が云々されるこんにち,社会科学も含めて,「科学」とはほんらいどうあるべきか考えさせられます.

　人びとを連帯させ立ち上がらせるには答えを指し示すことが必要で,よけいな問いを発することは団結を乱すもとになる,という考え方があります.アウシュビッツの生還者であるエリ・ヴィーゼルは,まったく逆に,「答えは人をわけ隔てるが,問いは人びとを結びつける」と述べています.たがいが抱く答えがちがっていても,たとえばかりに私がヴィーゼルのパレスチナ問題に対する答えに賛同できないとしても,何が問題であるかの問いは共有できます.そして,あたかも一粒の塵が水蒸気を雪に結晶させる核になりうるように,人びとのあいだに埋もれているいまだ言葉にならないたくさんの思いを結晶させる問いを発することができたなら,それこそが知のはたらきと呼ぶにふさわしいと思うのです.

モラルの現場

●

現場とはなんでしょうか．この第Ⅲ部であつかわれているのは，人間の活動が行われている具体的な場，たとえば教育の現場，政治の場です．人には多種多様な活動があり，それが行われている場を現場とすれば，どんな人でも活動，仕事をしていれば現場があることになります．しかし，たとえば仕事の場というのが，モラルに関して，自分にとっていちばん大事な問題が起きるところ，と考えて良いのでしょうか．そうかもしれません．そうでないかもしれません．というのは，私たちが実際に生きているのはあの職場，この町というように，限定された場所だけではなく，いつも「いま，ここ」なのです．人間の地平の，そのようなさまざまな「いま，ここ」の中で，ある場だけが特別のものとして，モラルの問いをもって現れる．その時，そこが私たちの「生きている場所」，モラルの現場となるのです．人にとって，モラルの問題はいつどのようにあらわれるのか．私のさまざまな活動の場の，どこが私にとっての「戦争」の場となり，どこが私にとっての「三里塚」という現場になるのか，それは予測し切れるものではありません．現場とはそのような待った無しに現れる場なのです．（**F**)

●権力と反権力

社会的公正への道
三里塚における対話

●●

隅谷三喜男

●成田国際空港をめぐる農民と政府との対立は，日本の戦後史のきわめ
て重要な1ページです．25年という長い間の激しい衝突．しかし，
それが忍耐強い対話を通じて，ひとつの妥結点に至るというプロセス
の重要性はどれほど強調してもしすぎることはないでしょう．ここに
はわれわれのモラルを考える原型がある．その対話を実現した「調査
団」の座長が経過をたんたんと述べています．両当事者にそれぞれの
「知」と「知のモラル」を見る静かな，しかし力強い語り口こそほん
とうのモラルがどういう表現をとるかを教えてくれます．(**K**)

〈知のモラル〉とは

〈知〉とは辞書を引くまでもなく，少なくとも2つのことを内包
している．1つは〈知る〉ことであり，もう1つは〈知られたこ
と〉である．ところで，少し注意して考えてみると，〈知る〉とい
うこと自体に2つの側面がある．1つは既に〈知られていること〉
を学んで知ることである．学生諸君が大学で学ぶことは，基本的に
は既に知られていることが，体系化され，客観化されて教えられる
ことである，と言ってよいであろう．講義によることもあるであろ
うし，読書によることもあるであろう．しかし，もう1つの側面が
ある．それは既に知られたことを手掛りとして，あるいは素材とし
て，自ら考えて，これまで知られていなかったことを，新たに見出
して知ることである．研究というのは広さや深さにいろいろあるで
あろうが，そういう〈知〉の活動と言ってよいであろう．そこに広
く言えば学問の発展があるわけである．

われわれがここで取り上げようとしているのは〈知のモラル〉で
あるが，それは単に既に知られたことを受け入れ，学ぶこととは関
連しない．もちろん，知自体もモラルと関係がないとは言えないし，

その点は後で考えてみたいと思うが，ここでの問題ではない．また，勉学・研究を怠ったり，知られていることを悪用しようとしたりするのは，モラルの面で問題があるが，われわれが〈知のモラル〉として問おうとしているところとは関係がない．一言でいえば，基本的にはいかなる姿勢で〈知〉と向き合うかだ，と言ってよいであろう．換言すれば，〈知る〉という人間の行為に結び付いたモラルが問われているのである．

　ところで，〈知る〉という人間の行為の在り方には，これまた2通りのものがある，と言ってよい．1つは知る主体と知られる客体が存在し，主体が——研究者でも，学生でも，社会人でもよい——客体を認識し，自分の知の倉に入れることである．この場合，客体というのは，自然でも，社会でも，歴史でも，さらには彼や彼女であってもよい．自分の生理や心理まで含めてもよい．現代科学はそのような〈我とそれ〉の関係として成立しているのである．そこにも〈それ〉をどのように認識するかという点をめぐって，〈知のモラル〉が問題となる．だが，より端的な姿でモラルが問題となるのは，〈我と汝〉との出会いであり[1]，〈汝〉との関係である．われわれがここで問題にしようとしているのは，〈知〉であるから，〈我と汝〉といっても，両者の人間関係が直接問題となるわけではない．問題となるのは，〈知〉をめぐる〈我と汝〉の関係である．端的に言えば，われわれの認識対象である〈それ〉をめぐって，対話をすることであり，議論をすることである．この場合，〈それ〉は自然現象であることもあろうが，モラルとの関連でより一般的なのは，社会的な現象であると言ってよいであろう．この社会現象をできる限り一般化し，〈普遍性〉をもったものとして認識し，体系化しようとするのが広い意味での社会科学であるが，普遍性を求めれば求めるほど抽象化される．しかし，その社会に生きるなま身の人間にとっては，多くの場合，そのような抽象化は許されない．個々人の生い立ちもあり，性格もあり，社会的条件も異なるであろう．そこに〈それ〉に対する〈知〉に相違が生じてくる．〈それ〉をめぐって見解の対立が生じ，対話が，時には対決が生まれるのである．

現代の〈知〉は，特に大学などでは，ともすると出来上がった〈知〉を学ぶことに重点がおかれる．確かに現代社会では科学・技術が急速に発展し，学ばねばならない〈知〉が充満している．しかし，学ぶことが多ければ多いだけ，それを学ぶ人間〈我〉の方は，問題を感じて〈問う〉暇がなくなり，受け入れるだけとなり，空虚になっているのではないか．〈知〉が知られたことを知るに止まり，主体的に〈知る〉ことは，特殊な研究者の仕事となってしまう．しかし，〈我〉と〈汝〉が出会い，対話をし，あるいは議論をすることによって，互いに相手を，さらには相手の〈知〉を知ることは，〈知〉の拡大であり，新しい〈知〉の発見といってよいであろう．

　私は学生時代に〈知〉の世界を求めて，訳もわからず哲学の勉強をしようと思った．その時，私の親しくし，教えを受けていた先生が，こう言われた．「哲学の勉強をする基本は，偉い哲学者の本を読んで，カントがこう言っている，ヘーゲルの本にこう書いてある，ということを知ることではない，自分の頭で考えることである，そのためには『ソクラテスの弁明』などプラトンの「対話篇」を読むのがよい．その対話を通して考えることを学ぶことができる」と．私は「ソクラテス対話篇」を何冊か読んだ．そこからどれだけ考えることを学び得たかは判らないが，大学卒業後，大学教師になった時，私はできるだけ同僚や若い研究者，さらには学生と議論することを大切にした．そして先学の書物から引用して自分の論理を展開することを最小限に止め，実態調査に力を入れ，できる限り，自分の考えを記すことに努めた．私は「ソクラテス対話篇」に感謝している．

　もう1つ，この〈知〉について考えさせられたことを記しておこう．私は大学を卒業して一度社会に出た．その時，私の師は私にこう語った．「孔子は三十而立（30歳で立つ），と言った．イエスも30歳で社会に出た．30歳という年は，人生の岐路である．意味のある人生を送るか，老いて後悔するような人生を送ってしまうか」．現代社会は孔子やイエスの時代とは大きく異なる．しかし，現代は現代で30は人生の岐路であることを，私は経験した．大学を出て

社会に入りこむと，3年，5年は見習いである．5年，6年と経つと次第に責任を負わされるようになる．30歳前後になると，責任は重くなり，多忙になり，自分の立っている場を落ち着いて考える余裕が乏しくなる．その時，実は〈知〉が問題となるのである．自分の立つ所を〈知〉り，その中での自分自身の在り方を〈知〉ることは，次第に難しくなる．仕事に流され，流れにうまく乗っていくことに力を注ぐようになるか，立つ所を〈知〉るべく努め，状況の中で改めて〈知〉を求めるか，その何れを取るかで，その人の後半生は決定される．30歳ともなれば人生について，社会について，それなりの〈知〉は増大するであろう．だが，そこで問われるのは，自分の知っている状況の中でいかに生きるかであり，〈知のモラル〉である．私は東京大学定年後，女子大学の学長となったが，卒業していく学生に対して，「今日，女性にとって35歳が人生の岐路である，子育ての時が終り，社会活動の出来る余生はなお30年はある．この30年をどう生きるか．そのための〈知〉の再構築，社会との新しい出会いの中での〈知のモラル〉の検討がどう出来るか，が問われる」と語るのが常であった．

現場における〈知のモラル〉

しかしここでは，そうした〈知のモラル〉，対話による〈知〉の展開といった一般論ではなく，より切実な問題を取りあげて，具体的に行為する〈知〉について考えてみよう．それは私自身が立ち向かうこととなった成田空港問題[2]をめぐる〈知〉の展開である．そこでは人の生き様として〈知のモラル〉を問わざるをえないのである．

この問題を問い，考えていくには，まず成田空港問題という現場に対する認識＝〈知〉を正確にしておかなければならない．

周知のように，第2次大戦後，世界の交通事情は一変した．国内でもそうであるが，特に国際的には航空機が交通の手段となり，したがって，国際便の発着する国際空港が必要不可欠となった．戦後日本でこの役割を担ったのは羽田空港であったが，国内便も増大す

る一方で国際便の急増も予測され，羽田空港の限界が見えてきたので，政府は急遽，東京近辺に国際空港の建設予定地を求めた．その時浮び上がった予定地は，東京に比較的近い千葉県富里であった．ところが，富里住民はいっせいに激しく富里空港建設に反対した．困惑した政府は，いろいろと思案の末，富里の東北に隣接する三里塚に目をつけ，1966年7月，閣議で三里塚国際空港建設を決議した．目をつけた最大の理由は，三里塚は明治以来，天皇家の御料牧場があった所で，戦後その一部は満蒙などからの引揚者のために開拓地として解放された．そこは空港用地とするのに問題は少ないと政府は考えたわけである．

　ところが，御料牧場の飛行場転換は容易であったが，開拓農民は古村の農民とともに強力な反対運動を展開した．開拓農民にしてみれば，屋根だけの小屋に住み，苦労して大木の根を掘り起こし，岩や石を取り除いてようやく農地として使えるようになり，これからが一人前の農民と考えていた矢先に，空港用地となるので立ち退けと言われても，承服できない，というわけである．代替地の用意や立ち退き条件にはそれなりの対応もあったので，渡りに舟と移住していった農民も少なくなかった．だが空港用地整備のための外郭測量を強制的に行おうとしたことから，農民は機動隊と衝突することとなった．折しも，全国的に大学闘争の火が燃え上がっており，その主力となっていた反日共系全学連が，農民の空港建設反対同盟を支援し，68年2月には成田で決起大会を開き，年末まで機動隊と衝突をくり返し，多数の負傷者を生じる事態となった．しびれを切らした政府は空港という公共のための用地だということで土地収用法を使い，千葉県がその代執行をしたため，大乱闘となり，機動隊3人が殺され，反対同盟の1人が自殺する，という事態にまで発展してしまった．さらに数年後，機動隊との衝突で学生の1人が死亡した．血を流しての闘争となってしまったのである．78年には開港をひかえて学生が管制塔を占拠し，設備を破壊するという事態も発生した．こうした経過を辿って，同年5月ようやく成田開港にこぎつけたのである．反対同盟の農民たちのうち，元気な青年行動隊

員の大半はこの反対闘争のゆえに検挙され，裁判に付された．判決は 86 年に出され，全員執行猶予になったが，裁判中から執行猶予の期間中，彼らは反対運動は出来なかった．そのうえ，80 年代に入ると，支援組織であった全共闘もかつてのエネルギーを喪失していった．深い怨念をかかえながら，空港問題は風化していった．しかも目を世界に転じると，ソ連を中心とする共産主義体制はガラガラと崩壊していった．反対同盟はこのような内外の状況変化の中で，自らの運動方針を根底から再検討しなければならなくなった．彼らは話し合いの途を求めた．正義観と怨念ゆえに，闘争における敗北の途は取りえなかった．この死闘にはそれを支える論理＝〈知〉の体系が，彼らなりの〈知のモラル〉が存在していた．それゆえにこそ，この 25 年余の闘争を闘い続けられたのである．力による闘争に終止符をうち，空港をめぐる〈知のモラル〉の闘いに転じようと決意したのである．

これに対して運輸省側にも反省があった．権力による強行，そのための警察力の行使は，血で血を洗う闘争となり，25 年を経てようやく滑走路 1 本の成田空港にこぎつけたのである．だが，空港利用は増大する一方で，国際的視点から何とか成田空港の拡大を図らなければならないが，滑走路 1 本にも十余年の歳月を費やしてしまい，あと 2 本の目途も立たない，これ以上強行も無理である，とすれば，話し合いの路線を選ぶ他ない．運輸省には運輸省の論理がある．国際化の進展の中で，特に日本が経済大国としての役割を演じていくには，首都に近い国際空港の拡大は絶対必要であり，空港用地をその公共的利益のために国が収用することは，止むを得ぬ処置ではないか．国は国なりにこういう〈知〉の体系をもち，その実現の方策についてそれなりの〈知のモラル〉をもっている．

この両者の話し合いによる〈知〉の合意をどのようにして獲得するか．そこに成田空港問題をめぐるシンポジウムが構想されることとなったのである．シンポジウムという場を設定するには，それなりの組織を作らなければならない．具体的には運輸省と反対同盟とがそれぞれの〈知のモラル〉の体系をぶつけ合う時に，両者だけで

は対話自体の成立が困難であり，その間に立って調整し，進行掛り
をつとめ，必要な場合には両者の〈知〉の統合を図らなければなら
ないかもしれない．成田シンポジウムの場合には，運輸省側の推薦
するもの2人，反対同盟が推すものが2人，両者が賛意を表するも
のが1人，計5名が調停者として選ばれた．自画自賛すれば，適切
な人選であった．というのは，シンポジウムの進行過程において，
さらにはその終結の時点で，これらの人びとは推薦の背景をこえて，
全参加者から信頼されたからである．これは〈知のモラル〉の場で
は決定的に重要である．われわれは協議してわれわれの組織に次の
ような長い名称を付することとした．

　「成田空港問題の原因を究明し，その現状を明らかにし，あわ
　せて，社会正義に適った解決の途を見出すことを目的とする調査
　団」

ここにわれわれの〈知〉の追究と〈知のモラル〉が，明確に表示さ
れている．そして組織に〈知〉と〈知のモラル〉の探求を示す姿と
して「調査団」とした（もっともこの名称は長すぎるので，通称として
は「隅谷調査団」と呼ばれた）．

成田空港建設をめぐる〈知〉

　シンポジウムの座長は私が務めた．1991年11月，その開始に当
って，成田問題をめぐる〈知〉の課題を次のように要約した．

　「シンポジウムにおいて成田空港問題の原点に立ち帰り，25年
　の年月を経過してなお解決できなかった問題の本質，あるいは論
　点がどこにあるのかを明らかにし，問題解決の基底を構築すると
　同時に，これを日本社会に，人民と人権に根ざした民主主義の再
　確認を求める契機としたい，と願ってやまない．
　　それゆえ，解決のための基本的視点は，民主主義と社会的正義
　の確立にある，と考えている．」

　シンポジウム仲介の視点をこう述べたが，そのように進行するか

否かは，これに参加する両当事者の〈知のモラル〉に依存するのであり，その舵取りをするわれわれ調査団の責任である．

　これに続いてまず反対同盟が，自らの〈知〉と〈知のモラル〉を展開した．それは「徳政をもって一新を発せ」という極めて格調の高い一文であった．こう論理を展開する．

　　「この公開シンポジウムが1991年の今日開催されることに，無念の思いを抱かざるを得ません．運輸省と関係住民，関係市町村の公開討論の場は，空港の位置決定の時に当然開かれるべきであったからです．

　　もし，1966年に公開討論の場が設定されていれば，私たちはかけがえのない友人を失うこともなかったし，この地域の村々が味った理由もない苦悩も薄らげることができたかも知れないのです．

　　また，国家にとっても，警察官の生命を失うことなく，尊い国民の税金をこれほどに浪費することもなかったはずです．

　　成田空港の問題は，富里案から三里塚案の閣議決定に至るまで，地元住民に対する説明が全くなされないまま，突然決定されたことに端を発します．農民たちは困惑し，不安に陥り，そして怒りの声をあげました．農民は結集し，空港反対同盟を結成し，何度も請願行動を起こし，何度も陳情活動を続け，位置決定の見直しと話し合いを要求いたしました．

　　しかし，政府・運輸省が農民に対して取った態度は一貫して，一切の話し合い拒否，問答無用であります．」

　そこには衝突しかなかった．反対同盟が意を決してシンポジウムに参加したのは，「双方とも武力によっては如何なる解決もない状態に立ち至った」ことを自覚したからである．そこに〈知〉の前進が見られたのである．

　農民たちはこの〈知〉の上に立って，もう一歩進めた〈知のモラル〉を要請した．

「政府が公共事業だといって国民を犠牲の対象としか見ない態度を，根本的に改める必要がある．関係する住民は政府と対等であり，国はそれら関係する住民と十分に討議を重ね，合意を形成していくというスタイルを，このシンポジウムを契機につくり出していけたら，と思っているのです．」

このような〈知のモラル〉に立って，農民はこう結論する．

「私たち三里塚農民に何の相談もなく，私たちをとり巻く農村世界を考慮することなく，強権によって『農地を金に換算すればよい』とする今の政府の政治理念は，この国に脈々と流れている豊かな土地の思想ともかけ離れて，なんと貧しいことなのでしょうか．

空港の土地は，今，仮死状態にあります．私たちはそのような土地に再び生命を吹き込むために，地発しの理念に基づき『徳政』を宣言します．徳政をもって一新を発す決意をここに表明します．」

このような高い〈知のモラル〉をもって，その思いをうたい上げた反対同盟の「宣言」に対して，運輸大臣も率直にその思いを述べた．

「ただ今の意見発表を承り，心の中にうち震えるような感銘を受けておりました．心血を注いで農地を守り，土とともに生きてこられた農民の皆さんの心情に思いを馳せながら，その原点に触れさせられた思いでいっぱいです．

その位置決定に当り，地元住民の方々に十分御説明し，その理解を得るための努力が必ずしも十分尽されたとは言い難い状況のもとで，その決定が行われました．

このような状況下で，三里塚地区において激しい反対運動が展

開され，加えて空港用地の強制収用による取得をめぐって，流血の事態まで発生いたしました．お互いに越え難い大きな溝をつくってしまったことは，誠に悲しむべきことでした．これは何といっても空港を建設する側の私たちの努力が足らなかったことによるものであり，誠に遺憾に思う次第であります．」

運輸大臣はこう言って，農民たちに陳謝した．ここでこれまで25年の対立と憎悪はその底辺において溶け始め，〈知〉と〈知〉の対話が，両者の合意による〈知のモラル〉の形成への途が，開かれたのである．

これから2年近い年月を費やし，25年の対立，闘争の経緯が検討され，それぞれの事態についても，ほぼ〈知〉における合意が成立していった．この間，金銭的な問題は全く対象とされず，〈知のモラルとモラル〉の論議が展開されたのである．その経緯は省略し，辿りついた結論を記すこととする．

1年半後の93年4月に開かれた第14回シンポジウムにおいて，反対同盟はそれまでの討論をふまえて，次のような提案をした．

「25年の闘いの検証及び航空行政批判の中で，空港が富里案の当初から，地元の農業のことや地域のことを考えずに計画されたこと，また地域のコンセンサスを得ることなく位置決定を行い建設を進めてきたことが，明らかにされました．運輸省はシンポジウムの中でそれらの事実を認め，率直に反省し，今後の空港づくりに生かしていくことを表明しました．

運輸省が以上の事を具体的に施策化することで，『力による対決』の時代は終り，空港問題の話し合い解決のための対等の立場が確立されたと考えます．

このような経過を踏まえて以下の提案を致します．

1　運輸省，空港公団による収用裁決申請の取下げ．

2　2期工事として計画されているB，C滑走路建設計画を白紙に戻す．

3　今後の成田空港問題の解決に当っては,『空港をめぐる,
地域の理性あるコンセンサスをつくり上げる新しい場』が設
けられ,そこに委ねられる.」

運輸省も公団も基本的にこの提案を了承し,最後の調整は調査団
に任された.最終の第15回シンポジウムで,調査団は次の提案を
し,参加者一同の賛成をえた.

「〔前回の〕提案は反対同盟からなされたものであるが,ここに
至るまでのシンポジウムの話し合いの全過程における双方のエネ
ルギーと良識とが,基本的に結集したものと見るのが正しい.調
査団の所見は,
(1)　対決に終止符を打つため,土地収用裁決を取り下げること
とされたい.
(2)　2期工事B,C滑走路建設は白紙の状態に戻すべきである.
その上で,地域の人々と民主的に話し合いをすることにより
解決の道を探ることとされたい.
(3)　新しい協議の場をいかなる形でつくるかは,調査団に一任
されたい.」

そして,シンポジウム終結に当っての所感をこう述べた.

「シンポジウムの最大の成果は,反対同盟と国との間の正しい
意味での信頼関係が少しずつ醸成されて来たことである.
民主主義社会においては,人々が相互に平等の立場で自由に意
見を交換し合い,少しずつ相手の意見への理解を深めていくこと
がそこでの基本とされる.
日本における民主主義をどのようにして地域の中に根づかせ,
社会的公正を実現して行くのか,その壮大な実験がこの地域にお
いて展開されようとしている.
シンポジウムを充実した内容をもって開催して来ることが出来

第4回成田空港問題円卓会議（1994年1月25日，成田市国際文化会館）

た功績は，何よりも先ず反対同盟の人たちの理性的かつ誠実な話し合いの姿勢に，次にはそれを受け止める国や県の当局者の優れた時代認識と勇気に帰せらるべきものである.」

　新しい協議の場は「円卓会議」という形でもたれることとなり，そこで最も重大な懸案であったB，C滑走路については，用地の取得については一切強制的手段は用いないという制約の下で，B滑走路の計画進行は認めたが，C滑走路については，B滑走路の進行をふまえて討議の上，決定することとして，参加者一同の賛成をえた.なお，今後の空港建設については，空港と地域社会との〈共生〉という基本理念に立つことを確認した.

行為する〈知〉

　行為する〈知〉として，その対話を記し，そこでは〈知〉と〈知のモラル〉の姿を紹介したが，〈知〉自体と〈知のモラル〉の内容にはほとんど触れなかった. その実態をまず知ることが大切と考えたからである.
　ここではまず反対同盟の〈知〉について明らかにしておかなけれ

ばならない．反対同盟は言うまでもなく個人ではなく，集団である．
したがって反対同盟の〈知〉とは個々人がもつ〈知〉ではなく，グ
ループのもつ〈知〉である．しかもそれは1つの思想に立つ集団で
はなく，行動するグループである．その集団に属する人たちの背景
は比較的似かよっているが，共通の〈知〉，とりわけ〈知のモラル〉
をもつことはけっして容易なことではない．しかも25年の歴史の
中を生き続けてきたのである．彼らは大きな〈知〉の枠は共有しえ
ても，具体的な問題となると一致は容易ではない．シンポジウムの
開かれる度毎に，1週間，10日と毎夜のように集まって議論し，
発言の草稿を割り当て，出来上がった草案を手直しした．彼らは昼
はそれぞれに仕事があるので，仕事を終えて夜集まった．それゆえ，
シンポジウムは月1回より多くは不可能ということで，1年半を要
したのである．引用した彼らの文章の一部を見ても明らかなように，
その論旨は明快・高尚，なかなかの名文である．彼らはこの25年
間，ただ力を振って戦ったのではなく，闘いの意義を考え，同志と
語り合い，説得してきた．そこには〈知〉の集積があると同時に通
じ合える空港問題への〈知のモラル〉がなければならなかったので
ある．そして最終的に求めたのは，話し合いによる解決であるが，
そこに解決の途を求めるには，〈知のモラル〉が閉ざされたもので
あってはならない．開かれる窓，否，出入口をもたねばならない．
どこに出入口を設けるか，これは話し合いの中で決意していかなけ
ればならない．

　これに対して，政府・運輸省も，成田空港問題に対する〈知〉は
十分にもっていた．だが，農民と異なるのは，農民は単純化してい
えば25年間，同一の農民である．青年行動隊として闘争に加わっ
たのが20歳の時であれば，今は45歳の壮年である．自ら闘い，悩
み，考えてきた〈知〉である．これに対し，政府・官僚の責任者は，
1年，2年で替っていく．組織としては知識をもっているが，個人
としては必ずしも十分に状況を把握していない．そこに官僚的対応
が生じてくる．彼らは行政の担当者として，定められた行政手続に
は忠実であり，官僚としての言い分＝〈知のモラル〉はもっている．

空港決定過程が非民主的であるという同盟側の批判に対しては，地方自治体の責任者としての県知事の賛成を得，県議会も賛同し，さらに市・町長の賛成も得，市・町議会の議決も得ている．その間に多少の問題があったかもしれないが，法に定められた手続は踏み，用地農民への対応も十分にし，多数の農民は移住した．公共のための用地入手のため強制手段を用いたが，それは公益のため止むを得ない措置であった．これが当局側からする〈知のモラル〉であった．しかし，空港建設は進展せず，空港への需要は増大する一方である．打開の途を求めなければならない．そこに話し合い解決の途がほの見えてきたのである．運輸省側も，それなりの〈知のモラル〉に窓口を開けなければならないし，官僚的折衝を越えた責任ある対応の体制も作らなければならなかった．

　このような社会的問題については，水俣病をめぐる問題にせよ，薬害エイズ（HIV）の問題にせよ，それをめぐる〈知〉については，基本的に当局者と被害者の間でそれほどの違いはない．根本的な対立は〈知のモラル〉，その問題をどう受けとめ，誰がどのような責任を負うか，にかかっている．成田空港問題も同様である．このような対決的な事態の中では，両者が直接に話し合うことは，上述したように，不可能と言ってよい．そこで戦後日本に多く見られた方策は裁判に訴えることである．ここでは全く触れなかったが，実は成田空港問題についても，いくつかの案件が裁判にもちこまれ係争中である．水俣裁判や HIV 裁判は，裁判長の判断で，和解勧告が出された．しかし，和解は妥協という要素を内包せざるをえない．妥協は紛争の根本的解決とはならない．

　成田空港問題では裁判所でなく，調査団なる調停機関が設けられた．〈知のモラル〉と〈知のモラル〉とがぶつかり合った時，勝・敗を決めることは不可能であり，結局話し合いは決裂となる．そこで調停者は，頑強に主張される〈知のモラル〉に話し合いの窓口を開けることを求める．どこにその窓口を開けることを求めるかには，調停者の〈知のモラル〉が大きな役割を演じる．調査団の場合には，それは市民的民主主義と社会的公正，あるいは社会的正義であった．

第 11 回成田空港問題円卓会議（1994 年 9 月 13 日，芝山町芝山文化センター）

われわれは一般の調停で見られるような，足して 2 で割る方式は取らなかった．最後の第 15 回シンポジウムを，次の言葉で結んだのである．

「一般にこのような紛糾は，対立する両者の主張を足して 2 で割るというような形での，妥協という形態で終結を見るのが普通であります．しかし，このシンポジウムでは，そのような道はとらないで，両者の主張，見解を十分に展開していただき，それをお互いに聞き，社会的公正の視点に立って，どの点は同盟の言うことが妥当であるか，どの点は国側の処置がやむを得ないものであったかについても，いろいろ議論をしてきました．そのために，国側にかなり厳しい所見となっていることは，よくおわかりいただいたことと思いますが，国側も問題点を了解されました．これによって，空港建設のあるべき姿を指し示すだけでなく，日本の民主主義の進むべき道がいかにあるべきかという問いを，日本の社会に投げかけたと言ってよいのではないか，と考えております．」

以上かなり成田空港という現場に立ち入り，25 年という長期の，しかも心を痛ましめた事件の経緯を記し，シンポジウムという場の設定で問題解決の基本路線が描き出されたことを，〈知のモラル〉の１つの現実的事例として記した．もしそれが金銭的な紛争であるなら，〈知のモラル〉の問題ではない．シンポジウムでは金銭的補償の問題などは，全く出ることはなかった．それはもっぱら〈知のモラル〉と〈知のモラル〉の論戦であり，話し合いであった．

　問題が深刻であっただけ，その話し合いの時間も長くかかり，シンポジウムに続けて，地域自治体や市民組織を巻きこんだ12 回にわたる「円卓会議」が開かれ，将来のあるべき姿が論じられ，全員一致の結論が得られた．その規模も大きなものとなったが，われわれが人生の途を歩む時も，そのスケールは小さく，多くの場合，身の廻りのことが多いが，しばしば，基本的には同じような〈知のモラル〉が問われることがある．その場合には調停者などなく，独りで，時には仲間と，考え，行動しなければならない．〈知〉は多くの場合，何らかの〈知のモラル〉を背後に，あるいは底辺にもっている．それをその折々検討してみることは，人生を豊かにする上で大切であるが，モラルを放棄して，状況に流されることは，〈知〉自体をないがしろにすることであり，人生を貧しくすること必定である．

註
1)　マルティン・ブーバー『我と汝・対話』（植田重雄訳，岩波文庫，1979 年）．
2)　成田空港問題の経緯，歴史的意義については宇沢弘文『「成田」とは何か』（岩波新書，1992 年）を，その全体像については近く出版される隅谷三喜男『成田の空と大地――闘争から共生への途』（岩波書店）を見られたい．

21 世紀モラルの鍵は？

　私の一文の中では触れなかったが，成田空港問題円卓会議の最後に，農民組織の空港反対同盟は大変立派な一文（かなりの長文）を発表した．

「児孫のために自由を律す」と題するものである．現代社会では人権が重んじられ，各自が民主的権利を主張する．政府は政府で，公益のため時には私権は制約されねばならない，と言う．話し合いによる妥協か多数決が，解決の方法と考えられているようである．だが，農民たちはこれに対してNO と言う．そして，各自が社会全体の状況を認識し（それは知の１つの姿），納得のいく公正な判断基準（モラルである）を求め，自己の権利・主張を自ら律し（抑制し）ていかなければならない，と言うのである．こうした視点に立って反対同盟の農民たちは，空港闘争の円満な終結を目指した．それは 21 世紀に向けての市民の基本的モラルではないであろうか．このような思考の展開については，私の著書というより編著というべき『成田の空と大地——闘争から共生への途』を一読して欲しい．

なお，これとの関係で 21 世紀の姿を展望すると，個人主義の世界はいよいよ広がっていくであろう．すでに伝統的な家族制度はほとんど崩壊し，核家族の中でも世代の断絶は拡がりつつある．ウーマン・パワーも強くなっている．4 年制大学への進学率もそのうち女性優位となるのではなかろうか．それらは社会の展開過程として歓迎されるべきであろう．

だが，社会が全く個人化し，個人の人権だけが主張されることになれば，社会は解体する．21 世紀はその危険性を孕んでいる．それが〈知〉による予見である．今日こそ，個の〈連帯〉が，社会集団の〈共生〉が追求されなければならないのではないか．モラルとは〈道徳〉のことではない．〈いかに生きるか〉である．21 世紀には〈知〉は〈知〉として展開していくであろう．その〈知〉のなかで私たちはいかに生きるか，そこでの〈知のモラル〉が問われる．〈自由を律す〉はその１つの姿である．

「学校的なもの」を問う
教育の場における権力・身体・知

●●

森 政稔

●モラルという問題はその極限においてはかならず他者の身体に触れます．そして，そこでしばしば転倒が起こる．つまり，ある種のモラルが貫徹するあまり，身体が暴力的に傷つけられたり，破壊されたりするという転倒です．学校という閉域でしばしば起こるこうしたモラルの死角に批判のメスを入れます．（**K**）

学校というひとつの倒錯 そして学校批判の無力

　1995 年 7 月，福岡県飯塚市の女子高校で，またひとり，生徒が教師の手によって殺された．広く報道された事件なので詳細は省略するが，明らかなことは，女子生徒の側に殴られる理由はまったくなかったといってよいことである．「試験が終了しても教室を出ていかなかった」「そのとき身につけていたスカートの丈が短かった」などという理由が，死に至るような「罰」の原因になるとは，常識ではまったく考えられない．同じ学校では理由も言わず，「きさま」と叫んでいきなり殴る教師が多数あり，暴力が日常化していたという．不幸な事故だとする弁護論は完全な虚偽である[1]．しかし問題なのは，事件の残虐さだけにではなく，むしろその扱われ方にある．「体罰」や「いじめ」（教師の加担やいじめ隠し）の事件が起こるたびに学校は非難の的になってきた．学校を批判する言説はおびただしい数にのぼっているが，それらは学校の急所を突くことに失敗し続けてきた．その結果，事件が通常の市民社会の常識からして許しがたいものであることは自明であるのに，悪いのは学校や教師ばかりではないという責任のがれの議論がまかりとおることを放置してきたのである．このことは 5 年前に起こった同じく陰惨な，神戸の「校門圧死事件」を思い起こさせる．その反省は結局生かされず，

学校の暴力的体質は変わらずに生き延び，しかもこのような暴力教師に対する同情論が公然と復活した．

　学校批判の高まりは，同時にかならず教師もまた被害者であるとする擁護論を引き出してきた．たしかに，一般的に言えば，過重な雑務によるストレス，学級定員が多すぎること，学校や引率時の事故について不当な責任を取らされることなど，教師に同情すべき点は数多い．しかし，このことと，一部教師が勝手にやっている「体罰」「校則」の問題とは話が別であり，相殺されてはならない．教師たちは責任のとりようのないことで責任を負わされる一方，けっして許されてはならないような暴力では，ほとんどが責任を問われずにすましてきたのである．

　しばしばノスタルジックにイメージされる，昔の「牧歌的な」体罰は，認識を決定的に誤らせる．たとえば村上義雄氏が報告するように[2]，最近の「体罰」と呼ばれるものは，髪を束ねる輪ゴムの色がちがうというだけで校門に生徒を土下座させてさらしものにしたり，マニキュアを塗って登校した女子生徒を密室に閉じ込めて数人の男性教師が顔の形が変わるまで殴る蹴るの暴行を加えるなど，常軌を逸したものである．これは明らかに「いじめ」の手口にも共通するものといえよう[3]．

　市民社会ではあたりまえの自由とされることの大半が学校では禁じられ，そのかわり市民社会では暴行，傷害，恐喝その他の犯罪とされるものが学校では堂々と通用し，場合によっては教育の名において道徳的に正当化されている．

　このような価値の転倒をひきおこす仕掛けを，ここでは「学校的なもの」と呼ぶことにしたい[4]．自由な学校やすぐれた教師も多数存在することはいうまでもないことであり，それは学校の平均値を示すものではなく，問題になっている学校のありかたをやや極端にモデル化したものであることをお断りしておきたい．事件は教師の不注意や過度の熱心さなどによって偶然起きるなどと考えられてはならない．「学校的なもの」はその内部にある生徒や教師にとっての道徳や正義などの規準を，外部とは全く異なるものに取り替えて

しまう全体的な権力構造である．事件はこうした「学校的な」転倒が露出したものと考えられる．このような小型の権威主義体制では，ことばは真直ぐに事物を指し示すことはなく，ゆがんであらわれる．学校批判が無力なのは，そのゆがみや転倒の言説に，学校のみならず学校批判までが取り込まれているからである．そこから脱出するためには，ことばのゆがみそれ自体に注目する「言説の政治学」が必要になるであろう．本稿はそのためのささやかな準備である．

「体罰」という虚構——学校をめぐる言説 (1)

> 「専制政体においては，君公が一時でもその腕をふりあげるのをやめるとき，すべては失われる．なぜなら恐怖という，この政体のバネがもはや存在しなくなるからである．」（モンテスキュー『法の精神』[5])

① 「罰」が「罪」を創作するのであって，その逆ではないこと．

まず考えなければならないのは，「体罰」という言葉は，当然「罰」に先立って「罪」が存在することを想定している，ということである．しかしこれらの事件にそんなものが存在したのだろうか．

先の段打死事件についても，スカートの丈が少々短い，というようなことが「罪」に当たるのだろうか．女子生徒が「反抗的」であったとされるが，このような教師による殴る，蹴るが常態化した学校にあって，少々反抗的であることのほうが人間としてまともではないのか．そもそも生徒の側に落度などなく，たとえば教師の他の生徒にたいする不当な暴力について文句を言っただけで激しく殴られたなどというケースは数多い[6]．日本の学校で科される「罰」では，そもそも行為と責任主体との関係が厳密に問われることがない．近代刑法が想定しているそういう意味での主体はバイパスされる．たとえば連帯責任（「班活動」はこのために大いに利用される）などにみられるように，自分では責任のとりようのないことにも「罰」があたえられる．行為とまったく関係なく，「気合いを入れる」という奇怪な理由（むしろ理由の不在）で暴力が行使されることもある．

以上のような倒錯にもかかわらず，批判する側のマスコミは教師の暴力をただちに「体罰」として表現してしまう．「罰」だと認識される以上，ありもしなかった生徒の「罪」が捏造される．このときマスコミはすでに意図せずして学校のすりかえに加担している．そしてそうであるかぎりは，問題は「体罰」が手段として適当であったか，という程度問題に矮小化される．たしかにマスコミや識者は体罰は望ましくないと言う．しかしこうなったら議論の主導権は現場の教師にすでに握られている．現場を知らない者の生半可なヒューマニズムは軽蔑され，その訴えは「またか」と受け取られてそのうちに忘却される．

　このように言うことは，けっして生徒をつねに「善玉」だと考えているからではない．生徒やその親たちの言動にさまざまな問題があることは多いであろう．生徒の暴力により教師や他の生徒の安全や生命が脅かされる事態になっていれば，場合によっては教師は暴力でもって悪質な生徒たちと闘う権利があると，筆者は考える．しかし問題になっているのはこのような「荒れた」学校ではない．実際に多数存在するであろうこのような学校では，教師たちは暴力が解決にならないことを知っているからであろう，むしろ慎重であるように見受けられる．

　この女子生徒の「殺人事件」が，すくなくとも物理的には生徒たちが無抵抗な「女子校」で起こったのは象徴的である．そしてこれまで犠牲になるのはきまって，おとなしいか，あるいは通常人の基準からみてまともな生徒であった．本来罰せられて当然であるような，「いじめ」のリーダーのような生徒が犠牲になったという話をきかない．それにもかかわらず教師たちはしばしば荒れた学校の例を引き合いに出して，そうでない学校（進学校であることが多い）の「体罰」を正当化しようとする弁明を繰り返してきた．一方，マスコミは「体罰が必要であるか否か」を「一般的に」問い，結果的に「体罰」肯定の世論をつくりあげるのに力を貸しているが，そのような「一般的な」問いでは，本当に追及されるべき，その事件が置かれていた個別的なコンテクストが見失われる．その暴力は「罰」

と認められるものであるか否か．こうした検証を怠ることが事件の再発を招く．

②権力の〈顕現〉と，その口実としての「校則」の膨張．

つぎに，暴力は日常化しており，また日常化しなければこのような種類の暴力は存在しえない，ということである．市民社会で科される「罰」は，秩序の侵害に対してなされる，秩序にとって「例外的なもの」であるが，それとは全く性格が異なり，暴力が秩序の主要部分をなしている．それに似たものを探すとすれば，モンテスキューが描いた「専制君主」であろう．支配者はいつも腕をふりあげて威嚇していなければならないが，それは，被支配者の側に不正があるかどうかには，全然関係がない．彼は暴力による威嚇以外の秩序がありえることを知らない．専制政体の原理は「恐怖」であり，それは本性上腐敗している．専制君主と同じく暴力教師にとって必要なことは，ただ権力（ここでは暴力と同義，ただし内部では「教育」の名による道徳的正当化を伴っている）は，具体的な殴る蹴るなどの行為をとおして，〈顕現〉しなければならない，ということに尽きる．〈顕現〉しなければ権力は無である．その理由や相手は極端にいえばなんでもよいのである．そこでは同意や「操作」など，もうすこし文明的な秩序形成の方法は視野に入らない．「生徒になめられたくない」という，暴力教師から時折洩らされる粗野で幼稚な意識は，それらの表現にすぎない．

ばかばかしいまでに「校則」が増殖することの謎も，このことを前提とすれば理解するのに困難ではない．規則が多ければ多いほど，その網にかかる行為の数は増加するから，暴力が〈顕現〉する口実をつくるのに好都合である．「校則」はありもしない「罪」と「罪の意識」を作り出す仕掛けであり，その結果学校には「うしろめたさ」が満ちている[7]．この学校特有の陰湿な感情は教師の暴力を背後から正当化するとともに，生徒相互の間にも暴力行為を蔓延させる温床となる．瑣末な「校則」の存在理由はこれしかなく，「校則」の意味を問うことは，その「問い」自体がナンセンスである．

③「熱心な」教師，実は「知」を不可能にする権力作用．

教師による「体罰」事件が発覚してマスコミに非難されるように
なると，きまってその暴力教師が「教育熱心な教師」であったこと
を理由に，暴力行為を擁護する論陣が張られることになる．「熱心
な」教師は批判を封じるマジック・ワードとして用いられてきた．
しかしたとえば殺人に加担したオウム真理教の信徒に対して，われ
われは彼らが「熱心な信者」であったことを理由に免責しようとは
しない．「熱心」であることによって教師が免責されるような特別
な根拠が果たしてあるのだろうか．

　たしかに，授業等の教育に熱心な教師は，一般的な意味では称賛
に値するだろう．教師の工夫を凝らした授業は，生徒の記憶になが
く残るものである．このような知的なプロフェッショナリズムこそ
は，教師の存在意義であり，生徒との関係の中心であったはずであ
る．しかし，「体罰」事件などで問題になる教師の「熱心さ」は，
この種のものとは性質が異なるように思われる．それは多くの場合，
いわゆる「生活指導」にかんする熱心さなのであり，授業について
も，その授業内容についてよりもむしろ，授業をとおして生徒を規
律付けることに関心の大半が向けられているような熱心さである．

　あらゆる「知」は，それが「知」である以上は，物事には他の仕
方で解釈したり説明したりする可能性がある，という信頼にささえ
られている．ところが学校で教えられているのは，しばしばそれと
正反対であり，いわゆる「熱心な」教師の場合それは著しい．教え
られることに対して疑問をもつのは直ちに危険であり，悪である，
とされる．それは「知」そのものの否定である．同じことは人生に
ついての態度にもあてはまる．自分の言うこと以外にほかの考え方
があってはならないこと，それを疑問なく生徒に受け入れさせるこ
と．世界や人生についての解釈が多様であることへの説明しがたい
強力な敵意．

　このような「熱心さ」を奉じる教師にとって，正しい生き方はひ
とつしかない以上，自分に従わない生徒はすべて誤った生き方をし
ていることになる．学業から脱落した生徒はただちに人間的にも劣
悪であることにされ，逆に「服装の乱れ」などの瑣末なことが学業

をおろそかにしているとして厳罰に処せられる．教師はもしそんな信念を本当にもつのであれば，学校の外に向かって公衆に訴えるべきであろう．しかしそんなことはまずありえない．おそらく彼らはそれが「学校の中」でしか通用しない奇怪な道徳でしかないことに気付きながら，生徒たちに有無をいわせず強制している．「熱心な」教師が好むような，懐疑することができない人間は，ひとたび複雑な市民社会に出ればやっていけないのである．

　学校における権力の「過剰」は，たんに量的な問題ではなく，市民社会で生きていくために必要な権力とは種類の異なるものであることが理解されなければならない．市民社会における権力の必要性とその成立については，通常次のように説明されよう．人間の利害は多様であるから，それらが対立するときには，そのあいだを調停しあるいは強制的に平和を実現する権力が必要となる．このことは，もちろん問題がないというわけではないが，理解しやすい道理である．それにたいして，「学校的なもの」の問題性は，なにも対立のないところに，あるいはそういう対立とは関係なく，権力をつくりあげ，それ自身の論理で増殖させてしまうことにある．そのような権力は，それがなければなくてすんだような，無意味なストレスや憎悪を生み出す．そして権力（たとえば「体罰」）が行使されるからには，あたかもそこに対立が先にあったかのような虚構がつくられるのである．

権力の口実——学校をめぐる言説 (2)

　「皆さんがせめて 10 分早く起きれば，先生方が大きな声を出さなくてもいい．1 分の時間を節約すれば，どれだけの時間が生まれるのか．（中略）諸君にいま一度，生活態度の見直しをはかってほしい．」

　「これから，期末試験が始まります．皆さん，R 子さん（犠牲者，引用者註）の分まで，点数を稼ぎましょう．」[8]

これらは，1990年7月，「校門圧死事件」が起こったその日，この学校で全校集会が開かれたさいの，先のほうが校長による，後のは教務主任による発言である．たった今生徒が死に，そして学校ぐるみで暴力体質を蔓延させていた以上，自分たちで殺したも同然であるのに，その直後にこのように生徒たちに説教するような倫理的な鈍感さは信じがたいものがある．それゆえこうした発言は当然にマスコミの批判にさらされることになった．しかし私が注目したいのは，そのことよりもむしろ，発言のなかに教師が学校の秩序をどのように考えているかが，ほとんど無意識的に露呈していることである．

　①市民社会のルール vs.「校則」，両者は原理的に折り合わない．

　まず問題なのは，生徒の遅刻と生命が奪われたこととの，事実の重みについての判断ができなくなっていることである．これは先に述べた「校則」という無意味で奇怪な拘束のために，生命の尊重のような，市民社会のルールの最も根源的な規範が脇に追いやられ，ついには無視されることによる．ここで市民社会のルールというのは，他人どうしが互いに迷惑をかけずに共存するための，重要ではあるがきわめて単純なものである．それは他者との立場の交換に基礎を置いている．原則として私の行為は自由であり，ただ他者もそうすれば私が害を受けるであろうような行為は，それが私にとって利益や快楽があっても，私はしてはならない，ということである．このような原則から導かれる禁止は最小限のものになろうが，規則は数が少なければ少ないほど遵守されやすい．学校は無数の規則を作り，遵守させようとしているが，熱心にすればするほど市民社会のルールから遠ざかっていく．実際，学校は市民社会のルールを教えるどころか，率先してこれを破っている．「自分の意見に従わないものは殴ってよい」などというような暴力教師の実践する格律は，正面から市民社会のルールに反するものである．

　「校則」が膨張することの悲惨な結果．（a）とうていすべてを守ることなどできないから，監視者（暴力教師）の見ていないところでは守らない，という態度がでてくる．これはくだらない校則だけ

でなく，市民社会のルールを含む規則一般への信頼を失わせ，公共のモラルを破壊する．(b) さきにあげた，人間にとって何が最も重要か，という倫理的判断を不可能にする．この事件で，遅刻を免れようとして，あとから来た生徒たちが倒れている女生徒を踏みこえて学校内に走り込んだことが，一部マスコミで批判された．しかし，校長の発言に見られるように，こうした倒錯を作り出す原因が学校にある以上，生徒たちを非難することはできない．校門を閉めた教師は病院に同行せず，抗議した生徒は逆に怒鳴り返され，事件の証拠である血痕は洗い流され，試験は続行された．人間の最低限必要な倫理的な態度に対する，組織的な敵対が教育の名で通用している．そしてこの学校の体質は現在もそれほど変わっていないという．

　②存在目的を失った学校，そしてその事実の隠蔽．

　教務主任が言ったという，後のほうの発言は，その奇怪さにおいて校長のそれをはるかに凌いでいる．まず，女子生徒の「死」と試験の「点数」とが，なにゆえに等価の関係に置かれるのか．なにゆえに殺された女子生徒は受験の「戦友」でなければならないのか（彼女を殺したのは「受験」ではなく，校門を力づくで押した教師の人為である）．ここには関係づけの極端な恣意性が露呈されてしまっている．「点数」は学校の存在目的の口実にすぎない．問題はかくも深く学校が偏差値教育に侵されている，ということでは「ない」．そうではなく，この場合全く説得力のない受験をもちだしてまで，あたかも学校に共同の目的があるかのように装わなければならないような学校の無意味性であり，それを一生懸命隠そうとしている事態である．

　学校は何のために存在するのか．この根本的な問題をめぐって学校は窮地に追い込まれている．受験は学校教育を歪めている[9]，とされるが，受験は他に目的をもたない進学校の最後のよりどころ，存在の口実でもあり，これがなくなって困るのも学校なのである．「偏差値教育」に対する批判は学校の本体を免責している．自分のペースで計画をたてて学習している受験生にとって，教師による恣

意的な学習の強要（課外授業への事実上の出席の強制や参考書の指定，そして精神主義的な生活指導）は，むしろ迷惑であることが圧倒的に多い．自分ひとりで勉強するのでなければ，予備校や塾，あるいは通信教育は学校よりもはるかに「目的合理的な」場所である．受験という最後の目的についてみても学校は二流，三流というほかはない状況になっている．

　しかし学校は，受験を口実にして実にさまざまな強制を生徒におよぼしている．服装や生活態度の強制が，学力と何の因果関係もないのは明らかであるのに．そんなものに比べるならば「偏差値」は，罪の少ない合理的な指標である．学校の方針に従って学習しないことは，学校の共同目的に対する違反のように言われる．受験は私的な目標以外ではありえないが，学校は受験の成果が共同目的の達成であるかのような言説を用いる．「部活」や「高校野球」が学校の全体主義のために利用されるのと同様である．生徒たちは受験学習を学校によって強要されているうちに，何のために受験するのかわからなくなり，学校のために勉強しているのではない，といいたくなるのである．学校のパターーナリズムは，自分の目的や利益がなんであるのかがわからない人間をつくりだす．

　学校は存在するためだけに存在する，という事態がすでに生じている．この事態は学校だけの責任ではないのだが，学校はこのような無の深淵を見ようとしないために，倒錯と自己欺瞞に身をゆだねている．第1は学校を特定の共通目的をもった集団として表象したいという欲望であり，精神主義的な虚構の共同性が促進される．第2は学校秩序の自己目的化であり，それを守るために，誰のためでもない無数の意味のない「校則」がつくられる．外に目的が見いだされない以上，規則を少しでも緩和することはあたかもそれだけで学校教育の後退であるように思われてくる．2つの「殺人事件」の高校でも，実際にそうであった．こうした監獄状態が生徒たちの精神におよぼす影響は重大である．たとえば「すし職人」になりたくて修業をする場合であれば，目的があるのだから，親方が厳しく，その命令が少々理不尽であっても我慢することができよう．しかし

学校は，なんのために耐えなければならないのか，誰も答えてはくれないのである．

　共同の目的がもはや見つからないことは，学校の不名誉ではない，と筆者は考える．「正しい」生き方など存在しない，ということから，学校は出発すべきである．このように言えば相対主義的で，ニヒリズムを導くように聞こえるが，そうではないし，またそうであってはならない．「正しい」生き方は存在しなくても，「正しくない」生き方は明らかに存在する．多様な生き方の共存を不可能にするような生き方（たとえば「いじめ」のような支配隷属関係）は，「正しくない」とはっきり言うべきである．必要なことは「正しくないわけではない」複数の生き方を承認することである．これは「個性の尊重」などということとは異なる．学校は「個性の尊重」を掲げながら，特定の生き方を強制してきた．個性なるものははじめからあるのではなく，生き方が個性をつくるのだから，これは矛盾している．学校の目的のようなものに吸収されないような，「正しくないわけではない」複数の生き方をさまざまに探すこと，そしてこのオプションのなかに，人生の豊かさを見いだす準備をすること．

現代日本の倫理的鈍感さの起源——権力，身体，知の関係

　「西洋においては体罰は屈辱的なことですが，いまだ名誉の感情のない中国ではそうではない．さんざんなぐられても痛手からたちなおるのはしごく簡単ですが，なぐられるというそのことが名誉の士にとっては耐えられない．自分が生理感覚に左右される人間だと思われることなどとうていゆるせないような，もっと上品な感受性の持主だからです．……体罰を避けようとするのは，なぐられるのがこわいからで，ここにはまだ行動の性質にかんする反省がなく，したがって，不正が内面的に自覚されることもないのです．」（ヘーゲル『歴史哲学講義』[10]）

　「兵士の魂を掌握するには，まずもって彼の身体を掌握する必要がある．どうすれば彼の身体を掌握することができるか．不断の教練によってである．……兵士は朝から晩まで暇がなく，一挙

手一投足について上官の厳格な，冷たい，催眠をかける視線が自己に注がれていることを，たえず感じていなければならない．……兵士は無自覚の棍棒にすることが望まれている．将校は自覚した棍棒に，確信を持ち，熟考した，利害ずくの，情熱をもった棍棒とならなければならない.」（バクーニン『国家と無政府』[11]）

先にあげたモンテスキューと同様に，政治権力が身体の恐怖を利用して成り立っているような「野蛮」なケースを，ヘーゲルは「中国」を扱うなかで展開している．ここにはたしかに東洋にたいする偏見がみられる．しかし，体罰は人間の主体性の形成を不可能にする，という体罰の論理についてはいまなお説得的であるように思われる．ヨーロッパ人の自由と主体性の立場からすれば，体罰や体刑は野蛮で劣ったもの，人間の教育や倫理感と相容れないものであった．

しかし，19世紀も後半になり，富国強兵が急がれるようになると，権力の構造が変化してくる．野蛮が文明の外側の問題であるばかりでなく，文明の内部に浸透してくるのである．ロシアの貴族出身のバクーニンは，先進国ドイツに留学したが，そこで彼が見たものは，後進国ロシアにもない，軍国主義の野蛮さであった．

19世紀ドイツ軍国主義の新しい現実は，モンテスキューやヘーゲルが東洋社会をモデルとして描いた「専制」とも根本的に異なるものであった．ここでは野蛮を作り出すために，教育は不要などころか，積極的に必要とされている．教育の結果，「教養と野蛮を結びつけ，博識と下僕根性を結びつけるという，解決不能のように見える課題の解決」（バクーニン）が果たされる．権力の身体への介入は，学校的な「知」の制度化とあいまって，野蛮を文明化の手段とする逆説をつくりだす．

こういう事態はドイツに範をとって強国化を推し進めた近代日本の軍隊にも，ほとんどあてはまるだろう．日本の場合についてここで注目したいことは，まず軍隊の規律と学校の規律との類似性である．学校と軍隊とが並行的な関係になることは不思議ではない．と

りわけ発展途上の国家にあっては，読み書きの能力を必要とする軍隊はそれ自体が「学校」でもなければならないからである．全国各地の方言や習慣の否定と軍隊特有の言葉の使い方などは，閉鎖的な言語空間をつくりだす．日本軍では，服装や日課，「天皇陛下からあずかった」武器などから便所の使い方に至るまで，「目的合理的な」範囲をはるかにこえて，規則づくめであったらしい．兵は毎日のように，下士官や古兵たちに殴られつづけていた．規則が無数にある以上，制裁を加える口実に事欠かなかったし，兵に違反がなくても，たんに「気合いを入れる」という理由でも，殴る，蹴るが繰り返されていた．それは，明日にも死を前にした，南洋の戦場でも変わることはなかった[12]．

　しかも，その種の暴力は，さらに苛酷な仕方で植民地の住民にたいして行使されたことはまちがいない．このようなことについて筆者は語るような知識をもっていないが，ただ日本の植民地支配が今なおこれほどまでに非難されることには，特別な理由がありそうである．それは，単に征服や植民地支配をおこなったという事実にのみもとづくものではなく（そういうことなら，はるかに長い期間，西欧諸国もおこなってきた），支配における「ふるまい」のレベルにもあるのではないかと思われる．被征服民を強制するさいの，銃剣で引きずり回すなど，身体に加えられる行為の特有の野蛮性である．こうしたことは韓国や中国，シンガポールなどの人びとによって今も語られている．

　それにもかかわらず，このような被征服民や捕虜たちに加えられた残虐性には，それを行った側での加害意識が著しく欠けている．日本軍の兵たちにしてみれば，自分たちがいつも上官から与えられていることをしただけであって，加害意識に乏しくならざるをえないのだろう．暴力の日常化は暴力への感覚をマヒさせるが，それは「他者」に通用する言い分にはもちろんならない．加害の忘却は直接の当事者だけでなく，政治家においていっそうはなはだしい．毎年のように繰り返される，保守系政治家たちの，戦争責任をないがしろにする発言．「虐殺はでっちあげだ」「悪気でやったわけではな

い」「相手のためを思ってやったことだ」「悪いのは自分たちだけで
はない」「良いこともしたはずだ」．これらの破廉恥な発言は大臣更
迭などの責任問題に発展するが，撤回したからといって彼らは考え
を改める気には全くなっていない．かといって撤回する以上は信念
として主張しているとも認めがたい．保守的な立場からしても，こ
うした発言が「国益」に反することは明らかであるのに，どうして
こんなことが繰り返されるのだろう．

　このような倫理的鈍感さは，先に紹介した「体罰」や「いじめ」
事件が発覚したさいの，おきまりの「校長の言い訳」を連想させる．
暴力の規模は全く異なるものの，無責任性と事実の隠蔽，当事者意
識の不在，パターナリズムなどの点において共通している．不正と
暴力を野放しにする権力作用．少なくとも，従わない者は殴られて
当然だと考える教師が，このような日本人の残虐行為を批判する視
点を持ち得るとは思えない．

　暴力の行使から罪の意識を抜き取るようなこの種の権力の作用に
は，言説だけでなく，身体の関係の変容が伴っている．市民社会に
あっては，身体と身体とは，たとえば電車のなかでたまたま触れ合
ったなら，ただちに引っ込めるような，相互の不可侵性でもって共
存している．教師による，あるいは「いじめ」の暴力は，ただちに
このような市民社会の空間に出現するには，違和感がありすぎる．
身体相互の関係を根本的に作り替え，日常的に暴力を行使できるよ
うにするためには，おそらく軍隊や学校のような濃密な閉鎖的空間
に身体を慣らせることが必要だったと思われる．

　日本の「超国家主義」は，このような意味で，「国家全体が学校
になった」ようなものだとはいえないだろうか．全体主義には，イ
デオロギーと「規律権力」の結合が必要であるが，日本のそれには，
声高なスローガンが多数発明されたにもかかわらず，イデオロギー
の知的な一貫性が欠けていた．それを補っていたのは，生活のすみ
ずみまで浸透した規律の作用である（「欲シガリマセン，勝ツマデハ」）．
戦後日本では右翼イデオロギーの影響力はいちじるしく弱まったが，
規律は残り，また再編された．規律のための規律という考えにくい

事態が，とくに学校教育の領域で大量に出現した．イデオロギーか，さもなければ資本主義的効率性に照準を合わせた左翼の教育批判は，それゆえつねに空振りであった．存在する理由のないものがときには存在する，という不条理に見合った理論構成が，学校の批判にはおそらく必要なのであろう．

教育の限界

　以上のような学校の問題点について仮に同意を得られるとしても，では大学はどうなのかという疑問がかならず投げかけられるだろう．大学はこれまで，教育機関としては，いわば「出来損ないの学校」であった．大学の教員は学生たちに尊敬されることを要求しないかわりに，学生たちの生活態度はもとより学業にも，たいした責任を負うことなしに済ましてきた．大学が中学や高校に比べると，問題はあっても相対的に自由な学校でありえてきたのは，このような「幸運ないいかげんさ」のおかげであって，それ以上のものではない．しかし，大学の学生数の増大や大学への社会的な要請の高まりのために，大学は変貌をよぎなくされている．大学がこのままであってよいとは思えないが，かといって「教育熱心」になることは果たして好ましいことだろうか．

　思想史のうえでも教育の問題は鬼門であった．プラトンやルソー，フィヒテ，そしてレーニンといった大思想家は，とりわけて教育に執着した人びとであったが，彼らはこれまで扱ってきたような野蛮なものではないとしても，必ずや教育のもたらす権威主義や，場合によっては全体主義的傾向に魅入られることになった．教育はそれ自身，本来的に権威主義的な性格を免れない．ヒューマニズムもまた，特定の教育に対しては批判の原理になるものの，それ自体が権威になってしまう点で例外ではない．自分も他者も自由に生きることができるためには，できることなら教育などということには一切関わらないのがいちばん良いのかもしれない．教育の歓びは，教育を行う者がいかに良心的であっても，ほとんど偶然的にしか期待することができない．しかし，「教育のない世界」というのは，人間

がきわめて不完全な状態で出生するという存在条件に拘束されているゆえに、「政府のない世界」以上にありそうもない夢想にすぎない。教育が最低限必要とする「権威」と、人間の生きる意味にかかわる「自由」とを、後者を優位として両立させる工夫が、早急に必要とされている。

　最近になって、大規模な犯罪や自然災害、それらに起因する社会の不安や混乱を収拾するために、社会の失われた「権威」を回復することが必要だ、とする主張が保守的な人びとを中心にかなりの勢力を集めている。教育も例外ではない。多発する「いじめ」の事件や、教師による「体罰」死の事件さえもが、学校における権威の低下とその復権の必要性を示す事例として利用される。しかし、ここで必要な権威とはいったい何であろうか。権威とはその性格上、なんらかの過去とつながるもの、伝統に関わる概念である。ところで日本において、とりわけその学校において、回復されるべきまともな権威がはたして存在したかは疑問である。批判の契機、いいかえれば「知」なくしてはまともな権威はありえないと考えられるからである。

　教育について一般的に論じられるようなことは多くはない。教育問題についての誤解の多くは過度の一般化から生じている。重要なことは、ひとつひとつ不合理な制度や言説、行動様式などを、個別的に批判し、別のものに取り替えていくことである。このような批判的な議論の集積とそれにかかわる実践が、あとからみれば権威と呼び得る伝統をつくりだすことになるだろう。抽象的に権威に訴えることは何ものをももたらさない。権威は結果としてできあがるものであって、権威を救済者としてはならない。

　もちろん、ライフ・チャンスの拡大を目的とするような学校の改革の試みは、さまざまな仕方ですでに行われつつある。このような「学校らしくない」学校の出現を、自分たちが受けてきた教育とかけはなれているという理由で、奇異の眼でみたり冷笑したりするのではなく、まじめに支援すべきであろう。以上述べてきた考察は、学校や教育を否定するためにしてきたのではない、ということをお

断りしておきたい．「学校らしくない」学校がさまざまに出現する
ことを筆者は期待する．

　学校をめぐる問題は，はっきり言って瑣末でつまらないものに満
ちている．しかし陳腐なものはまさにそのゆえに猛威をふるう．知
や批判が介入できないような暗闇をつくるからである．だからこれ
を軽蔑することですますわけにはいかない．「学校的なもの」の支
配のもとにあって反抗する生徒やその親，あるいは少数派の良心的
な教師を孤立させることがあってはならない．そして学校の問題で
問われるべき責任の中心は，閉鎖的な空間をつくりあげる学校にあ
るが，もちろん学校だけでおわるものではない．とくに「いじめ」
の問題については，こどもを取り囲む環境の変化を考慮に入れる必
要がある．本稿では「市民社会のルール」を引き合いに出して学校
の秩序を批判したが，現実の市民社会そのものがまともかどうかは
もちろん問題であろう．たとえば「マスコミ的なものの責任」を問
うことも必要になるだろう．しかし，これらはいずれも小論であつ
かう範囲を超えている．

　註

1)　この学校では「100 人のうち 95 人は殴られていた」．そして殴り殺
　　した教師はひと月前にも別の女子生徒の持ち物を強制的に点検しよう
　　とし，危険を感じたその生徒が逃げようとすると，追いかけて階段か
　　ら突き落としたという（『週刊プレイボーイ』1995 年 9 月 5 日号）．
　　さらにこの事件でおどろくべきことは，地域社会が学校の暴力的体質
　　を支持している構図が明らかになったことである．当該教師への減刑
　　嘆願が出され（上級生が下級生に強制していたらしい），他方で死ん
　　だ女子生徒の家族への嫌がらせや女子生徒が「不良」だったなどとす
　　る根拠のない誹謗中傷が相次いだ（「天声人語」『朝日新聞』1995 年 7
　　月 26 日）．それが仮に事実であっても，「不良なら殺されてもよい」
　　ということになるのか．このような誹謗中傷，およびこれらにもとづ
　　く一部週刊誌の報道の卑劣さは，はっきりそうは言わないながら，暴
　　力教師を免責しようとすることで，事実上「殺されてもよい」という
　　世論を生み出すことにある．
　　　被害者が加害者にでっち上げられる，倒錯した反応．このような憎
　　悪は，虚構によってつくられるゆえに，ほとんどファシスト的な性格
　　をもつ危険なものである．生命の尊重が何よりも大切だとする民主的

社会の常識にはまったく敬意が払われていない．同様の誹謗中傷は，いわゆる「いじめ」事件の被害者やその遺族たちに対してもなされているという．とくに「山形マット死事件」について，次を参照．内藤朝雄「いじめ・全能感・世間」『人間と教育』7号（労働旬報社，1995年）．

2) 村上義雄『ルポ・いじめ社会』（朝日新聞社，1995年）．

3) 「いじめ」について教師の側にどれだけの責任が問われるべきかは，事例によって当然異なるから，一般的に言うことはできない．ただし，学校という規律の枠がその背景をなしていること，そして教師による暴力を生徒が明らかに模倣したケースなど，学校の側に責任があることも多く，これらの原因を根絶することが先決である．

4) 日本の組織における「規律づける権力」の猛威は，学校だけでなく，会社や工場や官庁など，あらゆる領域に及んでいる．「学校だけではない」という批判もあろう．たしかにこういう組織で，ひとが自殺に追い込まれたり「過労死」をよぎなくされたりしているが，しかし直接手を下してひとを殺したのは，宗教団体をべつにすれば学校だけだ，という事実は重大である（学校と宗教団体とは，指導者が「師」として精神的に尊敬されることを要求する点で類似している）．

5) モンテスキュー『法の精神』（上）（野田良之他訳，岩波文庫，1989年）82ページ．

6) たとえば，最近では教師によるセクシャル・ハラスメントに類するものが多数報告されている．どんな組織にもいるであろう人格の破綻者が教師のなかにいてもおかしくない（し，実際たくさんいるそうだ）が，問題は学校がそういう教師をひた隠しにしてきたことである．教師の質の向上はもちろん望ましいことであるが，そんなことはなかなか実現しない以上，必要なことは，教師の質の低さにもかかわらず被害を最小限に食い止めるような制度を整備することである（刑事罰の適用のほか，第三者による恒常的なチェックなど）．

7) たとえば，たとえ建前であっても，自分の勝手な理由では1日も休むべきではないとされるような組織は学校ぐらいのものだろう．「ずる休み」「仮病」というのは，陰にこもった「うしろめたさ」の感情を生む．休校日を増やすのもよいが，それよりも自分勝手な理由で年10日ぐらいは休んでよいことにすべきである（旅行するとか，読書に熱中するとか，単にごろごろするとか）．

8) 保坂展人，トーキング・キッズ（編）『先生，その門を閉めないで／告発，兵庫県立神戸高塚高校校門圧死事件』（労働教育センター，1990年）18-19ページ．

9) 学歴社会のもたらす弊害はいうまでもなく大問題である．しかし，ここで扱う学校の規律の問題とそれとは，性格を異にする．別の機会に扱いたい．

10) ヘーゲル『歴史哲学講義』（上）（長谷川宏訳，岩波文庫，1994

　　年）213-214 ページ.
11)　バクーニン「国家と無政府」『アナキズム叢書・バクーニン　I』
　　（石堂清倫訳，三一書房，1970 年）93-94 ページ.
12)　水木しげる『総員玉砕せよ！』（講談社文庫，1995 年）参照.

21 世紀モラルの鍵は？

　私は首都圏の周縁部にある市から電車で東京に通っていますが，この市
の駅のまわりの汚さは目をおおうばかりで，飲料の空缶・カップラーメン
やコンビニ弁当のからなどが，散乱しているというよりも堆積しています.
人びとはなぜこんなことを平気でするのだろうと考えると，けっして彼
（女）らは汚いのを好んでいるわけではなくて，皮肉なことに自分のまわ
りだけはきれいにしておきたい，だからゴミになったものとはもう一瞬た
りともつきあいたくない，ごみ箱に運ぶまでの間さえ身につけていたくな
いと思うからなのでしょう. だから，たったいま自分の欲求を満たしてく
れた，これらの愛しいモノにたいして，こんな冷たい仕打ちをするのです.
　ひとはモノにたいしては，生殺与奪の権利をもった絶対的な主人である
と思い込んでいる. しかしそれは虚しい観念のうえでのことにすぎないの
です. 神様ならば「消えよ」と思っただけでモノは消えてくれるかもしれ
ないけれど，人間はそうはいかない. ゴミとつきあい，それを取り除いて
くれる別の人間の努力がなければ，ゴミは堆積しつづけ，人間は汚物のな
かで生きるしかなくなる. 主人願望をもった人は，その自己主張とは逆に，
他者に依存して生きており，さもなければそのきれいでいたい願望は挫折
するしかないのです.
　「主人であろうとすることの不幸」をいま考えなければならない. 「いじ
め」も「暴力教師」も，カルト教団の暴走も，このような主人願望が極大
化したものに通底されているからです. 主人でありえないとすれば，私に
は他者の存在が必要ですが，ここで必要な他者とは，私の主人願望を挫折
させてくれる他者のことです. これは「共に主人であろうとする」共犯関
係によって成り立つ，「集団主義」の仲間（集団リンチを考えてみてくだ
さい）とは対極にあるものです. そこには人間ばかりでなく，もの言わぬ
動物や植物，無機的な自然の全体が含まれなければならないでしょう.

〈美〉について
谷崎潤一郎『疎開日記』から
●●
蓮實重彥

●知性にとっての〈遭遇〉のモラルあるいは倫理が語られていると言う
べきでしょう．作家が書き遺したたった1行の言葉から出発しつつ，
もはや一般性が通用しない底無しのなにかに出会い，そこで動揺し，
逡巡し，躊躇う──そのような経験こそがほんとうの知性の条件なの
だと言われています．（**K**）

ある『疎開日記』のこと

　敗戦の一語をあからさまに口にするものこそいなかったものの，
アメリカ空軍による本土への空襲がほぼ日常化していたというのだ
から，誰もが漠然とながら戦争の終わりを予感し始めていたころの
こと，ひとりの作家が，ある日の日記に「戦争とは斯くも美しきも
のかな」という感慨をひそかに書き記しています．ひそかに綴られ
ていたはずの彼の言葉がいまわれわれの目に触れているのは，それ
が書かれてかなりの時間がたってから，『疎開日記』として刊行さ
れることになったからです．そんな個人的な記録が活字になるぐら
いだから，これはかなり高名な作家の日記だろうとほぼ見当がつき
ます．事実，その言葉を書き綴っていたのは，文豪と呼ばれること
さえ稀でなかったあの谷崎潤一郎にほかなりません．

　「美しきものかな」という語彙で「戦争」への感慨を語ったとき，
谷崎はすでに芸術院会員に選ばれており，そろそろ還暦を迎えよう
としていました．そのとき，彼は4年がかりでとり組んでいた『源
氏物語』の現代語訳の初稿も数年前に仕上げ，ちょうど『細雪』を
執筆していたところです．幾多の曲折をへて終戦後にその全容が読
者の目に触れることになるこの長編が『中央公論』誌に発表された
とき，そこに描かれている生活が緊迫した時局とあまりにかけ離れ

ていたことから軍部の激しい反感をかい，たちまち掲載が禁じられてしまったことは，文学史的な事実としてよく知られています．ときの上層部をいたずらに刺激しまいという配慮から作品の一部を私家版として印刷することにした中央公論社も軍部の介入によって廃業の危機に瀕することになるのですから，そんな時期に，谷崎潤一郎が日記を公表しようとするはずもありません．

　では，この文豪に「美しきものかな」と書き綴らせた「戦争」とは，いったいどんなものだったのでしょうか．還暦に近いという年齢からして，谷崎が戦地での苛酷な「戦争」を身をもって体験したのでないことはすぐにも察しがつきます．1923 年の関東大震災いらい関西を生活圏としていた東京生まれの文豪は，このころ兵庫県の神戸近郊に自宅を構えていたのですが，しばしば，熱海の別荘を執筆の場にあてていました．発表のあてもないまま『細雪』が書きつがれていたのも，その別荘においてだったといわれています．自由な発表を禁じられていたとはいえ，物資の欠乏がかなり深刻化していたこの時期に，谷崎潤一郎が「戦争」から物質的な苦痛を蒙った形跡はほとんど認められません．

　そんな谷崎が現実に体験しうる「戦争」は，爆撃される恐れのない僻地への「疎開」と，「防空壕」への避難につきています．事実，彼は，1945 年に岡山県の勝山町というところに「疎開」し，そこで敗戦を迎えることになります．『疎開日記』はおもにそこでの生活を綴ったものであり，それを読むかぎり，谷崎潤一郎は「戦争」の危険からは遠いところで安穏な日々を送っていたと，ひとまずいうことができます．

「戦争とは斯くも美しきものかな」

　だが，「戦争」は，思いもかけぬできごととして，向こうから襲いかかってくる．ある快晴の日のこと，何機かの米軍の戦闘機が，「防空壕」に避難しそびれた文豪の頭上をかすめるようにして，轟音を響かせて遠ざかっていったというのです．本土に来襲する敵軍の飛行機を至近距離から目にしたのはどうやらそれが初めてのこと

らしく，谷崎は庭に立ちつくしたまま，飛び去ってゆく機影を，茫然と眺めているだけです．しかし，アメリカ製の飛行機のスピード感と形状とにじかに接しえたことの興奮を，彼は隠そうとはしていません．だが，日記の文面からすると，それはたんなる驚きではなかったようです．見慣れぬ飛行機が視界を一瞬横切っていっただけで，あたりの光景がいきなり表情を変えてしまったことに，彼は快い感動さえ覚えているようにみえるからです．空に残された飛行機雲を呆気にとられて見やっている谷崎が覚えたのは，脅えの感情ではなく，むしろ恐怖心からはほど遠い，甘美ささえたたえた爽快感にほかなりません．太陽がまぶしく，空を見つめていると目眩がしたほどだと書かれているのですから，彼の瞳はもっぱら青空に向けられていたのでしょう．そのとき，谷崎は，「防空壕」に入りそびれたことを後悔していないばかりか，大空を素早く横切っていった敵機の姿に不意撃ちされたことの幸運にひたりきっているようにみえるのです．

　そこに避難することが爆撃から身をまもるのにどれほど有効かどうかは誰もわからぬままに，その頃，おびただしい数の「防空壕」が日本の各地に掘られていました．谷崎の疎開先の庭に掘られていたのも，そうしたものの一つだったのでしょう．サイレンで警戒警報が発せられ，それが空襲警報に変わりそうな気配が察せられると，人びとは，昼夜をとわず庭のかたすみにうがたれた穴蔵にかけこみ，上空をゆっくり通りすぎてゆく鈍い爆音を不安げに耳にしながら，警報の解除を待っていたのです．1944年から45年にかけては，そうした身振りの反復が，ほとんど習慣にさえなっていました．にもかかわらず，この日の文豪が，「防空壕」に身を隠すことがもっとも必要とされていたはずの瞬間にそうしようとしなかったのは，いつのまにかあたりにみなぎっていた未知の明るさが，予想だにしない快楽を彼にもたらしてくれたからにほかなりません．だから，ことと次第によっては致命傷となりかねない機銃掃射を浴びる危険に身をさらしていたというのに，日常化されていた「防空壕」への避難という習慣を涼しい顔で放棄してしまったのでしょう．彼をそう

させたものが，本来なら避けるべき敵軍の戦闘機だったというあたりが，いかにも谷崎らしいといえるかもしれません．だが，こうした彼の振る舞いには，多くの問題が含まれているはずです．では，その問題とはどんなものなのでしょうか．

「陰翳」もなく，「含蓄」もなく

　まず問題になるのは，日記から読みとれる谷崎の身振りや表情に，何やら浮き立つような晴れがましさが感じられることです．たんに未知の快感につき動かされていたというにとどまらず，この体験には，特権的なできごとに立ち会えたものの誇りのようなものさえ漂っているのです．実際，この文豪は，彼の瞳を不意撃ちして遠ざかっていった米軍機のイメージを「機体もスッキリとしてゐて美しきこと云わんかたなし」と日記に記している．そこには，晴れがましい体験を記録しておくことの喜びさえすけて見えるのです．そのときの文豪の言動からは，「防空壕」にかけ込むのが遅れたという偶然が立ち会わせてくれたできごとの思いもよらぬ貴重さに，快哉を叫んでいるかのような印象を受け止めることができます．まるで未知の至福感を独り占めするのがはばかられたかのように，彼は，「防空壕から家人たちを呼んで」みせたりせずにはいられないほどです．文豪夫人もまた，夫のかたわらで「あれまあ」などとつぶやきながら，遠ざかってゆく機影に見とれている．そのとき，庭にたたずむ谷崎一家のまわりには，晴れた日の陽光が，まるで何かを祝福するかのように，あたりいったいを透明な明るさで充たしている．それは，敗戦間際の日本が想像させがちな「深刻さ」という文脈を大きく踏みはずした，ほとんど場違いなほど朗らかな光景だといわねばなりません．

　あくまで澄みきった大気に機体をさらし，まばゆい輝きとともに，雲ひとつない空を横切っていった「スッキリ」とした機体の運動感が，「見事」と口にするほかはない体験として，谷崎の存在を深いところで揺さぶっていたことは間違いありません．だが，この底抜けの明るさには，ほんの一瞬のこととはいえ，すべてがあられもな

く表層に露呈されてしまっているとしか思えない透明な何かがみなぎっています. 深さだの, 距離だの, 影だの, 奥行きだのは嘘のように失われ, あらゆるものが, 現在というあるかないかのおぼつかない一点で何の前触れもないまま親しく触れ合っているのです.

　そのような表層の体験を, 出会い＝遭遇と呼ぶことにしましょう. とはいえ, その言葉が意味しているのは, 誰かが何かに出会うという, 多少とも貴重であったりなかったりする体験のことではありません. ただ, 出会い＝遭遇というできごとだけが, 主体も客体もないままに起こっているのです. 谷崎潤一郎に「戦争とは斯くも美しきものかなと思いたり」といった感慨を綴らせたのは, もはやアメリカの戦闘機でさえなくなった機影の運動と, 作家谷崎潤一郎ですらなくなった非人称的な個体との, 真昼という透明な背景を舞台とした遭遇だったのです. 谷崎潤一郎ですらなくなった非人称的な個体といいましたが, その言葉には, 抽象的な比喩などいささかも込められてはいません. この文豪に, 『陰翳礼讃』や『文章読本』という著作があることを思い出してみれば, この言辞がきわめて具体的なものでさえあることが明らかになるはずです.

　『陰翳礼讃』で説かれているのは, ものとものとのあわいに漂う明暗のうつろいの中にこそ, 日本伝来の美がひそかに息づいているという主張です. 言葉の技術論ともいうべき『文章読本』の論点を要約するのは容易でないのですが, 少なくともその結論で説かれているのは, 言葉の「含蓄」という問題です. 「生な現実をそのまゝ語ることを卑しむ風」があるわが国では, 言葉を綴るにあたって「あまりはっきりさせようとせぬこと」が必要だと著者はいうのです. そうした「陰翳」なり「含蓄」なりが, 西洋文明の摂取によって失われてゆくしかないのなら, せめて文学だけが, 明るさと暗さが織りなす「陰翳」や「含蓄」の微妙さを擁護するしかないだろう. 谷崎は, そういっているのです.

　ところが, 敗戦直前の疎開先で演じられた彼の真昼の体験には, 「陰翳」や「含蓄」などひとかけらも認められない. 視界におさまっているあらゆるものは, 身を隠すものとてない世界にその素肌を

さらしている．そこでは，太陽はまぶしさでしかないし，空は透明さでしかないし，敵軍機は形態と運動でしかなくなっており，谷崎その人も，瞳そのものとなってしまっているかのようなのです．すべてが表層に露呈されているという言葉が意味しているのは，そうした事態にほかなりません．

このとき，文豪谷崎潤一郎は，自分が『陰翳礼讃』や『文章読本』の著者であったことなど，小気味よく忘れている．出会い＝遭遇の舞台となる澄んだ視界からは，自分が自分であったことの記憶さえ爽快なまでに一掃されているのです．実際，うつろいゆくもののとらえがたい微妙さなど，そこには影さえ落としてはいない．その意味で，非人称化された主体が思わず口にしてしまった「戦争とは斯くも美しきものかな」という感慨は，徹底して無責任なものだということになるかもしれない．いったい，『陰翳礼讃』の著者と『疎開日記』の著者と，どちらが本当の谷崎潤一郎だといえるのでしょうか．

ここで，2つのことがらを指摘しておかねばなりません．その1つは，この日のできごとからほんのしばらくして，あと数日で日本がポツダム宣言を受諾しようとしていたときに，兵庫県の谷崎の自宅が，アメリカの空軍の爆撃であとかたもなく焼失してしまったという事実にほかなりません．彼が「疎開」したのは正しい選択だったというしかないのですが，この地方の攻撃に参加したあらゆる米軍の飛行機の機体も，「スッキリとしてゐて美しきこと云わんかたなし」と書かれたものとほぼ同じものだったはずです．2つめのことがらは，谷崎の兵庫県の自宅の罹災が，1945年の8月6日だという事実です．とするなら，それは，広島の上空に世界最初の核爆弾が炸裂したのとほとんど同時だったということになります．文豪の自宅を炎上させた爆弾に，規模こそ異なりはしても，広島に投下された核爆弾と同じ破壊と殺戮への意志がこめられていたことはあまりに明確です．高い殺傷能力をもった爆弾はいうまでもなく，それを目標にした地点まで運んでいって投下する爆撃機や，その作戦の遂行を支援する戦闘機もまた，破壊と殺戮の意志を体現している

ことはいうまでもありません．谷崎の頭上をかすめていった敵機の機体の「スッキリ」していた形態も，その意志のもっとも有効な実現を目的として設計されていたもののはずです．それでもなお，谷崎潤一郎は「戦争とは斯くも美しきものかな」というのでしょうか．

「新しい機械時代の詩」

　ここでわれわれは，いくつもの微妙な問題に逢着します．たとえば，そこには，科学技術時代における「美しさ」の概念をめぐっての，避けては通りがたい問題があります．それは，テクノロジーがめざしている目的と，それがつくりだすものの形態との関係をめぐる，いまなお決着をみていない議論にかかわる問題だといってもよい．あるいはまた，言表行為がおさまる場とその形成という問題もそこに介在せざるをえないはずです．それは，同じ「戦争」という主語をもったいくつもの命題を，それが発せられた文脈とは無縁に比較検討することにいかなる正当な根拠がそなわっているかという問題だといってもよい．

　そこで，第1の問題から考えてみることにしましょう．20世紀は，1914年に欧州で始まった第1次世界大戦から，つい最近の湾岸戦争や旧ユーゴスラビアの内戦にいたるまで，人類が戦争の野蛮さや悲惨さをいやというほど思い知らされた時代です．にもかかわらず，20世紀の真の不幸は，人類が戦争の「醜さ」を知った時代であると同時に，その「美しさ」をも知ってしまった時代だという事実のうちにひそんでいるのです．

　「戦争とは斯くも美しきものかな」という感慨をもらしたのは，もちろん，第2次世界大戦中の谷崎潤一郎が最初ではありません．すでに第1次世界大戦のころから，直接戦闘に参加したわけではない市民たちの口から，「戦争は美しい」といった言葉がしばしばもれているのです．たとえば，マルセル・プルーストの長編小説『失われた時を求めて』の終わり近くに，戦時下にヴェネチア旅行をしたというさる上流階級の婦人が，何より新鮮なその旅の記憶は，暗い夜空にいくえにものびるサーチライトの交錯ぶりを初めて目にし

た瞬間だといっています．イタリアの絵画や建築のみごとさなどあっさり忘れさせてしまうほどに美しい何かがその光学装置にはそなわっていたという彼女の言葉は，サロンで気の利いた言葉を口にすることに慣れた女性にいかにもふさわしいものかもしれません．けれども，サーチライトによる光学的な効果の魅力に思いもよらぬ「美しさ」が含まれているのを多くの人が認めたのは，間違いのない事実なのです．

　その新鮮な「美しさ」の利用価値にもっとも敏感だったのは，ショウビジネスの世界でした．彼らは，大都市で開催されるギャラやプレミアの晩には，劇場前に幾台ものサーチライトをすえつけ，敵機など飛びかっているわけでもない平和な夜空にひときわ明るい光りのたばを投げかけ，華やかな気分をいっそう盛り上げたのです．いかにも20世紀にふさわしい科学技術がつくりだした新たな「美しさ」は，20世紀FOXというハリウッドの撮影所のロゴマークとなって，それが戦争の「美しさ」の産物だとは知るはずもない人びとの目に，いまなお触れ続けているのです．それは，「平和利用」されたサーチライトの効用にほかなりませんが，本来が武器にほかならなかった人工的な光線の「美しさ」は，いったん新たな戦争が始まると，すぐさま軍事的なテクノロジーの「美しさ」に対する賛美として噴出してきます．湾岸戦争の折りにバグダッドの空襲に参加した米軍パイロットの口からもれた「花火のような美しさ」という言葉が，それを証明しています．この若い兵士は，おそらく彼が読んだこともないプルーストの長編小説の登場人物がもらしたサーチライトへのオマージュを，それと知らずに反復していたにすぎません．どこかしらアナログ的な魅力をとどめていたサーチライトが，デジタル的な技術の華ともいうべきミサイルや照明弾の高度な威力へと進化していても，光学的な兵器によって彩られた夜空の魅力は，地上に推移している野蛮な光景を思考から遠ざける機能を充分すぎるほど発揮していました．テレビでその光景を目にしたにすぎない非戦闘員のほとんどは，その言葉をいささか不謹慎だとは思いつつ，花火の比喩がまったく場違いではないことに慄然とさせられたもの

です．第1次世界大戦いらい，戦争は「美しい」ものであることを一貫してやめてはいないのです．

　第1次世界大戦が人類に提供した科学技術による「美しさ」は，サーチライトにとどまるものではありません．途方もない容積をその卵型の機体でささえながら進む飛行船もまた，市民にとっての驚きの対象となりました．それが戦時中に果たしていたのは長距離爆撃機としての役割でしたから，ドイツ軍がフランスの戦場やイギリスの都市に向けて飛ばしていた飛行船が不気味な雰囲気をたたえていたことはたしかですが，そのあくまで緩慢な動きに新たな「美しさ」を認めたのも，やはりショウビジネスの世界でした．1920年代から30年代にかけてのハリウッド映画が，第1次世界大戦中にドイツ軍が効果的な武器として活用した飛行船の危険な魅力を，大規模な予算と特殊撮影によって描きあげたことはいうまでもありません．ハワード・ヒューズが製作監督した超大作『地獄の天使』（1928-30年）などが，その代表的な作品です．

　もちろん，飛行船もまた，その後は「平和利用」に供され，名高いツェッペリンとなって戦前の日本の市民たちの前にも姿を見せています．科学技術時代の「美しさ」という問題にとりわけ敏感だった美学者の中井正一は，第2次世界大戦後に書かれた『美学入門』に，「新しい機械時代の詩」という言葉で，この巨大な飛行船が日本を訪れたときの挿話を回想しています．もちろん，彼を感動させたのは，ツェッペリンの飛行ぶりそのものではありません．彼が「まことにそれは美しい，実に新しい詩である」と驚嘆したのは，ドイツから日本へと向かっていた飛行船が，シベリア横断中に7時間ほど消息をたってしまったことにかかわっています．『美学入門』によると，厳寒のシベリア上空で船体に氷が付着してしまったツェッペリンは，その重みで下降し始め，破局寸前の状態においやられていたというのです．その間，全世界の無線が状況を問い合わせても，応答がない．

　しかし，飛行船は，ある偶然から危機を脱出することになります．氷にまつわりつかれて高度を下げ続け，これが限界と思われた瞬間

に，地平線から太陽が昇り始め，遥かにさしてくるその光が，船体にはりついていた氷片をゆっくり溶かしていったというのです．ツェッペリンは，こうして，いくつもの氷塊を落下させながら，ゆっくりと上昇し始める．「新しい機械時代の詩」という言葉が美学者中井の口からもれるのは，そうした事情を知らされた瞬間なのです．

　なるほど，それは感動的な光景だと，美学者ならずともつぶやかずにはいられません．だが，ツェッペリンがそうではなかったとはいえ，飛行船という装置が，かつては破壊と殺戮を目的とした武器として活躍したことを知らぬわけではない中井正一が，そこに「新しい機械時代の詩」を読み取っているのを認めることに，いささかのためらいを覚える人がいるかもしれません．ツェッペリンの世界一周には，明らかにドイツの国威発揚という意識がこめられており，その点では武器と変わらないものだったはずだからです．冷戦下の合衆国や旧ソ連が国家的な威信を賭けて行っていた宇宙戦略のことを考えてみれば，それも当然のことと納得できるでしょう．実際，人間を乗せた人工衛星やスペース・シャトルが発射されたり帰還したりする瞬間には，「新しい機械時代の詩」に似た言葉がいつもつぶやかれていたものですが，こうした装置が，戦略的な目的に従って駆使される高度の科学技術なしにはとうてい開発しえない装置であることは明らかであり，その意味では，飛行船ツェッペリンと本質的な違いはありません．とりわけ，それらの帰還に際して，大気圏へ再突入する瞬間に一時的に地上との交信が途絶えるものだと聞いたりすると，まるでシベリア上空でしばらく消息を断ったツェッペリンの不運を儀式的に再現しているようにさえ思われてしまいます．中井正一が生きていたら，これこそ「新しい機械時代の詩」だというに違いありません．

　では，谷崎潤一郎なら何というでしょうか．小説家谷崎が『疎開日記』にひそかに書き記した「戦争とは斯くも美しきものかな」という言葉は，美学者中井正一がいう「新しい機械時代の詩」という文脈におさまるものなのでしょうか．かりにおさまるとするなら，小説家と美学者とが，同じことを異なる言葉で表現しているという

だけのことなのでしょうか．また，おさまらない場合，彼らを隔て
ているものは何なのでしょうか．さらには，核爆弾が広島の空に炸
裂した以後の「戦争は悲惨だ」というしかない状況と，谷崎の言葉
はどんな関係をとり結ぶことになるのでしょうか．

愚鈍さから真の知性へ

　最後の問題を検討するにあたって，中井正一について簡単に触れ
ておきます．34歳で京都帝国大学の文学部哲学科美学の講師に任
命された1900年生まれのこの美学者は，西田幾多郎を中心とする
いわゆる京都学派の難解な思索家たちとは異なり，語の最良の意味
での啓蒙家であり，初期の大衆化時代における文化的な運動の組織
者でした．彼は，その代表作である『委員会の論理』でもツェッペ
リンに言及しており，かつてはありえない概念の例としてしばしば
引用されていた「航行する風船」なるものが，いまでは現実となっ
たではないかと述べながら，こうした無から有への変化を支えてい
るものは，自然の論理に対する人間の合目的的な行動の緊張感だと
主張し，たんなる機能性の追求とは異なる技術の論理の優位を説い
ているのです．折から擡頭しつつあるファシズムに抵抗して雑誌や
新聞を創刊した彼は，講師となってから数年後に，治安維持法違反
の容疑で検挙され，懲役2年執行猶予2年の判決を受け，執筆活動
を制限されたという意味では，時期はやや異なるものの，戦時下に
『細雪』の発表を禁じられた谷崎潤一郎とさして違わぬ立場に追い
込まれています．
　そこで，彼の「新しい機械時代の詩」という言葉がおさまるべき
文脈を，さらに探ってみましょう．中井の言葉をよく読んでみると，
機械時代という言葉にもかかわらず，彼の関心が，ツェッペリンと
いう飛行装置の機能的な「美しさ」ではなく，船体にまつわりつい
た氷片が落下してゆく瞬間の運動感に向けられていることがわかり
ます．「落ちていく氷の，一片一片の音のない脱落の音」に深く揺
さぶられたという彼は，そこに，古いものから脱却する新たな人間
のイメージを見ていたのです．彼は，それに似たイメージを，中国

の古い史実で読んだ記憶があるといいいます．夜を徹して戦場を睥
睨していたある将軍の甲冑から，日の出とともに，凍りついていた
氷片が乾いた音をたてて滑り落ちてゆく．そうした読書の記憶が，
飛行船の船体からの氷塊の脱落を，新たな「美しさ」の誕生の比喩
として彼に思い描かせたのです．だとするなら，これは，治安維持
法違反で執筆活動を禁止されていた中井正一が，ようやく戦争の終
わりを迎えたことの解放感に近い表現であることがわかります．事
実，新たに生まれ変わる人間にふさわしく，「美しさ」の概念も
「無限に変わりつつある」と彼はいうのです．

　そうしてみると，「戦争とは斯くも美しきものかな」という谷崎
の言葉は，それぞれが飛行機と飛行船という類似の対象に言及して
いながらも，「新たな機械時代の詩」という美学者中井が提起する
文脈にはおさまりがつかぬものであることがはっきりします．中井
正一の言葉は，戦前の著作『委員会の論理』をいささかも裏切って
おらず，しかも，戦後社会の始まりという事態をも踏まえていると
いう意味できわめて正当な根拠をもった発言だといえます．ところ
が，谷崎潤一郎の言葉には，そうした状況に対する配慮はいっさい
認められません．文豪は，新たな人間像にふさわしく無限に変化す
る美などといった概念などとはいっさい無縁に，ただ「美しきもの
かな」といいつのるばかりなのです．その無責任性は，ことによる
と，戦時中にわざわざイタリアまで旅行し，夜空に交錯するサーチ
ライトの美しさに目覚めたりするプルーストの作中人物の社交的な
断言の方に遥かに近いというべきかもしれません．

　では，「戦争とは斯くも美しきものかな」という断言は，「戦争は
悲惨だ」とつぶやくほかはない核時代の状況と，どのようにかかわ
るのでしょうか．ここでひとこと付言しておくなら，広島の上空に
核爆弾が炸裂してからも，戦争が野蛮であることを人類がこぞって
認識したわけではないという事実があります．実際，アメリカにお
けるその後の核実験は，新しい魅力あふれる見世物として多くの観
客を集めて行われていました．当時のハリウッドのもっとも美しい
赤毛女優のリタ・ヘイワースは，「原爆女優」というニックネーム

で親しまれてさえいたほどなのですから，やはり「戦争は美しい」ものだったのでしょう．核爆弾のそうしたスペクタクル化現象は，科学的な視点からしても，人間の尊厳という立場からしても，人類の愚かさをきわだたせる無責任きわまりないものだというほかはありません．では，谷崎の「戦争とは斯くも美しきものかな」という感慨の無責任性は，そうした人類の愚かさという文脈におさまるものでしょうか．

　それを考えるにあたって，「戦争は悲惨だ」や「人類は愚かだ」という言表がおさまる文脈を検討しておかねばなりません．いまでは，政治家から市民にいたるまで誰もが口にしうるという意味で，そうした言葉は「一般性」の領域に形成されるものです．その「一般性」は，それぞれの局面で「戦争は悲惨だ」と実感しただろう個人的な体験の「特殊性」を集約しており，その意味で正しいものだといえます．「人類は愚かだ」についても同じことがいえるでしょう．にもかかわらず，この正しさというものが厄介なのです．たとえほとんどの人が「戦争は悲惨だ」と思っている状況があろうと，なお戦争を準備しなければならない政治は，国家の審美主義化ともいうべき巧妙な政策によって，その正しさをあっさり「戦争は美しい」へと転化させてしまうものだからです．「政治は国家の総合芸術だ」というゲッベルスの言葉を霊感にして組織されたナチス政権下のドイツで起こっていたことは，まさしくそれにほかなりません．「人類は愚かだ」という言葉が，そこでは「ドイツ国民は崇高だ」となって流通し，「戦争は美しい」というスローガンを巧みに浸透させてしまうのです．合衆国における核爆弾のスペクタクル化も，そうした文脈におさまるものだし，類似の現象は戦時下の日本にも起こっていました．20 世紀の歴史から受けとめるべき教訓は，だから，言表の正しさの限界という事実にほかなりません．「戦争は悲惨だ」という言葉は，それがどれほど真摯な体験にねざしていようと，「一般性」の領域に形成されるものであるかぎり，ほとんど何もいっていないのとかわらないからです．

　では，谷崎潤一郎の場合はどうなるのか．「戦争とは斯くも美し

きものかな」という感慨も，国家の審美主義化に吸収されるしかないものなのでしょうか．そもそも，彼の真昼の体験が，どうして「美しきもの」という言葉を誘発してしまったのでしょうか．それを書いた谷崎が，「美しさ」を探求する作家だからという答えがすぐさま思い浮かびます．だが，それは決定的に間違っている．小説家は，「美しい」という語彙の安易な使用を避けるためにこそ作品を書くものだからです．しばしば作品の題名に「美しさ」という言葉を選び，ノーベル文学賞の受賞記念講演を『美しい日本と私』という題で行ってしまう審美主義的な感性の持ち主である川端康成などとは異なり，谷崎の場合は，とりわけその傾向が強い作家だといわねばなりません．日本の伝統的な〈美〉を擁護した書物といわれる『陰翳礼讃』にさえ，「日本の漆器の美しさは，そういうぼんやりとした薄明かりの中に置いてこそ，始めてほんとうに発揮される」といった指摘を例外として，「美しい」という言葉はほとんど使われていないのです．だから，その谷崎が何ごとかを「美しい」と呼んでしまったとしたら，それは彼の作家としての敗北を意味しています．事実，ここでの彼は，すでに谷崎潤一郎ですらなくなった非人称的な個体という言葉で指摘しておいたように，『陰翳礼讃』の著者であった自分をすっかり放棄しているのです．

そこで，『疎開日記』を綴っていた谷崎がなぜ敗北を選んだのかと，改めて問うてみなければなりません．だがそれにしても，小説家としての敗北が，どうしてあれほどの朗らかさをたたえた体験たりえたのでしょうか．それは，出会い＝遭遇によって，彼が自分でなくなろうとしているためなのです．あるいは，愚鈍さそのものに徹するためだといいなおしていいかもしれません．いずれにせよ，それは，多少の知性に恵まれていれば誰にでも素直に理解できる「人類の愚かさ」などとは無縁の，底なしの愚かさにほかなりません．そうすることで，文豪は，「美しさ」といった「一般性」の領域に形成される概念そのものに動物のような野蛮さで立ち向かうのです．

だが，それは，知性の放棄による感性の世界への甘美な撤退を意

味しはしません．作品の創造とは，まさしく知性の行使にほかならず，感性のほしいままな飛躍などではありえないからです．愚鈍さとは，「独自性」に徹することで「一般性」＝「特殊性」という秩序を超えて，「普遍性」としてある真の知性に出会うための試練にほかなりません．知性本来の資質とは，何よりもまず，変化を察知し，みずからも変化することにつきているはずであり，知性が動揺し，逡巡し，戸惑い，ときにまどろみへと落ち込んでゆくかにみえるのは，そのためにほかなりません．

　疎開先の真昼の庭で「防空壕」に入りそびれた谷崎は，透明な青空を横切ってゆく機影に遭遇した瞬間，そんな知性をおのれのものとすべき啓示を受け取ったのです．そのできごとを通過することで，彼は，ことによると，『美学入門』の中井正一がプルーストの言葉として引いている「認識の達しない深みにおいて，自分自身にめぐりあう」という事態を実践していたのかもしれません．実際，いつもとは何かがわずかに違っているという差異への敏感さを欠いている知性は，およそ知性の名には値しません．核実験を「美しい」スペクタクルとして鑑賞しうるものに欠けているのは，まさに変化を察知しうる知性なのです．そうした知性ならざる知性は，「美しさ」という概念の「一般性」を信じ，夜空に交錯するサーチライトの光を新しい時代にふさわしい「美しさ」だなどと断言してしまうのです．

　「戦争とは斯くも美しきものかな」という谷崎の感慨には，いまなお生き延びている「美しさ」という概念の「一般性」の無自覚な確信に対するいらだちがこめられています．そのいらだちを，彼は，あえて「美しきものかな」と書いてしまうという作家的な敗北によって，実践的に表現しているのです．それは，知らぬまに政治に奉仕してしまう国家の審美主義化があからさまに露呈させてしまう知性の欠如への，ほとんど無謀な闘いだといえるかもしれません．このとき，無責任きわまりない断言と思われた谷崎潤一郎の言葉が，〈知〉のモラルの実践へと逆転します．実際，谷崎が戦後に発表することになる『鍵』や『瘋癲老人日記』には，ともすれば国家の審

美主義化につながりかねない『陰翳礼讃』で擁護されていたような「美しさ」など，影さえ落としていません．谷崎潤一郎は，不意の遭遇を通して，まぎれもなく変化したのです．『疎開日記』は，その変化の瞬間をなまなましく記している書物なのです．

21 世紀モラルの鍵は？

　来るべき世紀の〈知〉が演じるだろう振る舞いをめぐっては，いかなる具体的なイメージもいだくことができない．したがって，その「モラル」を論じることも不可能なのですが，いま私たちが生きつつある世紀にどんな別れの言葉をつげるべきかについては，まったく考えがないわけではありません．この世紀が，「20 世紀の 19 世紀化」ともいうべき反動形態を世界のすみずみにまでゆきわたらせることで，かろうじて安定をはかってきたという事実に対する反省の言葉が，どこかで発せられねばならないと思っているからです．

　たとえば，普通選挙による議会制民主主義が基盤とする「代表」的な思考は，決定的に 19 世紀の産物です．にもかかわらず，20 世紀もおしつまったこの世紀末に，自分が何ものかによって「代表」されるという状況は何の矛盾もなく受け入れられ続けている．それが，不思議でなりません．国会は日本国民を「代表」することになっていますが，いまでは誰も，そんな事態を信じてはいない．にもかかわらず，それに変わる制度が見当たらないというだけの理由で，議会制民主主義は 21 世紀まで無傷で生きのびてしまうでしょう．だが，はたして，それでいいのだろうか．

　こうした疑問は，民主主義の否定を提起しているかに思われがちですが，もちろん，そんな意図などこれっぽっちもありません．日本の議会制民主主義が，選挙区を小さくするといった手直しで 21 世紀にふさわしいものとなろうとはとても思えない．誰かが誰かを「代表」するという制度の意味を改めて考え直してみないかぎり，到底，安心して 20 世紀に別れの言葉を告げることはできそうもないのです．

●政治的実践

エチカとエートス
〈ヴェネチアの天使〉の哲学

●●

カッチャーリ, マッシモ
訳・村松真理子　構成・小林康夫

はじめに——天使的なもの

「天使的なものとは, まさに, ほかの被造物においてはそれぞれ個別に切り離されている決定がそのうちでは併存し, 同時に響き合っているような存在の領域なのである. そこでは, 創造のアンチノミー的な性格がポリフォニーのように顕われてくるのだ.」——難しい文章です. とても, これだけでは, そこで何が言われているか分かるはずもないのですが, ごく簡単に言えば, 天使という形象——つまり人間に対して一方では天上的であると同時にまた他方では動物的であるようなもの, つまり「動物—黄道帯—星」であるようなもの——のうちに, 著者は, たとえば必然性と自由という互いに相容れないもの(それをここではカントの『純粋理性批判』の用語を用いて「アンチノミー」とも言っています)が一致するような特異な存在を見ているということになります. たとえば, 動物においては, 行動の決定は絶対的であって, 2つの決定が同時に存在することはない(そういう状態では, 動物は, 混乱していわゆる「カタストロフィー」状態に陥ります). ところが, ちょうどポリフォニー音楽においていくつかの旋律が同時に響きわたるように, 互いに矛盾するいくつかの決定が同時的に存在するような存在もある. いや, それこそ, 創造というものの条件なのだ, というわけです.

そして, それはまた——著者はそう言っていませんが, わたしが付け加えるなら——モラルの条件でもあります. 創造とモラルとは, だから存在の同じ次元, 領域に根ざしています. 広い意味での創造があるからこそ, モラルがある. モラルが必要となる. それは1つのものの表裏なのです. そして, そうした創造=モラルという問題圏が根ざしている存在の様態をここでは「天使」という形象で言おうとしているわけです. ですから, 当然のことですが, ここで「天使」として問

われていることは，単にたとえばキリスト教の伝統のもとにおける図像学や教理学が対象とするような「天使」というだけではありません．言うまでもなく，そこでは，天使的でもありうるものとしてのわれわれ人間こそが問題になっているのです．

　さて，そろそろ種明かしをしなければなりませんが，この短い文は，『必然性の天使』という本の最終章「魂の鳥」の冒頭から引用しました．著者は，イタリアの哲学者マッシモ・カッチャーリです．多くの読者にとっては未知の名ではないかと思いますが，ヴェネチア大学の美学の教授であり，ここで引用した『必然性の天使』(1985年) のほかにも，『法のイコン』(1980年) や『根源について』(1990年)，『現代思想における決定の子午線』(1992年) など十数冊の著作をもつ哲学者です．また，自分の著書のほかにも，ハルトマンやジンメル，ルカーチなどのイタリア語訳の編纂も行っています．これからも分かるようにドイツの現代哲学・思想・文学に深い造詣をもっており，それを基盤として独自の哲学を展開しています．実際，この『必然性の天使』においても，リルケやベンヤミン，ローゼンツヴァイク，さらにはクレーの絵画などを縦横無尽に参照しながらユニークな論を展開しているのですが，残念ながら，いま，ここではそこで語られている興味深い「天使の論理」を追うことはできません．

現場——ヴェネチア

　というのも，カッチャーリにはもうひとつの顔があり，実はわれわれの関心のアクセントはここでは，そのもうひとつの顔に，あるいはそれと哲学者としての顔とのあいだの関係にこそ向かっているからです．それは，政治家としての顔です．それも単に政治的な活動をしているというだけではなく，実は，現在，ヴェネチア市長の職にあって，この世界に例のない歴史的な街の行政の頂点に立っているのです．

　かれが市長になったのは1993年12月からです．旧・共産党の流れを引く PDS (左翼民主党)，共産主義再建党，エコロジスト・グループなど左翼系の党派の連立的支持をうけて当選しました．それ以前にも，かれは1976年から1983年まで共産党に属する国会議員として政治活動をしてきましたから，この市長選ではじめて政治の世界に身を投じたのではなく，言わば哲学者・美学者と政治家とをつねに両立させて活動してきたわけですが，1990年に共産党が PDS を生むのをき

ヴェネチア・大運河──観光客にはなかなか見えてこない政治の現実もある.

っかけにして，共産党とは一線を画するようになります．グループに
は属さない個人的な活動をしていたわけですが，そのかれが──移民
排斥など排外的主張で知られる北部同盟の進出に危機感を抱いてと言
っていいと思いますが──市長選に立候補し，その対立候補であった
マリコンダに得票率で 55.4 対 44.6 の大差をつけて当選したわけで
す.

　こうした経緯の背景には，とりわけこのところ安定性を欠いて揺れ
つづける，混乱と言っていいようなイタリアの政治状況があるのです
が，その詳細に入ることはできません．われわれがいま，ここで関心
があるのは，このようにして，大学に場所をもち，しかもきわめて高
い水準の哲学的な思考を展開しているユニークな知性が，政治家なら
びに行政官という資格でヴェネチアというきわめて独特な現場を引き
受けたということです.

　ヴェネチアは，多くの観光客にとっては，世界に類のない美しい
「水の都」です．いったいどれほどの作家，哲学者，歴史家がこの街
に賛辞を捧げたことか．ワグナー，ニーチェ，トーマス・マン，マル
セル・プルースト……まったく枚挙に暇がありません．にもかかわら

ず，いや，それゆえにこそ，ヴェネチア市は多くの問題を抱えていないわけではないのです．

すなわち，そこには，観光ゆえの荒廃とでもいうべき現実があります．ヴェネチアの街を夜歩き廻ってみればたちどころに感じることができるはずですが，島の内部の多くは，観光客とその相手をするホテルや土産物等の商店の従業員を除いては，ほとんど人が住んでいないのではと思えるほど空虚に静まりかえっています．実際，ヴェネチア市の住人は30万人——そのうちの，20万人は本土のメストレ地区に住んでおり，3万人がさまざまな島に，そしてわずか7万人がいわゆるヴェネチアの歴史的中心地区に住んでいる．ところが，40年前にはそこは17万人の人口を数えていたと言いますから，その激しい減少ぶりが想像できます．そして，そうした減圧現象に伴うさまざまな社会問題が起きてくることも理解できます．

しかし同時に，その観光を支える，それ自体が巨大な博物館であるようなヴェネチアの中心地区そのものが運河やラグーンに堆積した土泥によって，遠からぬうちに水没しかねないという危機もあるのです．それはもう今世紀のはじめから知られていたことでした．そして，有効な手が打たれないまま，いまでも「ヴェネチアを救え！」という声がむなしく世界のあちこちから聞こえてくるという状況なのです．

もちろん，ここでもわれわれの知識はごく表面的なものであり，ヴェネチア市という行政の現場がどのような問題に遭遇しているのか，もっとも本質的なことは分かりません．だが，「知のモラル」という問題圏を横切ってみようとするわれわれの企図にとって，この現場，そしてマッシモ・カッチャーリというこの知性は魅力的に思われました．人間的なものに根源的に潜んでいる決定的な決定不能性についてあれほど繊細で緻密な論理を展開している知性が，毎時，具体的な決定をみずから下さなければならない政治的な現場において，認識と実践のあいだの深淵にどのように橋をかけているのか，知の役割について，あるいは未来の人間の倫理についてどのような思考をもっているのか——そのようなことを訊ねてみたいと思ったのです．

知の倫理の問いを問う

市長という職の多忙さは予想できましたので，われわれは本書への原稿執筆をお願いするのは無理と判断してインタヴューを申し込みま

ヴェネチア市長カッチャ
ーリ氏（中央）へのイン
タヴュー.

した．情報の透明性を重視する市長は，新聞等のメディアのインタヴューには快く応じると知らされてもいたからです．

　われわれのこれまでの本（『知の技法』，『知の論理』）を送ったうえで，インタヴュー申込みの手紙を送り，その後，市長秘書室とのいくらかの通信のやりとりがあって約束の日時が定められ，わたしがインタヴューに赴くことになりました．

　というわけで，昨年の晩秋のある日，リアルト橋の近くにあるヴェネチア市庁舎を訪れました．カナレ・グランデに臨んだ古い建物の2階にある，おそらくは12—13世紀のヴェネト・ビザンチン様式と思われる古い市長室でインタヴューは行われたのですが，しかしはじまってすぐに分かったことは，市長の方はわれわれのインタヴューを他の多くのメディアのインタヴュー，つまり政治的なインタヴューのひとつと誤解していたのです．役所というカフカ的に複雑な制度のなかで，やはり情報の伝達に多少のズレが生じていたのでしょう，前もっての打合せにもかかわらず，われわれのために予定されていた時間ではとても「知のモラル」を問うには不十分でした．しかも市長は，ことが知の問題，知の倫理の問題に及ぶのであれば，それは熟慮を必要とすることであり，市長として存在しているこの時間・空間ではとても対応できないことを挙げて，その場でわたしがいくつか主要な問いを提起し，それに対してかれが——クリスマス休暇を使って——文章で答えることにさせて欲しいと要望しました．実際，われわれの前にも後にも，市長に会見を求める人びとが列を作って待っている状態で

は，それ以外の方法はありえないと思われましたし，わざわざ貴重な休暇を使って原稿を書いてくださるという申し出はありがたく，インタヴュー用に用意した細かな問いではなく，知と倫理をめぐる大きな質問を5つ，急遽その場で定式化して伝えることになったのです．

　そのときわたしが話しながら説明した5つの問いを，その要点だけに絞って，ここに掲げます．そして，それに対するカッチャーリの答えを次に掲げることにします．

　　1. 知のモラルとは何か．別の言い方をすれば，知の使命ないし義務とは何か．
　　2. 認識と実践のあいだの関係をどのように考えるか．
　　3. 知と政治のあいだの関係についてはどうか．
　　4. ヴェネチア市という現場においてその問題はどのように現れているか．また，市長としてそれにどのように対応しているか．
　　5. 21世紀の人間の倫理の地平はどのようなものだと思うか．

　そして約束通りに，新年になってかれから送られてきた返答は次のようなものでした．（**K**）

●
●

知の倫理の問いに答える———カッチャーリ，マッシモ

1. 知を批判するという思考の義務がある

　知の普遍的で必然的な形態などというものはありません．われわれの現実の個々のさまざまな次元の周囲に，それぞれ異なったさまざまな知が存在しています．そしてまた，それらの知の周囲には，知がどのような条件のもとで成り立つのかを問い，知の根源が何なのかを問題とするような思考が存在します．

　この思考は，それぞれの知のエートスに関する問いを含んでいます．すなわち，その知の〈住み処〉はどういうものかという問い．その知が歴史的な規定性を背負っている人間の生のなかでどのような〈根〉をもっているかを問い，考えることです．こうした思考の義務は，本質的に批判的であることです．それは，ものごとを結合

したり解体したりしながら進んでいきます．そうすることで，
〈臆見〉（doxa）が絶対的にかけ離れているとみなす諸次元のあい
だに類縁性を見いだし，また，不可分に結びついていると見なす諸
次元のあいだに区別を導入します．言ってみれば，それはドクサの
流れを停止させるわけです．それが，この思考のまず最初の，逆説
的な意味での〈運動〉ということになります．つまり，エポケー
（還元）するということです．

　言い換えれば，この思考の義務は，クロノロジックな時間の流れ
を停止させて時間を稼ぐことです．そして，すべての抽象的な対立
関係，すべての知的でスタティックな矛盾，すべての無媒介的な同
一性を〈危機に陥れる〉ことなのです．しかし，それは，いかなる
前提もないところで行われなければならない．いや，私をこのよう
な探究へと駆り立てる愛－衝動だけをその必然的な前提にして，と
言い直してもいいかもしれません（このような思考は，言うまでもな
く，ある一定の言語領域のなかで展開されます．しかし，その言語自体を
も私はすぐにも分析し，つまり結合・解体するように促されているわけな
のです）．では，この思考はどこから生まれるのか．それはわたし
には分りません．

2. 理論と実践のあいだの差異こそが批判の根拠である

　「普遍性」という役割を演じる「主体」という形象によって保証
されているような同一性に従って理論と実践とのあいだの関係を考
えるというのは，まさに非－批判的な思考に特有のことです．それ
は，ムーアやベーコンといった人びとからはじまって，「近代」の
壮大なユートピア思想においても，また18世紀から20世紀へと続
く革命思想においても起こったことでした．そこでは，つねに同じ
1つの図式が生きているように思われます．つまり，そこでは，実
効的に――ということは，より正確に言うなら，科学－技術的なプ
ロジェクトが示す方向に従って――世界を変えることを示すような
理論こそが真なのだというわけです．今日でも，〈常識〉が真だと
見なすのは，つねに実践的に有効であることを示す理論，つまり経

済－生産の成長において現実化されるような理論のことです．限り
なき生産の理論こそが，今日の支配的な宗教です．理論と実践との
同一化こそが，こうした現代の〈信仰〉を生み出しているのです．

とすれば，思考は，（このような受動的な前提という意味での）信仰
を批判しなければなりません．それこそまさに，今日の思考の果た
すべき義務なのです．つまり，理論というものを実践的な有用性の
証明へと隷属させてしまうようなある種の偶像崇拝的な宗教を批判
すること．この思考の急務とは，理論を実践へと還元してしまうよ
うなこの操作がどんな効果をもたらすか，そしてそこで必然的に立
ち上がってくるアポリアがどのようなものかを，むしろその〈根底
に赴きつつ〉批判することなのです．

その最初の効果は，実効性と適法性とが，別な言い方をすれば，
法と正義とが一致してしまうということにあります．ところが，言
うまでもないことですが，その2つの次元のあいだの差異こそが，
批判的な思考の拠って立つことのできる場にほかならないのです．
そして，理論が現実化されることで実践的にもたらされる，漸進的
で，やむことのない止揚は，それがどのような形態のもとで行われ
るにしても，つねに根本的なアポリアを内包しています．すなわち，
どのような形であるにせよ，理論が現実化されるときには，その実
践は理論の破綻を指し示さずにはいないのです．このアポリアは，
理論と実践のあいだの差異を否定するすべての主張が根拠を欠いて
いることを示しています．

3. 政治はパラ・ドキシカルな決定に係わる

もうひとつの問題は，哲学と政治の関係です．

さまざまな知の根源についての問いかけ，つまりその思考がそれ
を通って，それとともに生まれた言語を分節化しつつ進められるそ
の問いかけにおいて，哲学は本来的に政治的なものです．ポリスと
いう地平の外では，哲学の営みは考えられません．哲学の対話の場
とは——そしていかなる哲学も対話なのですが——アゴラ（広場）
なのです．哲学が批判しなければならないあらゆる形態，あらゆる

言語が，そのアゴラから溢れ出てくるのです．

ところが，この場はまた，哲学にとっては，つねにそれを表明する宿命にあるような誘惑の源でもあります．つまり，理論が，みずから都市の指導者や，政府，法律などに匹敵しうるのではないかという誘惑です．別の言葉で言えば，批判的な言語そのものが政治的なプロジェクトに変容可能ではないか，と考える誘惑です．みずからのあり方に内在するこのような誘惑に対して，哲学はつねに警戒を怠ってはなりません．その批判はそこでは，自己批判でなければならないのです．

しかし，哲学と政治との必然的な関係を明らかにする，もうひとつより深い動機があります．そして，それは決定の問題に係わっています．政治的な行動の本質は，例外的な状況における決定能力，あるいは建設的な能力でしょう（そうでなければ，単なる管理の手腕，つまりすでに与えられている組織を管理するだけの能力しか論じられないことになります）．ところが，哲学の行為もまた，必然的に，ひとつの決定から〈はじまる〉のです．つまり，既存の言語〈ゲーム〉のルールからみずからを決定的に断ち切り（de-cidere），ある例外的な状況，あるいは建設的で，過去に対してはパラ・ドキシカル（para-dossal）な状況を作りだそうとするのだからです．つまり，ヨーロッパにおける政治形態の〈不安定〉と哲学的問いかけの〈不安〉とは同じメダルの表裏なのです．

4．エートスとは神的なものだ

「倫理」（etica）という言葉は，はじめに指摘したように，住み処や滞在地という理念を検討するように促すものです．より正確に言うと，エートスには，われわれの個的な存在のあり方に対して，われわれがそこに根づいている場所，伝統，言語がもつ存在論的な至上性という理念が表現されています．つまり，個人の限定された性格に対してエートスとは神的なものなのです．

エートスのこのような意味が，倫理についての今日の議論においていくらかでも考慮されていると言うことはとてもできません．そ

こでは，倫理とは，理性的に行動する仕方や，自己抑制したり「品行方正」であろうとする生き方を意味しているだけです．そうでなければ，人としてあるべき人間のための「汝……すべし」という定言的命令として分類されているような普遍的に通用する規範のための処方であるかのように受け取られています．そして，そのどちらの場合にもエートスの意味は失われているのです．というのも，〈神性〉が失われているからです．あるいは，〈根づき〉の次元が忘れられているからです（ある一定の共同体のものでないようなエートスなどありはしないわけですし，エートスはかならずゲニウス・ローキ〔土地の精霊・風土〕でもあるのです）．

　今日のいわゆる〈地球全体化〉のプロセスや，〈世界的な移動〉は，あらゆる実践，あらゆる判断に先立つ〈ア・プリオリな形態〉としての唯一で共通の時空という認識をもたらしました．そこでは，なにかに根づくこと，なにかに帰属することはすべてそれに対する障害，ないしは反対価値となってしまいます．キリスト教が全世界的に普及するエネルギーと土壌を用意した，古代末期における政治的，思想的傾向が，大がかりな，まさに惑星的な規模において再現されたようなものだと言ったらいいでしょうか．その当時と同じように，そうした圧倒的な傾向が，それに対する〈反動〉を生まないかどうかが分かるためには今後を待たなければなりません．言い換えれば，こうした人間を根こぎする地球全体化のプロセスが，長期にわたるコントロール不可能な混乱を引き起こすエントロピーを生み出さないかどうか，つまり理性や抑制という〈弱い規範〉にも，普遍的な命令の〈強い規範〉にも従わせることのできない不均衡や衝突を生じさせないかどうか，それが分かるのはこれからのことなのです．

　今日のどのような政治的な行動も，この問いに関連しています．いや，むしろ政治は，併合や均質化の要請と，〈分散〉の要請とのあいだで困難な（いや，ほとんど不可能な？）バランスを取る試みという色彩をますます強めています．しかし，前者の傾向はますます権威的になりつつあり，後者はますますアナーキーになりつつあり

ます．後者のダイナミズムが，個人個人には〈パニック〉を引き起こしながら，全体としては，権威による解決に対する反撃として〈カタストロフィー〉をもたらすというのもありうることです．そして，権威的解決がまたさらに〈アナーキー〉な緊張を高める．未来の世界のドラマをこのように想像しないではいられません．そして，このドラマはすでにはじまっているのだと思います．

（訳・村松真理子）

●
●

返答をもらって

　ごらんのように，格調が高いというか，コンパクトと言うか，かなり難しい文章です．わたしが提出した5つの問いのうちの，4つに答えてくれています．そのかわりヴェネチア市という政治的な現場にかかわること――ほんとうはわたしはそこが聞きたかったのですが――は，ここではまったく触れられていません．市長としてではなく，あくまでも哲学者として答えている文章です．実際，直接的に名前はあげられていないものの，この文章をきちんと理解するためにはかなりの西欧哲学の知識を必要とするでしょう．アリストテレスの倫理学やカントの『実践理性批判』などへのレフェランスは見やすいところでしょうが，そのほかにもたとえば，かれがヴァルター・ベンヤミンの「性格と運命」という短いテクストを詳細に読解していることなどを知らないとよく理解できない箇所もあるでしょう．また，存在の問題，決定の問題，あるいは根こぎの問題など，現代のほかの多くの思考と響き合うものをもっています．たくさんのコメントが可能であり，また必要な文章なのですが，しかしここでは，わたしはわたし自身のコメントを加えることは控えます．読者の皆さんが直接にこのテクストを読み，それと格闘して下さるのが最良と思うからです．

　しかし，カッチャーリがそこではまったく言及していない，ヴェネチア市長としてのかれの活動について，多少の補いをしておくべきでしょう．新聞等のいくつかの源から得られた情報を総合しつつ――けっして評価を下すという意味ではなくて――市長としての簡単なプロフィールをトレースしておきましょう．

　――ひとつは，かれがまさしく，ヴェネチアという〈エートス〉を

エチカとエートス●153

運河の浚渫工事.

背負っていることを強調しておかなければなりません. すなわち, 他からやって来た政治家ではなく, ヴェネチア生まれの, いわゆるヴェネチア子であり, しかも一貫してヴェネチアをその拠点にして文化・政治活動を行っています. ヴェネチアを代表する文化人のひとりであるわけで, そのようなエートスを共有する人間としてヴェネチア市民の信頼感を得ていると言われています.

　──すでに見たように, またかれ自身のテクストからもうかがわれるように, かれの思考は人間に本質的な決定不可能性のまわりを廻っています. しかし, そのことは, かならずしも政治的な決定が曖昧になるということを意味しません. それどころか, 政治的にはかれはみずから, むしろ〈決定主義者〉であり〈ラディカルな改革主義者〉であると言っています. そして実際, 市長として多くの政治的な決定を下しています. ヴェネチアの環境問題には, 運河の浚渫工事をはじめとするいくつかのプロジェクトをスタートさせていますし, 工業地帯でもある大陸部のメストレ地区の失業や労使問題にも積極的に取り組んでいるようです. また, そのメストレ地区と歴史的中心地域とを結ぶ交通の改善にも着手しました. さらにはヴェネチア大学を中心としてヴェネチアの文化研究都市の機能を強化するという計画も優先課題となっています. 1995 年 7 月の段階で, 市長就任以来, 37 ものプロ

ジェクトが具体的に着工されたと報じられています. フランスの新聞
『ル・モンド』(1995年7月7日) が伝えるインタヴューでは, カッチ
ャーリはこうした計画について,「すべては, 都市のグローバルなヴ
ィジョンに支えられていなければなりません. ひとはすぐ忘れるので
すが, ヴェネチアとはまた, マルゲーラ港でもある. それはきわめて
豊かなポテンシャルを秘めた港湾で, その後ろにはイタリア北西部そ
して南ドイツのバイエルンというとりわけ発展した工業地域が控えて
いるのです」と言っています. あるいはまた, 計画の優先度について
「第1には, 住宅問題という緊急の問題に対処しなければなりません.
第2には, ヴェネチアの交通問題を解決して, アクセスの多様性を確
保しなければならない. そして, 観光を, 質に重点を置いたひとつの
巨大な企業として運営しなければなりません. 第3には, 2万5000
人の学生を抱えるその大学あるいはさまざまな国際機関を支えとして,
この都市に研究という機能を与えることが必要です」と言っています.
　——最後に, 情報の透明性と対話の重視を挙げておくべきでしょう.
カッチャーリは, どのような立場からの提案であろうと, それが具体
的な経済的裏付けがある限りにおいては耳を傾けるという姿勢を取っ
ていますし, また, マスコミ等へもできる限りの情報を流す努力をし
ているようです. その一端は, わたしがインタヴューに訪れたときに
も, 待合室に次々と人が会見に訪れることをみても実感させられまし
た.
　だが, そうした市長としてのかれの仕事ぶり以上に, 個人的にわた
しを感動させたのは, そのような多忙な行政職, 政治活動を行いなが
ら, しかしかれ自身はあくまでも〈知の人〉であることをやめていな
いということでした. いまでもヴェネチア大学の講義を続けているだ
けではなく, 雑誌に論文を発表したり, 著書を出版したりという知的
な活動はいささかも衰えていません. 早朝から執務室にやって来て市
長の仕事を精力的にこなし, しかし夜は1万5000冊と言われる蔵書
に囲まれて静かに思索にふけるという生活を送っているようです.
　単に差異の本質的な重要性について思考するだけではなく, 同時に
——まさに実践的に——みずからの存在そのものにおいて, 思考する
哲学者と実践する政治家という存在の二つのあり方の差異を危機的に
生きているその姿は, あるいは動物的であると同時に天上的でもある
という〈天使〉的存在のひとつの顕れと言うことができるかもしれま

せん．そう，この〈ヴェネチアの天使〉は，しかし空からやってきたのではありません．まさに，ヴェネチアという歴史的な，独特なゲニウス・ローキが主宰するまことに不思議なエートスから生まれてきたのです．（**K**）

人間の場所

●

「遺伝子」,「ヒト」,「人間」, そして「人工物」という並び方は, そのま
ま, 遺伝子がヒトをつくり, そこから人間が出現し, その人間が今度は
人工物をつくる, という流れに沿っています. しかしここに示した4つ
の「もの」, それぞれに対してモラルが問題となって立ち現れるという
意味ではありません. この4つは場所です. それらは人間が自らを, 規
則(遺伝子)として, 生物(ヒト)として表現し, また社会・文化的な
存在(人間)として確立し, そしてもの(人工物)によってその世界を
拡張していく, そういった場所です. 人間は, 自分をつくる遺伝子から
自分がつくる人工物までの, 広いスペクトラムの中に生きています. そ
して現在, 遺伝子を人間が操作し, 人工物(たとえば, コンピュータ)
が人間に働きかける場面が現れ, このスペクトラムは円環となって閉じ
ています. この第IV部の文章は, そのような, 人間が在る4つの場所
を設定する事で, それぞれにおける人間の存在の仕方とモラルの問題と
の原理的かかわりあいについて論じています. それらは, モラルの最深
部についての報告となっています. (**F**)

●遺伝子

種と個のあいだ
「利己的な遺伝子」をめぐって

●●

長谷川眞理子

●人間がいったい何であるのか，そのことを考えることなしに，モラル
についての考えを更新することはできません．遺伝子というわれわれ
の生物学的な条件についての現代的な知見を検討しつつ，同時に，科
学的な知識をどのように受け止めなければならないかという科学の受
容のモラルにまで及びます．（K）

「利己的遺伝子」の流行

　いつのころからか，「利己的遺伝子」という言葉がちまたに流行
し始めました．それとともに，私利私欲の追求をあたりまえとする
ようなどぎついコピーを帯につけた，「生物学的」な本が増え続け
ているようです．進化生物学などという，普段はあまり世間には知
られていない地味な学問領域の言葉がこれほど流行するとは，その
地味な分野を専門としている私にとっては奇異に感じられます．

　この言葉のもとになったのは，もちろん，今やたいへん有名にな
ったリチャード・ドーキンスの書いた *The Selfish Gene* という本で，
1979年，まだ大学院の学生だったころ，アフリカの野外調査の最
中に読んだこの本の感激は忘れられません．この本は，初め，いか
にも堅苦しく『生物生存機械論』と訳されましたが，いまでは『利
己的な遺伝子』と訳し直され，すっかり有名になっています．

　これほど有名になってはいるものの，しかし，その学問的意味は
どれほど正確に伝えられているでしょうか？　ドーキンスは一般向
けの本を書くのが上手で，彼の本はどれも気が利いていておもしろ
いのですが，『利己的な遺伝子』はけっしてやさしい本ではありま
せん．事実，最初の『生物生存機械論』のときには，他の生物学の
本と同様，専門家以外の関心はあまりひきませんでした．それがこ

れほど世間に広まったのは，利己的遺伝子の理論を人間の行動に応用した通俗本のおかげでしょう．これらの通俗本をざっと見渡した読者は，「生物は本来，利己的なものなのだ」とか，「人間も所詮は利己的に振る舞うのが自然の成りゆきである」とかといったメッセージを嗅ぎとり，利己的遺伝子の理論とは，人間の浮気や利己主義を生物学的に裏付けようとする話であると判断して，なるほどとうなずいたり，けしからんと反発したりすることになるのでしょう．ここに，二重にも三重にも気をつけねばならない落とし穴があるのです．

　利己的遺伝子の理論とは，「自然淘汰の単位は，集団でも個体でもなく遺伝子である」という，現代進化学の中心理論です．ですから，お年寄りを突き飛ばしてでも電車の席を確保するというような，日常的な意味で人間がとる「利己的な行動」が，「利己的な遺伝子」のなせるわざであると，単純に直結できる話ではありません．

　現代の科学は非常に細分化してしまいましたし，最先端の分野の発展を一般の人びとにわかりやすく，しかも正確に伝えることは容易ではありません．利己的遺伝子の理論は，現代の進化生物学に非常に重要な転回点を示しました．しかし，その発展とおもしろさとが地道に正確に伝えられるよりは，薄っぺらな「利己的人間論」が流行することを見ると，「科学者，一般の人びと，科学ジャーナリズム」の三者関係について，そして，科学が明らかにした事実と私たちの価値判断との関係を思わずにはいられません．本稿では，利己的遺伝子の理論にかかわる詳細の解説ではなく，このことをテーマに語ってみたいと思います．

　最近20年ほどの進化生物学の発展の中には，遺伝子のレベルから動物の行動を解明していく分析の発展と，人間の行動や社会の成り立ちの解明にも，同じような進化的視点を導入しようとする試みとがありました．前者は，行動生態学という新しい学問分野を築きました．「利己的遺伝子」というコピーを世に広めたのはドーキンスですが，ピカソの絵を描いたのがピカソだけであるようには，この理論は彼だけが作り上げたものではありません．ウィリアムズ，

ハミルトン，メイナード゠スミスなど多くの学者たちの研究の集大成として，行動生態学という分野ができあがったのです[1]．

　後者は，はじめ「社会生物学」と呼ばれ，その是非をめぐる激烈な論争，いわゆる「社会生物学論争」を巻き起こしました．それは，生物学が人間という複雑な存在を解明しようとすることに対する，大いなる警告と，反省と，発展であり，科学と価値観とのぶつかりあいでもありました．これらの出来事は，私たちがこの先「いのち」というものを考えていくにあたって，新たな地平を開く重要な視点を提供するものだと，私は思います．

　この2つの重要なポイント，すなわち，行動生態学の中心理論としての「利己的遺伝子の理論」と，人間に関する「社会生物学論争」というものを抜きにして，というか，つめて考えないままに「利己的な遺伝子」というキャッチフレーズばかりが安っぽく一人歩きしている今の日本の状況は，日本の知的風土の脆弱さを表しているような気がして，私にはたいへん不愉快なのです．

自然淘汰とは何か？

　進化という言葉は，誰もが，なんとなくわかったような気がしてはいるものの，あらためて問い直されるとよくわからなくなる，というたぐいの言葉の1つではないでしょうか？　進化とは，集団中の遺伝子頻度が時間とともに変化する現象をさします．生物の世界では，より生存率・繁殖率の高い遺伝子が集団中に広まっていきます．そこには，別に何の意図もありません．遺伝子はDNAからできていますが，DNAはただの化学物質です．しかし，DNAは水素や酸素などの化学物質とは違い，自分とまったく同じものを複製することのできる，特別な構造を備えています．そして，いろいろなタイプのDNAが次の世代を複製していく過程で，より多くの複製を作ることのできたDNAが，集団中に増えていく結果になります．

　「利己的」とは，まさにその過程を表した比喩です．生物の棲息環境はたいていシビアなもので，さまざまな資源をめぐる競争があります．そういう状況では，他のタイプの遺伝子をさしおいて，そ

れよりも多く増えていくことのできる遺伝子しか，今に至るまで残ることはなかったでしょう．生物というものがこの地球上に誕生してから何十億年という歳月が流れても，なおかつ私たちの生きている世界にまで存続している遺伝子は，他のタイプの遺伝子をさしおいて受け継がれてきたものに違いない，という意味で「利己的」なのです．遺伝子というものが存在する以上，もっていなければならない利己性を表した比喩です．端的に言えば，自殺をするような遺伝子，自らは繁殖をしないことにするような遺伝子は，それだけでは，あとの世代には残れません[2]．そうではなくて，何とかして複製し続けた遺伝子のみが，今に至るも存在し続けているのです．

では，集団中の遺伝子頻度の変化を引き起こすメカニズムはなんなのでしょう？　それにはいくつかありますが，もっとも重要なのが自然淘汰です．

タラの1匹の雌は，1回に数百万個の卵を産みます．タラの雌が1万匹いれば全部で数百億個の卵になります．もしこれが全部生き残るのであれば，世界中の海は，あっと言う間にタラだらけになってしまうでしょう．もちろん，実際にはそんなことはなくて，生まれた卵のほとんどは成熟タラにはならずに死んでしまいます．

これはほんの一例ですが，一般にほとんどの生物では，生まれた子の全部は生き残れません．では，誰が生き残って誰が死んでしまうのでしょうか？　もちろん，突然の火山の爆発などで，誰ということなく，死んでしまったのは運が悪かっただけということもあるでしょう．でも，運だけのためではない場合もあります．

アシブトゴミムシという架空の昆虫の集団があると仮定しましょう．これは，前脚が太くて，ゴミをあさって食べる昆虫だとします．この虫たちの中には，ほかの虫たちよりも前脚が太い虫がいます．アシブトゴミムシはゴミを引っ張って巣まで運んで食べるので，前脚が太いと，より大きなゴミを運んでくることができます．そうすると，食料の状態が普通であるときはもちろんのこと，食料供給が乏しくて競争が激しくなったときなどは，前脚の太い個体は，より大きなゴミを運んで食べることができるので，足の細い個体よりも

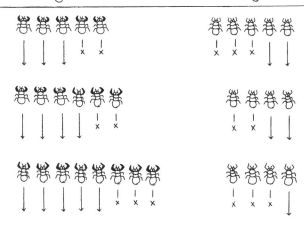

図1 架空の"アシブトゴミムシ"という昆虫の集団における自然淘汰
（集団の中には，前脚が太いタイプと前脚が細いタイプが存在する．太いタイプの方が，餌集めに有利なので，細いタイプよりも生存率が高い．生き残った場合には，どちらのタイプも繁殖して2個体になると仮定する．世代を経るごとに，この集団中には，前脚の太いタイプが増えていく.）

生き残る確率が高くなるでしょう．

　さて，ここで，前脚の太さは親から子へ遺伝するとします．つまり，足が太いか細いかは，よく運動したかどうかといった後天的な要素で決まるのではなく，足の太さを決めている遺伝子があって，それが子に伝わり，前脚の太い親からは，やはり前脚の太い子どもが生まれるのです．前脚の太い個体は生き残る確率が高く，その子どももやはり前脚が太くて，生き残りやすくなります．これが何世代も続くと，どういうことになるでしょう？　毎世代，足の太い個体も足の細い個体も子を生みます．その中の多くは死んでしまうのですが，足の太い個体は，足の細い個体よりも食料集めの点で有利なので，足の太い子の方が生き残る数が多くなります．すると，図1に示したように，そのアシブトゴミムシの集団には，だんだんに

前脚の太い個体の子孫が増えていくでしょう．これが，自然淘汰による進化なのです[3]．

種の保存論の誤り

以上が自然淘汰の基本理論ですが，見かけの単純さに比べて，これはなかなか難しい理論で，これまでに多くの誤解にさらされてきました．その中でももっともよく世間に広まっているのは，群淘汰の誤解でしょう．そして，この誤解こそが，ドーキンスをして「利己的な遺伝子」というキャッチフレーズを世に広めさせる原動力となったのです．群淘汰とは，「自然淘汰は，集団のレベルで起こる」とする考えをさします．こう書くとわかりにくく聞こえますが，「動物は種の保存のために行動する」という，あのよく使われる言い回しがまさに群淘汰の考えです．

これは，現在でも一般の人びとの間にはまだまだ根強く残っている考えですが，1970年代の中頃までは，専門家である生態学者や行動学者の多くも，進化は種の利益のために起こると考えていました．しかしこれは大間違いで，この間違いのために，動物行動学や進化生態学は非常な停滞を余儀なくされました．

ところで，このような考えが人びとの心にしっかりと根づいていることの大きな原因の一つは，察するに，「北欧のレミングというネズミの仲間は，増え過ぎると集団自殺して個体数を減らし，種の存続をはかる」という，一般に広まった言い伝えにあるようです．レミングは，ときどき個体数が非常に多くなることがあり，そのようなときに，確かにレミングは続々と暴走していくことがあります．しかし，そうやって疾走していくレミングの群れをくまなく追跡してごらんなさい．崖から海に身を投げて死んでいるのは，そのごく一部にすぎず，おおかたのレミングは新しい森に到着して，そこに住みつくのがわかるはずです．

つまり，レミングは，個体数が増えすぎて居心地よく暮らせる見通しの少なくなった土地を捨て，誰もが新天地を探して四方八方に分散しているだけなのです．そのとき，たまたま，その行く手に崖

図2   The Far Side cartoon by Gary Larson is reprinted by permission of Chronicle Features, San Francisco, Ca. All rights reserved.

があって海があった不運なレミングは，彼らの意に反して死んでしまう運命になっただけです．崖から落ちた，その同じレミングの個体が，たまたまそのルートをとっていなかったら，どこかで平然と生き続けていることでしょう．「種のために」自殺するレミングなどいないのです．いまでは明らかになったことですが，「種の利益を優先させるために，個体の利益を犠牲にする」という性質は，遺伝的には進化できません（少なくとも普通の条件下では）．

　それは非常に簡単なことで，いまここに，「種の利益を優先させるために，個体の利益を犠牲にする」という遺伝子と，「種の利益を優先させず，個体の利益を犠牲にしない（個体の利益を，種の利益に優先させる）」という遺伝子とがあったとします．レミングＡは前者の遺伝子，レミングＢは後者の遺伝子をもっているとしましょう．個体数が増えてきて，みんなの居心地が悪くなると，レミングＡは

自己犠牲をして死にますが，レミングBは自己犠牲をしません．すると，次の世代には誰の遺伝子が残るでしょう？　もちろん，自己犠牲をしないレミングBの遺伝子だけです．

　自己犠牲をしないレミングたちは，ますます個体数が増えて競争が激しくなります．そのうち自己犠牲ではなくて，本当に食料不足で誰かが死ぬでしょう．しかし，そのときでさえ，「自己犠牲をする」という遺伝的変異が出てきたら，それは，出てくるそばから自己犠牲してしまうので，集団から真っ先に取り除かれてしまいます．残っているのは，どれもみな「自己犠牲をしない」遺伝子の持ち主で，うまく生き延びられた個体の子孫だけです．したがって，集団の中に「種の利益のために自己犠牲する」という遺伝子と「自己犠牲しない」という遺伝子とが，2つのタイプの変異として出現したときには，「種の利益のために自己犠牲する」というタイプは絶滅してしまいます．

　以上は理論的な話ですが，実際の動物の行動を野外で観察しても，純粋に種の保存のために自己犠牲していると思われる行動は見つかっていません．レミングの例のように，種の保存のためであると解釈されてきたものは，みな，そうではない理由があることがわかりました．

　この考えにたつと，それまで見えなかったことも見えるようになってきました．つまり，ある特定のタイプの遺伝子の利益と，別のタイプの遺伝子の利益との間には，利害の対立が大いにありえます．種の利益のためになどということはなくて，種というまとまりの中に存在するそれぞれの個体の利益は互いに対立し，同種に属する雄と雌も対立し，それどころか，1つの個体の中に存在する遺伝子どうしの間にさえ，ときには対立が生じることになります．このような，異なる遺伝子間の対立が，多くの奇妙な現象を引き起こすのだと考えられるようになりました．

　それと同時に，それまでの群淘汰の考えでは当然とされていたことが，今度は不可解なこととみなされるようになりました．つまり，異なる遺伝子どうしの間の対立からさまざまな事態が生じるのなら

ば，逆に，一見，集団のために自己犠牲しているように見える行動はなぜ生じるのでしょう？　たとえば，ミツバチの働きバチはなぜ，巣を守るために自己犠牲するのでしょうか？　動物界には遺伝子どうしの競争が満ち溢れているはずなのに，実際には，協力行動も満ち溢れているのです．

　このような協力行動の進化を，群淘汰に陥らずに解決することは，実は，ダーウィン自身が一生持ち続けた謎だったのです．後の世代は，それをあっさり群淘汰を採用することでかたづけてきました．しかし，やがてこれらも，遺伝子淘汰の理論から解明されるようになりました．これは，それ以前の動物行動学を書き換えることになり，1970年代半ばにおける，新しい行動生態学の確立になったのです．実際，利己的遺伝子の理論と聞いて，生物は利己的なことしかしないということだと思ったら，それは大間違いです．遺伝子が効率よく増えるための方策は，闘争に勝つことだけではありません．相互扶助や協力や妥協が最善の道であることも多々あります．遺伝子淘汰の理論が強いのは，どのような条件ではどのような事態が生じるかということを，きめ細かく予測できるところにあります．

　この新しい発展と感動とを，生き生きとした筆致で一般の人びとに語りかけたのがドーキンスだったのです．したがって，「動物は種の保存のために行動する」という相変わらずの誤解がさして払拭されないまま，妙な「利己的人間論」だけが広まるという日本の状況は，学問の一般への普及という点でははなはだ不健全であると私は思います．

社会生物学論争

　さて，次に，安易な「利己的人間論」の問題点を考えてみましょう．これまでに述べたような進化生物学的知見は，私たち人間の行動の解明に役に立つのでしょうか？　1975年に，ハーバード大学のエドワード・ウィルソンが『社会生物学』という大著を著しました．ウィルソンは昆虫学者で，もともと，アリの行動生態に関する世界的な権威です．この本は，その当時知られていた動物の行動と

生態に関する諸事実をできるだけ網羅的に集め，新しい遺伝子淘汰の理論で説明しなおした，画期的な本でした．

　しかし，これがその後10年以上にわたって，多くの分野の学者を巻き込んで繰り広げられることになる大論争を引き起こしたのです．それは，この大著の全体の10分の1にも満たない最終章で，人間のことが語られていたからに他なりません．ウィルソンは，新しい遺伝子淘汰の理論を使って，人間の家族や社会の成り立ち，人間の示す利他行動，性行動，ホモの存在などなどを，動物の行動と同じように解明しようとしたのです．そしてさらに，心理学，社会学，文化人類学，法学，倫理学などの人文・社会系の学問は，今後は，社会生物学という名のもとに，遺伝子淘汰の理論で統一されるだろうと主張しました．それは，人間も進化の産物である以上，人間の行動や社会について考える学問はすべて，進化的視点を入れなければならないだろうから，というのが理由でした．

　これに対して，心理学，社会学，文化人類学などの分野から，一斉に猛烈な反対の声が上がりましたが，生物学者の中からも反論が出ました．その強烈な反発には，政治的なものもありましたし，生態学者が人文・社会系の学問に領海侵犯しているという，なわばり意識もありました．しかし，反論の骨子は，人間の行動に生物学的・遺伝的基盤があると論じるのはけしからん，人間は動物と違って，知能と理性と文化と学習と教育のたまものである，というものだったのです．

　この論争の政治的な側面はさておき，社会学者，文化人類学者などの多くが構築した反論は，人間は動物とはまったく異なり，動物の行動を解明する理論を人間にあてはめることはできない，という考えに立脚していました．彼らは，人間の行動は，遺伝子ではなく文化や学習や自由意志に基づいているのであり，社会生物学は，文化や学習の重要性を無視した不当な生物学的決定論であり，人間の活動をすべて遺伝子に還元しようとする，乱暴な還元主義であると論じました．そして，反対者の多くが，これは，新しい衣をかぶった社会ダーウィニズムであり，ナチスの思想に通じるものであると

感じたのです.

　この論争の中心は,「動物」対「人間」,「遺伝」対「環境」,「本能」対「学習」,「生物決定論」対「文化決定論」にありました. 人間が, 他の動物にはない高度な知能や文明をもっていることは明らかです. 確かに, 人間は, 他の動物とは異なる存在です. それを否定する人はいないでしょう. しかし, 文明や学習や知能があれば, 遺伝や生物学的部分は完全になくなってしまうのでしょうか？ 社会生物学論争は, 上記の○○対○○の二分法が成り立ち, 人間においては, 前者の○○はすでに意味がなくなってしまったと考える人たちと, このような二分法は成り立たないと考える人たちとの論争でもありました. 事実は, このような単純な二分法は成り立ちませんし, 何もないところに絵を描くように, 学習や文化が人間を作り上げていくのではありません. しかしまた, 人間の行動や社会が形成されていく道筋は, 他の動物よりもはるかに複雑で, 慎重に考慮せねばならないことがたくさんあるのも事実です.

　いま振り返れば, 長く消耗な論争が続いた結果, 双方ともに成長したようです. ウィルソンを初めとする社会生物学者たちは, 初期のころの雑な理論展開は撤回し, 生物進化と文化と学習との関係を, より精密に分析するようになりました. 一方, 人文・社会系の学者たちの一部には, より積極的に進化的視点を取り入れる人たちも出てきました. ここで詳しくは述べませんが, これは, 科学上の激烈な論争というものの積極的な利点を示した例であると私は思っています. 論争が, 単に個人の趣味的な意見の対立であるのならば, それは消耗なだけでしょう. しかし, 科学においては, 論争は双方の理論や分析をさらに精密化する活性剤となるのです.

　日本では, このような社会生物学論争はまったく起こりませんでした. 遺伝子淘汰の知識そのものが, 専門家の間にすら十分に認識されていなかったことが, その主たる原因であるとする見方もありますが, 生物学的な事実と人間の行動とを安易に結びつける論法に対して, 欧米よりも寛容な風土があるということも否めないと思います. そうでなければ, 血液型性格判断などというイカサマがこれ

ほど流行ることもないでしょう.

　実際，科学的事実というものがもつ意味，科学的事実と価値との
関係などについて，日本ではあまりにも議論されなさすぎるのでは
ないでしょうか？　*Nature* や *Science* などの国際学術雑誌の書評欄
には，専門的な分野の本に加えて，いつも最低 10 冊に 1 冊は科学
哲学や科学社会学の本が取り上げられています．科学の営みを，文
化全体の中で考え直していく試みが，日本でももっと必要だと思い
ます．それに加えて，一般に，激烈な論争をすることに対する遠慮
や気まずさがあるのだとしたら，やはりそれは，科学の健全な発展
と普及のためには，マイナスなのではないでしょうか？

自然主義の誤りとモラル

　毎夏，たくさんのセミが鳴いています．このセミという動物を考
えてみてください．日本のセミで数年，アメリカに住む 17 年ゼミ
に至っては 17 年間も，幼虫の形で地中に眠り続け，やっと地上に
出てきておとなになったかと思うと 1 週間たらずで死んでしまいま
す．そして，17 年間も地下で眠って，地上に出てきたほんの 1 週
間にすることが，次の 17 年間眠る幼虫を作り出すために繁殖する
ことなのです．ビクトリア朝の作家，サミュエル・バトラーは，
「にわとりは，卵が次の卵を作りだすための一段階にすぎない」と
言いましたが，このせりふに適しているのは，ニワトリよりもセミ
であると私は思います．

　このような話を聞くとすぐに，「生き物というものは……」とい
う哲学めいた話や教訓話が想起されます．事実，せっせと雛に餌を
運ぶ鳥の親や，子どもを離乳させるために角で突き放すサイを見て，
人間もこのようにするべきだと言ったり，共同で巣を守るアリを見
ては，社会のための奉仕の精神が大切だと言ったり，動物のするこ
とを教訓めかして語ることは日常に満ち溢れています．

　本当のところ，科学的事実は，私たちの価値判断にどのような影
響を与えるのでしょうか？　通常，科学は価値判断とは無関係であ
ると言われています．実際，水が酸素分子 1 つと水素分子 2 つとで

できているということは，特定の価値判断とは関係がありません．ところが，生き物の話となるとそれは微妙な領域に入ります．「生き物はこのように作られている」という話は，容易に「生き物はそのように生きるべきなのだ」という教訓話に変わるからです．しかしながら，「自然界がこのように作られている」ということから，「人間はそのように生きなければならない」という教訓を引きだすことはできません．最初の文章から論理的に2番目の文章を導きだすことはできず，そうすることは自然主義の誤りと呼ばれています．

　人間は鳥のように空を飛ぶ翼は持っていませんし，ネコのように夜目がきくわけでもありません．しかし，このことから自動的に，人間は空を飛ぶべきではないとか，夜に物を見ようとするのは悪いことだ，という道徳が導かれるわけではありません．人間がどう作られているかにかかわらず，人間は，空を飛びたいと考えれば飛行機を作り，夜も活動したいと思えば照明を開発してきました．

　遺伝子は「利己的に」振る舞うことによって存続してきました．しかし，そのこと自体の中には，だから私たちが何をするべきかというモラルは含まれていません．モラルは，私たちが選択する価値です．何をよいことと感じるかというモラル感情の基本には，おそらく，自然淘汰で形成された脳の働きの制約があるでしょう．そのような一番深い生物学的基盤を明らかにしようとしているのが社会生物学です．しかし，それでも，どのようなモラルを選択するのか，その最終的決断は私たちの決断であり，その責任は私たちにあります．「利己的遺伝子だから利己的に振る舞えばよいのだ」と考えるのならば，それはその人の判断であり，遺伝子のせいにして責任を逃れることはできません．

　「個人」の意識，「自我」の意識に価値を置く考えの中にいる現代の私たちには，「個体は遺伝子の乗り物である」というような現代進化生物学の知見は，せっかくの自我の獲得をだいなしにする興ざめなものに聞こえるかもしれません．しかし，これらの事柄の間に直接の関係はないのです．科学的事実が，特定の教訓を引きださないのと同様，特定の倫理観，価値観に科学的根拠などないでしょう．

奴隷制や階級社会の存在を正当化する科学的根拠がないと同様に，いまの私たちの価値観を正当化する科学的根拠もないと思います．

　しかし，科学的事実が価値判断と本当に関係がないのであれば，結局は，進化生物学が発展しても，私たちの人間観とは無関係なのでしょうか？　そうではないはずです．かつて，人びとは，地球が宇宙の中心であると考え，それに基づいた宇宙観や人間観を築いていました．しかし，地球は宇宙の中心ではありませんでした．その科学的認識は，徐々に人間の人間自身に対する見方を変えていったのです．それと同じように，人間を含めて生物がどのように作られているのかを知ることは，やがて，私たちの人間観，生命観を変えていくでしょう．事実をまったく無視した価値観を，ずっと持ち続けていくことはできないからです．こうして，人間のさまざまな価値観は歴史的に変遷してきました．それでも，獲得した知識の上に特定の価値観，倫理観を引き出すのは，あくまで私たちの選択なのです．

おわりに

　科学者は，自分たちの研究の大部分が，国民の税金を初めとする公的な予算で賄われている以上，その研究成果を，わかりやすく正確に一般の人びとに伝える義務があるはずです[4]．この義務の中には，正しい知識を伝えることとともに，間違って普及されているものを正すということも含まれるでしょう．しかし，科学者は，本来の研究で忙しいのがつねですから，一般への知識の普及を全部引き受けることはできません．そこで，科学ジャーナリズムが不可欠となります．しかし，ジャーナリストに限らず，専門外の人間がある分野について書くときは，少なくともその専門分野の人に原稿を見てもらうのが良心的というものでしょう．科学は単なる思いつきや個人の考えの披露ではなく，現時点までで正しいと確かめられたことの積み重ねの上に，一定の理論による解釈がなされる仕事なのですから．

　最後に，一般の人びとも，ある程度の批判的な鋭い目を養わねば

なりません．科学をしろうとが理解するのは，必ずしも寝転がって
テレビを見るような簡単なものではありません．科学の世界はわく
わくするおもしろさに満ちていますが，科学的知識を理解するには，
ある程度以上の知的努力が必要です．そういう努力を楽しいと感じ，
知的論争を好む層がしっかりと増えれば，科学者も，科学ジャーナ
リズムも，逆に刺激を受けるに違いありません．そのような鋭い
「非」科学者の一般人を育てていくことも，科学者の使命の一つな
のでしょう．

註

1) 「利己的遺伝子」の考えがドーキンスの発明であり，彼の個人的見
   解であるかのように受け取るのは誤りです．この言葉を作ったのは彼
   ですが，この言葉が表している遺伝子淘汰の理論を構築したのは，ド
   ーキンスの先人の多くの学者であり，また，現在でも日々，新しい研
   究がつけ加えられています．
2) 自らは繁殖をしないという性質は，特別なルートをとれば進化でき
   ますが，普通は，当然のことながら次の世代には伝わりません．
3) ここで注意していただきたいのは，注目しているのは「足の太さに
   関する遺伝子」の頻度だということです．1匹の個体は，足の太さ以
   外にもいろいろな性質を身につけていますが，そのまるごとの個体全
   体を問題にしているのではありません．
4) しかし，現在の科学者社会では，一般向けに正しい科学的知識を啓
   蒙することは，科学者の業績とはまったく認められていません．

参考文献

〔行動生態学・進化理論の入門書〕
リチャード・ドーキンス『利己的な遺伝子』（日高敏隆・岸由二・羽田節
　　子・垂水雄二訳，紀伊國屋書店，1991年）
ジョン・クレブス＆ニック・デイビス『行動生態学（原書第二版）』（山岸
　　哲・巖佐庸訳，蒼樹書房，1991年）
ロバート・トリヴァース『生物の社会進化』（中島康祐・福井康雄・原田
　　泰志訳，産業図書，1991年）
粕谷英一『行動生態学入門』（東海大学出版会，1990年）
河田雅圭『進化論の見方』（紀伊國屋書店，1989年）
〔社会生物学論争について〕
エドワード・ウィルソン『人間の本性について』（岸由二訳，思索社，
　　1980年）
リチャード・アレクサンダー『ダーウィニズムと人間の諸問題』（山根正

気・牧野俊一訳，思索社，1988 年）

ヘレナ・クローニン『性選択と利他行動』（長谷川真理子訳，工作舎，
　1994 年）

21 世紀モラルの鍵は？

　利己的遺伝子の理論とは，人間の利己性を遺伝子のせいにして正当化する話だとか，私たち人間の行動はすべて，遺伝子の「意思」によって操られているのだと説く話だと誤解している人がたくさんいます．本文で述べたことから，これらはみんな誤りだということを理解していただければ幸いです．

　ところで，上記の 2 つの誤解のもとになるようなことを，ドーキンス自身は一言も言っていません．また，現代の行動生態学には，そのようなことはまったく入っていません．学問を不正確にポピュラライズする人たちのモラルも問題ですが，第二次，第三次資料だけに頼って，原典にあたらずに論評を行う態度もモラルに反していると思います．

　科学というものは，非常に裾野の広い積み重ねの上に成り立っているので，その最上段の部分を，下の段を抜きにして説明するというのは，不可能に近い至難の技です．また，そのようなピラミッド状の積み重ねの全体の中で一定の位置を占めている事実を，周囲から切り離して取り出しても，その事実のもつ意味がよくわかりません．しかし，科学のその分野に通じていない人びとの中には，ピラミッドの全体は知りたくもなく，自分がおもしろいと思うことだけを知りたい人びとがたくさんいます．実際，このように学問が細分化され，人びとが自分の仕事で忙しい世の中では，いろいろな専門分野を熟知しろというのは無理というものでしょう．

　しかしながら，専門家は，そんな科学の全体像におかまいなしに，おもしろい話だけすればよいものでしょうか？　生物の話，人間の話となるととくにやっかいです．利己的遺伝子の理論にまつわる誤解のように，人びとは，それらの断片的で不正確な知識を，自分がすでにもっている考えの根拠に利用したくなるからです．モラルの原点は，他人に対する思いやりと自らを律することであると思っていますが，社会に対する科学者の在り方，科学者の社会的責任について，核物理学と原爆製造の関係のような問題だけでなく，科学的知識の普及という点についても，もっといろいろなところで議論するべきだと思います．

「奇妙なサル」に見る互恵性
進化行動生物学からのアプローチ

●●

長谷川寿一

●前章に引き続いて，生物としての「ヒト」から「人」への飛躍が学問的に追跡されています．生物学的に見た場合の人間らしさとは何か，それがどのように獲得されたのか，という「原点」をただしく認識することが重要です．それは，人間にとっての「文化」と「自然」の関係という永遠の問題とも深く係わっています．（**K**）

人間とチンパンジー──霊長類の一員としてのヒト

　　「人間はサルから進化したんですって」「そんな恐ろしいことは間違いであると祈りましょう」「でも，もし本当だったら，誰にも知られないようにいたしましょう」──ビクトリア朝の貴婦人の会話から

　1960年代以降，急進展した分子進化学の知見によれば，ヒトの祖先がチンパンジー・ゴリラグループから分岐したのは今からおよそ500─800万年前とのことだと言われます．日常的な感覚からすれば，それは気が遠くなるほど昔のことのように思えます．しかし，進化的スケールの上ではほんのわずかな時間にすぎません．今日に至るヒトの進化の道のりを長いマラソンにたとえるならば，ヒト，チンパンジー，ゴリラの共通祖先は，ゴールの競技場に姿を現す直前まで肉体も精神も同一の生物として走り続けてきたのです．親戚という言葉を拡大解釈して，祖先を同じくする者同士とするならば，ヒトとチンパンジーとゴリラは紛れもなく親戚同士にあたります．さらに踏み込んで言えば，ヒトとチンパンジーはチンパンジーとゴリラよりも近い親戚関係あり，ヒトとゴリラはゴリラとオランウータンよりずっと近い親戚と言うことになります．ずいぶんと直感に反するようですが，これは遺伝学的な事実なのです．

図1 『ケンブリッジ人類進化百科』
の表紙. ©Nancy Burson.

　図1は『ケンブリッジ人類進化百科』の表紙で，ここに描かれて
いる生物はコンピュータで画像処理されたヒトとチンパンジーのハ
イブリッドです．まるで SF 映画のポスターでも見ているような印
象を受けますが，現代の生命操作の技術をもってすればヒトとチン
パンジーの雑種は誕生可能だろうと言うことです（友人の人類遺伝学
者の話）．もし現代のモロー博士とも言うべきマッドサイエンティ
ストが，このようなチンパーソン（chimperson）を生み出した場合
を思考実験すると，人間とは何か？　という根源的な問題をめぐっ
て上を下への大騒動が起きるだろうと，リチャード・ドーキンスは
予言しています．多くの人にとって怪物にしか見えない彼（彼女）
は，片言の言葉ぐらいはしゃべるに違いありませんし，ごく自然に
ヒトの異性に恋することでしょう．このチンパーソンにはどこまで
「人権」が与えられるのでしょうか？　彼（彼女）にも義務教育を
受けさせるべきでしょうか？　結婚し，遺産相続する権利があるの
でしょうか？
　少し話が飛躍してしまいましたが，現生のチンパンジーやボノボ
の生態や行動が明らかになるにつれて，彼らがヒトの仲間（ヒト科
の一員＝類猿人）であると言ってもあながち誤りでないことがわか

ってきました．「人間とは〜という動物（サル）である」という問いに対して，「道具を使う動物である」，「文化をもつ動物である」，「政治をする動物である」，「一年を通して性的に活発な動物である」，「狩猟をするサルである」，「同胞を殺す動物である」云々というさまざまな答えがなされてきましたが，今日では，これらの特徴は萌芽的なものも含めてすべてチンパンジーでも認められています．

　十数年前，東アフリカで初めて野生チンパンジーと出会ったときの彼らの瞳の深さを私は忘れることができません．私は初対面の相手をじっと値踏みして見つめました．「こいつが新しい研究対象か」と思った瞬間に，相手がまさに同じ行為を私に対して行っていることが伝わって来たのです．それは「おぬし，新入りの研究者だな」とでも言いたげな視線でした．主観的な体験なので，このような出来事はなかなか論文には書けないことです．しかし，その後もしばしば，私は観察しているのではない，されているのだという印象を受けました．現地の人びとがチンパンジーを人の仲間に分類しているのもうなずけることでした．

　彼らの精神の複雑さ，あるいは不可解さを端的に表わすエピソードとして「ヒョウの幼獣殺し」を紹介しましょう[1]．ある朝，研究者たちはキャンプ近くの森からチンパンジーたちが尋常ならざる叫び声を発しているのを聞きました．駆けつけると集団の雄たちが大きな岩を取り囲んで騒いでいました．森の中のどこからともなくヒョウ特有のうなり声がこだましていました．そのうち，1頭の老いた雄が果敢にもそのヒョウの巣穴とおぼしき岩影に潜り込み，なんと1匹の可愛らしいヒョウの赤ん坊を引きずり出して来たのです．興奮の極みに達した彼らは，その幼獣を岩に叩きつけて殺し，振り回し，引きずり回して騒ぎ立てました．大騒ぎは1時間程続き，やがて雄たちはヒョウの子を残して立ち去りました．彼らはサルやレイヨウを殺して食べるのを常としていますが，このときは一口としてヒョウの子を口にしようとはしませんでした．まさに殺しのための殺しだったのです．それがなんらかの「復讐」だったのか，「勇気を示す儀式」だったのか，それ以外の理由によるものかは未だ

チンパンジーの雄たちによっ
て殺されたヒョウの子を拾っ
て，木の上に引き上げる若者
（9歳）の雄．（R. W. Byrne 氏
と J. M. E. Byrne 氏撮影）

に謎のままです．

　ここまででも驚かされる出来事だと思いますが，研究者が思いも
よらないことが引き続いて観察されました．1頭の若者の雌が，ヒ
ョウの子の死骸と遊び始めたのです．彼女は死体を樹の上まで引き
ずり上げ，ちょうど人間の少女たちが縫いぐるみを扱うように抱き
しめたり，毛づくろいしたりして「お人形遊び」をしたのでした．
彼女らはしばしば球形の大きな果実でも同じような行為を示します
が，今の相手は死んではいても実物のヒョウです．彼女はヒョウの
赤ん坊を可愛いと思ったのでしょうか，それとも哀れだと思ったの
でしょうか．

　この例に限らず，野生チンパンジーの観察記録からは自然状態の
チンパンジーの「非動物らしさ」，あるいは「人間らしさ」の芽を
随所に垣間見ることができます．さらに，飼育下での心理学的訓練
の成果からも，彼らのもつ潜在的認知能力の高さがつぎつぎと示さ

れてきました．たとえば，チンパンジーとボノボは人工的な言語シ
ステムを理解し，ある程度までなら単語を綴ったり，作文したり，
さらに発話したりできることが報告されています．カンジという名
前のボノボは人の発する言葉を聞き分けることができます．ある日
の課題は「ニンジンに水をかけてごらん」というものでしたが，カ
ンジはニンジンを窓の外に放り出しました．その日は雨が降ってい
たのです！

　皮肉なことに，他の動物が有しえない科学や技術が進むほどに，
人間と他の動物（とくにチンパンジー）の距離の近さがどんどんと暴
露されてきました．冒頭の会話にあるように，人がサルの一員であ
るという見解は1世紀程前には非常識そのものでしたが，いまやそ
のことを疑う知識人はほとんどいないでしょう．自然界には人の特
別席はもはや存在しないのです．まして，地球規模で生物の存亡が
語られる現在，人間だけが隔絶した存在であると考えるのは傲慢な
る無知以外の何ものでもないでしょう．

チンパンジーにモラルはあるか？

　それほどまでに人間に近い存在ならば，チンパンジーやボノボに
もモラルの芽生えが認められるでしょうか．その答えは，もちろん，
モラルをどのようにとらえるかによりますが，たとえば，人以外の
動物にも拡張できるように「非エゴイスティックで向社会的な行動
規則」とするならば，彼らは多少なりともモラルを有すると言える
でしょう．他の霊長類ではほとんど見られない食物分配はチンパン
ジーやボノボの社会では常習的な出来事です．とくにボノボでは，
好物の食べ物を所有する仲間をじっと見つめると，所有者が（あた
かもいたたまれなくなったかのように）食物を差し出して分け与えるこ
とが知られています．

　チンパンジーは他者の痛みに対する共感も持ち合わせているよう
に思えます．私が観察していたある日の午後，子どもの雄が砂ノミ
という寄生虫の卵を足裏に産みつけられ痛そうにしていました．こ
の卵は人間でも強力なピンセットがなければなかなかつまみ出せな

い厄介ものです．その子は爪を立ててほじくり出そううとするので
すが，なかなかうまくいきません．すると1頭の年長の雌がやって
きてその子の足を摑んで自分の方に引き寄せました．その子の代り
にとってやろうというわけです．そうこうするうちに，周りにいた
チンパンジーたちも見物にやってきました．総勢4頭（人）のチン
パンジーが頭を突き合わせて「治療行為」をじっとみつめる様は，
まるで医務室の光景のようにも見えました．その他，親を失ったみ
なしごを血縁者や非血縁者が養護するとか，力の差がある子ども同
士が遊ぶときに年長者が弱い方にハンディをつけてやるとか，彼ら
の「相互扶助」的なエピソードにはこと欠きません．

　しかし，その一方で，チンパンジーは動物界でも「殺害者」とし
ても悪名高い存在です[2]．異なる集団間で雄たちが相手側が壊滅す
るまで，不意打ちや集団リンチ殺害を繰り返した「戦争」の事例，
同じ集団内で第1位という特権的地位を巡って凄惨な殺し合いを行
う「死闘」の事例，顔見知りの雌に襲いかかって赤ん坊を引きはが
し，その子を殺したあげくに食ってしまうという「子殺し・子食
い」の事例などがアフリカ各地の調査地から続々と報告されていま
す．狩猟者という点でいえば，チンパンジーは（人を除く）霊長類
中ずば抜けて優秀な才能を示します．

　私も何度も目撃しましたが，雄たちの暴発的な攻撃性は彼らの暗
い影の部分であり，姿も心理もなまじわれわれと共通するだけに観
察するのがつらくなる程の行為でした．彼らには人類が攻撃性を抑
止するように発達させてきた制度や規範が欠落しているのは明らか
でした．

　このように「モラル」に関してもチンパンジーは，良い意味でも
悪い意味でも，ヒトの原型の一端を覗かせてくれる魔法の鏡のよう
な生き物なのです．

ヒトは奇妙なサルである——人類のユニークさ

　さて，話をわれわれの側に移したいと思います．これまで述べた
ように，ヒトとチンパンジー・ゴリラが類縁関係にあることは事実

ですが，ヒトがかなり奇妙なサルであることもまた事実です．外見の形態的特徴を見ただけでも，ほとんど無毛かと思えば頭部や下腹部の変な場所に局所的に毛が残り，4足ではなく2本の足で移動し，他のサルには見られないほど唇が盛り上がっています．成人女性の胸の膨らみや，成人男性の太いペニスも霊長類では例外的です．そして何より，大きく重い脳を備えていることは特筆すべき特徴でしょう．

　種としてみたときのバイオマス（体重×個体数）は霊長類中，哺乳類中はおろか全動物中でも最大級であり，分布域も全世界に及んでいます．たったの1種だけで全陸地面積の約4割を宅地，耕作地，放牧地として独占し，全地球上の生物が利用可能なエネルギー源の約25%に対してなんらかの影響を与えています．食性はサル類としてはまれにみる悪食・雑食性です．近縁種のゴリラやチンパンジーは4—6年間隔でしか出産しないのに，ヒトは年子をもうけることもできます．それはどうやら父親が直接，間接に育児を分担することによって可能になることのようです．大型霊長類としてはきわめて例外的なことに，ヒトはきわめて繁殖力が高い動物なのです．

　社会システムをみると，ゴリラが一夫多妻型のハーレム社会，チンパンジーが乱婚型コミュニティ社会を作るのとは対照的に，ヒトは一夫一妻もしくはゆるやかな一夫多妻の核家族を単位に，それが親族ごとに結合する拡大家族を形成し，さらにその核家族や拡大家族が地域社会を構成します．現代では地域社会間の壁の相互浸透性が進み，地球規模での相互交流もみられます．ゴリラやチンパンジーが生息地のアフリカ中を旅するなどという話は聞いたこともありません．

　異星人が地球上のどんな社会を訪れようとも，人びとが言語を用いて意思伝達を行い，子どもたちが驚くべき速度でその言語を習得していく姿を目にすることでしょう．ヒトはまた火をはじめとしたさまざまなエネルギー源を利用して酷寒環境（のみならず今日では酷暑環境）にも適応します．さらに文化ごとにその様相は異なりますが，道具・衣服・住居といった身体の拡張装置や保護装置を備えて

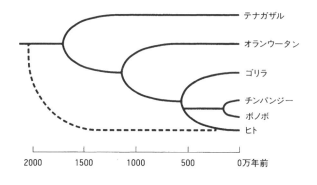

分子進化学の知見にもとづくヒトと類人猿の系統関係

テナガザル
オランウータン
ゴリラ
チンパンジー
ボノボ
ヒト

2000　1500　1000　500　0万年前

- - - - -　旧来考えられていたヒトの系統関係

図2

いることも他の類人猿（類猿人）にはない特徴です．とくに時代が
現代に近づくほどにその多様性は拡大し，今や種としての斉一性よ
りも社会や文化ごとの差異の方が大きく思えるほどです．

　このように人間の特徴目録を人類学の教科書風にリストアップし
てみるだけでも，チンパンジーの祖先と袂を分かってからの約600
万年間に，われわれの祖先たちがいかに劇的に変化してきたかがわ
かります．先に述べたこととはやや矛盾するような印象を与えるか
もしれませんが，600万年という長さは新しい特徴を備えた種を誕
生させるには十分すぎるほど長い時間なのです．

　さらに，上のリストをもう少し詳細に検討してみると，人間のユ
ニークさのすべてが600万年前の「分岐」直後に生じたわけではな
いことがわかります．とくにわれわれがもっとも人間らしい特質と
みなしている，文化的多様性や環境適応の順応性（全世界的分布）
といった特性はわずか数千〜数万年前になって初めて登場したもの
です．ベーリング海峡を越えてアメリカという新天地に進出したの
も，カヌーを漕いで大洋の孤島（マダガスカルやニュージーランドのよ
うな大きな島も含みます）へ上陸したのも，現在でも見る人の心を魅
了する洞窟絵画を描きはじめたのも，農耕や牧畜といった革新的な
生業形態を編み出したのも約10万年前に新人と呼ばれる現代人が

出現してからの出来事です．先のマラソンレースのたとえに戻って言えば，ゴール直前のわずか 10 メートルをきったところで人類は驚異の大変身をとげたわけです．

人間の繁栄の直接の引き金──言語と文化

では，われわれの祖先が奇跡の繁栄を成し遂げたのはどういう理由によるのでしょうか？　多くの研究者が指摘するように，言語の獲得と文化的伝承の創造が重要な転回点のひとつであったことは疑いないことでしょう．

話し言葉だけでなく，手話や書字言語も含めて言語がない世の中を想像してみてください．意思の疎通も，知識の蓄積も，自分自身の行動調整もすべてままならぬ事態がすぐに発生することでしょう．うなり声と身振りだけで，昨日のことや明日のこと，そこにいない他人や見えない環境に関する情報などをどうやって伝えられるというのでしょう．チンパンジーやボノボは教えられればかなりのレベルまで言語（や疑似言語）を習得できますが，彼らが自発的に言語を獲得し，それを相互のコミュニケーションの道具として使用することはありえません．

言語と並んで重要な鍵が文化です．行動学者は他の動物にも適用可能なように，文化を「社会的学習による世代間の情報伝達」というように定義します．ここではとりあえず，社会的学習を模倣と呼び換えてもらってもかまいません．短い一生の内で個人が体得する学習量には限りがありますが，他者の行為を模倣して利用できれば環境世界を飛躍的に拡げられることになります．さらに，個体間だけではなく世代を越えて知識がプールされていけば，個々人の試行錯誤だけではとうてい獲得不可能な，ばく大な有用情報のソースにアクセスできるようになります．加えて，情報の保有者（通常は年長者）が非保有者（子どもや若者）に対して，知識を積極的・強制的に伝授したり知識の獲得を援助したりすれば，すなわち教育を施せば，個別・自発的に模倣する手間さえも省け，情報伝達の速度と効率が格段に高まります．文化のおかげで，たとえ一人ひとりには何

の発明・発見の才がなくても，私たちはどこかの誰かが見いだし，社会に蓄積されてきた知識に頼って（もっと悪く言えば，寄生して）生きていけるのです．約1万年前に起こった農業革命にしても，文化という土壌なくしては生じ得なかったことでしょう．一方，他の動物は個体レベルではかなり高度な学習ができても，獲得した知識を仲間や子孫まで広める術をほとんどもっていないのです．

　言うまでもなく，言語は文化的伝達を可能にするもっとも重要な媒体ですから，言語の成立が文化の発展を一気に加速させたと考えてよいでしょう．その結果，人間はもはや自然淘汰の圧力に直接さらされることはなくなりました．いまや餓死や凍死はニュースにはなっても，日常生活からは程遠い出来事です．現代人がテクノロジーを武器として自然環境をむしろ積極的に改変しつつあるのは周知の通りです．

言語や文化の前提条件——互恵性と信頼

　では，そもそもなぜわれわれの祖先は，言語を獲得でき文化を加速できたのでしょう．新人が出現するまでの長い時間，われわれの祖先はチンパンジーやゴリラとほとんど変わらない暮らしをしていただけなのでしょうか．過去の行動や心理，生活様式を知るための化石資料はごく限られていますので，推測を重ねるしかありませんが，言語や文化を花開かせた前提条件を考えることは意味があるでしょう．

　言語にしても文化にしても，その背景には持続的な互恵性や信頼，共感といった感情が不可欠であったと考えられ，それらこそがチンパンジーやゴリラをはじめ他の動物には欠けているものだと思われます．言語は他者との意味の共有があって初めて成立するものですが，意味の共有は相手との共同行為や共通の行為目標を前提としています．ときには言葉でだますこともありますが，言葉が嘘を伝えるよりも正直なメッセージを伝えることの方がはるかに多いことは明らかです．疑心暗鬼ではコミュニケーションはけっして円滑には進みません．相手の真意をはかりつつも，言語は基本的には相互信

頼の上に成り立っているものなのです.

　文化にしても,模倣という行為がその基礎にある以上,他者の発する情報を信用することを前提にしています.たとえば,子どもや若者たちは親をはじめ年長者の行為をいともナイーブに模倣し,文化の伝統に染まっていきます.伝統や宗教や流行の「感染力」が,理性的な判断能力をものともしないほど強力なものであることもよく知られています.先には説明を省略しましたが,模倣行動には大きく分けて2つの種類があり,その一つが他者と同じ行為を繰り返す付和雷同的な模倣(例:その先に求めるものがあるかどうかはわからないが,大勢が向かっているからとりあえず自分もそちらへ行ってみよう),もう一つは他者の行為の結果に応じて意味がある場合にのみそれを模倣する真の模倣(例:他人がきのこを試食して腹もこわさず美味いというなら自分も食べてみよう.他人が下痢をしたならやめておこう)です.後者の方が,他者の有する情報をより正確に利用できるのですが,人間はつねに慎重とはかぎりません.むしろ,現実の人びとは他人の行為の最終結果まで見極めようとはせずに,ある意味で無防備のまま他人と同調しようとする傾向が非常に強いのです.

　人以外の動物は,模倣がきわめて不得手であることが知られていますが,皮肉にも,人はサル以上に「サル真似」の達人であるようです.すなわち,人は動物界では例がないほど,他者を信じやすく(裏を返せば,騙されやすく),他者による影響や呪縛から逃れられない生物のように思えます.そしてその背景には,他者との間の互恵的信頼という頑固な心理メカニズムが生得的に組み込まれていると思われます.おそらく祖先たちは,長い進化的な時間をかけて,互恵的なシステムを築き上げてきたのでしょう.人間は生来,社会的動物であるという認識は的を得ています.

互恵性の進化とモラルの起源

　最後に,人間の互恵性の起源について考察してみたいと思います.前章でも述べられているように進化行動生物学というと,一般には,個体の利己性を暴きだす皮相的で乾いた学問だというイメージがつ

きまといがちですが，実は，過去4半世紀の間，この領域は協力行動や利他行動の理論的解明に非常に大きな貢献を果たしてきた分野でもあるのです[3]．1971年にロバート・トリヴァースは，利己主義者の二者間においてさえも，互恵的な利他行動が進化しうる条件を明らかにしました．彼は，行為者が払うコストがその行為によって被行為者が受ける恩恵より相対的に小さく（つまり，小さな親切で大きな恩義を与えることができ），かつその二者間では役割交換（つまり，お返し）が期待できるような事態では互恵的利他行動が生じるだろうと予測しました．これは，有体に言ってしまえば，「情は人のためならず」というアイデアです．トリヴァースの理論は生物全般についてのものでしたから，その後，多くの生物種で互恵的利他行動に関する実証的な研究が行われ，動物界におけるさまざまな「もちつもたれつ」関係が発見されました[4]．しかし，なんと言っても互恵的行動が生活のあらゆる場面で普遍的に展開される動物は，われわれ人類以外には見当たりません．

　これには，それなりの理由があります．多数の個体同士のつきあいが複雑に絡み合った場面で互恵的システムを維持していくためには，つきあう相手を間違えないという長期的な記憶能力や，コストを払わずに利益だけを享受する寄生者（イカサマ師）を検知する認知能力，過去の取引の公正さを振り返り将来のペイオフを計算する時制の概念などが必要となりますが，人の脳はその条件を満たすことができるほど発達しているからです．動物界では類いまれな利己主義者同士の協力行動を進化させる素地が人間には整っていたと言うことになります[5]．

　利己主義者にとってさえ協力的な選択が自己中心的な選択よりも有利になりうることを示すメタファーとして，よく取り上げられるモデルに「囚人のジレンマ」があります（ボックス参照）．このゲームモデルは，相互交渉がある二者間の利得関係において，個人の利益（利己的選択による利得）と両者を合算した利益（協力的選択による利得）の間に葛藤が生じる事態を扱ったものですが，ロバート・アクセルロッドはコンピュータ・プログラム同士を競い合わせるとい

うシミュレーション研究によって，関係が長期化するほど「しっぺ返し」（tit for tat）と呼ばれるプログラムが有利になることを示しました．しっぺ返しのアルゴリズムは，初回は協調を選択し，2回目以降は前回相手がとった手を反復するというごく単純なもので，それは，初対面者を信頼し協調的態度を基本とする点で「善良」ですが，相手の裏切りにはすばやく反撃する「短気さ」と，相手が協調に転じたときにも直ちに協調関係を修復する「寛容さ」を兼ね備えており，人間同士のつきあい関係における望ましい性格にも驚くほど通じるものです．ともあれ，囚人のジレンマ研究の重要なポイントは，これが共存共栄が可能な非ゼロサムゲームであり，利己主義者にとっても長期的な関係では協力的選択がペイすることを示した点にあります．近年，進化生物学者たちはこのゲームを集団内で

展開させ，協調主義者が広まる条件の解析を進めています．

　おそらくわれわれの祖先たちも，進化史上のどこかの時点でなんらかの理由によって，互恵的関係が単独での利得追求より長期的に有利になることを身につけたに違いありません．はじまりは，近親者同士の助け合いだったかもしれません．あるいは，グループ内部の結束が，食料，水，領土，奴隷，配偶者，象徴物等々をめぐる集団間抗争の上で有利に働いたということも大いにありうることでしょう．そのきっかけがどのようなものであったにしても，いったん互恵的協力行動が安定すると，他者に対する基本的態度が，それまでの競争心や猜疑心から信頼感へと嘘のように逆転したのだろうと推察できます．

　しかしもちろん，互恵性が安定したシステムとして定着するためには，お返しをしない裏切り者やただ乗りをもくろむ寄生者に対して免疫機構を備えている必要があります．祖先たちはそれにどう対処したのでしょう．その基本メカニズムのひとつが遺伝的に組み込まれた無自覚的な感情システムであったと考えられます．たとえば，他人にだまされたときや策略にはまったときには，人は誰でも怒りの感情が（理性にも先んじて）まっさきに込み上げてきます．だまされたことがわかっても，なお平然としていれば，相手は次の機会もあなたをだまそうとするでしょう．怒りを示すからこそ相手の裏切りを抑止でき，この自動感情システムが作動するからこそ，互恵的社会への侵犯者をいち早く検知し排除することができるのです．その一方で，感情は互恵的信頼関係を安定化するような機能も備えています．恩恵を受けた相手に自ずと恩義や友情を抱くのも，またそのような相手に自分が恩返しをすることに喜びを感じるのも，相手が困難な事態にあることに共感を覚えるのも，互恵的システムの基盤を固めるのに役立ちます．トリヴァースは適応的な生得プログラムとして機能する感情システムについて興味深く考察しています．

　さらに，この数万年間に文化進化が加速してからは，社会制度が互恵性の監視・推進機構としていっそう重要な役割を果たすようになりました（次章を参照）．社会制度は感情とは違ってときには人に

息苦しさを与え，誤作動することもままありますが，感情では処理しきれない複雑な社会的軋轢を調整することが可能です．ここでは深く言及しませんが，規範や道徳，法といった社会関係調整機構が，他の動物にはけっして見い出せない人類の知性の結晶であることは言うまでもありません．

　この章では，チンパンジーと人の間の連続性と差異化の歴史を駆け足でスケッチしました．そして，人とチンパンジーの大きな分岐点のひとつが，人類が安定した互恵的関係を築き上げることができた時点ではなかったかと推論しました．人類は長い時間をかけて，生物界でも無類の互恵性とその維持メカニズムを進化させ，それが今日の繁栄の肥沃な土壌になったのだろうと論じたわけです．進化生物学的視点に立てば，モラルは近代社会の文化や制度の産物ではなく，その起源は言葉も文化も未発達な数百万年前の狩猟採集社会まで求められることになります．研究者の中ではまだ少数派ですが，利他主義や共感，信頼，社会的公正感といった特質には，かなり強固な遺伝的な基盤があり，それらは人間に組みこまれた本性に違いないと私は考えています．しかし，たとえこれらの美質が生得的であったとしても，調和的な社会が自動的に実現されるはずもありません．多種多様な現実社会の制約条件が存在し，われわれに内在する他の本性（そのなかには攻撃性も想定できます）との相互作用もあるからです．多くの先達が述べてきたように，自然はけっして単純にはモラルの権威たりえないでしょう．政治や社会正義に関する決断は，最終的には個々人の意志と判断によって下されるべきものだと私も思います．ただし，人の本性とその由来を知ることは，けっして無駄な試みではありません．生理学が医学に，物理学が工学に，生態学が自然保護運動に礎を供するように，人間性に関する生物学的理解はモラルの在り方を論ずるときに基本的視座を与えてくれるものなのです．

註

1) Hiraiwa-Hasegawa, M. *et al.* 1986, *Folia Primatologica* 47：8-17.

2) チンパンジーは殺し屋として有名ですが，それとは対照的に，ボノボでは暴力的な行動はほとんどみられません．

3) 血縁者間の利他行動に関する進化生物学的説明も重要ですがここでは省略します．

4) たとえば，チスイコウモリの相互献血行動はどの動物行動学の教科書にも紹介されている有名な例です．

5) 発達した脳が先にあったのか，互恵的協力行動が脳の進化を促したのかについては現段階では知りようがありません．おそらく両者が相互作用しながら共進化してきたのでしょう．

日本語の関連文献

人類進化についての概説書としては，R．リーキー『ヒトはいつから人間になったか』（馬場悠男訳，1996 年，草思社），ルーカ＆フランチェスコ・カヴァーリ=スフォルツァ『わたしは誰，どこから来たの』（千種堅訳，三田出版会，1995 年）．チンパンジーの人間らしさに関しては，J．グドール『心の窓：チンパンジーとの 30 年』（高崎和美・高崎浩幸・伊谷純一郎訳，どうぶつ社，1994 年），F．ドゥ・ヴァール『政治をするサル』（西田利貞訳，どうぶつ社，1984 年）．ボノボのカンジに対する言語訓練の記録は，S．サベージ=ランボー『カンジ』（加地永都子訳，NHK 出版，1993 年）．進化的人間観としては，J．ダイアモンド『人間はどこまでチンパンジーか』（長谷川眞理子・長谷川寿一訳，新曜社，1993 年）．同調行動など人間の社会行動については，E．アロンソン『ザ・ソーシャル・アニマル』（岡隆・亀田達也訳，サイエンス社，1994 年）．利他行動の進化は，R．アクセルロッド『つきあい方の科学』（松田裕之訳，CBS 出版，1987 年），R．トリヴァース『生物の社会進化』（中嶋康裕・福井康雄・原田泰志訳，産業図書，1991 年）．感情の適応的意義に関しては，P．H．フランク『オデッセウスの鎖』（山岸俊男監訳，サイエンス社，1994年），戸田正直『感情』（認知科学選書 24，東京大学出版会，1992 年）．人間のモラルの進化については R．ライト『モラル・アニマル』（小川敏子訳，講談社，1995 年）．

21 世紀モラルの鍵は？

近年，実験動物や食料，娯楽の対象やペットとして人間に直接利用される動物たち，あるいは環境破壊によって生息地を追われる動物たちの生きる権利，生き方を選択する権利の問題が急速にクローズアップされるようになりました．本論で述べたように私自身は，人と動物の間に身体だけでなく心理構造をも含めた連続性があると確信していますので，人間の利益

のためだけに動物を一方的に利用・搾取・犠牲にする立場にはどうしても与することができません．また，生態学者の端くれとして，人間活動の生態系へのインパクトの大きさも心得ているつもりです．

　それゆえ，微力ながらも動物保護運動に関わり，自己欺瞞かもしれませんが日中のみの時限菜食主義などエココンシャスな食事を心がけてきました．しかし，そういう自分も，実験動物のおかげで開発された薬を服用し，夜になれば肉や魚を愛でながら食し，飼い猫の行動を制限しています．動物に対する共感の念にしても，けっして一様ではなく，たとえば希少動物の絶滅阻止のためには募金やボランティアも厭いませんが，腕に吸い付く蚊は即座に叩き殺したりもします．動物の命の価値にも序列があるのか——数世紀前であったならば，こんなことで悩む人間はほとんどいなかったことでしょう．なにせ人間の間ですら奴隷や女性，被差別民など自己決定権を持たない被抑圧者が大半を占めていたのですから．

　とはいうものの，現代においてさえ，人権の境界はつねに揺らいでいます．未成年者，胎児，精神遅滞者，痴呆老人，植物人間の権利に関する議論は尽くされたわけではありません．そして，人権（よりよく生きる権利）のあいまいな最前線にほとんど接する場所で生きている者たちがチンパンジーをはじめとする動物たちだと思います．フロンティアの開拓は内部の人権強化にもつながるはずです．逆に，前線が崩れれば，人間本体の尊厳も容易に飛ばされかねません．人も一介の生物であり，少なくともあと1000年間だけでも生の営みをまっとうしていこうとするならば，進化・生態史観に基づく人間と動物の座標系を再構成する認識作業に目を背けるわけにはいかないでしょう．

●人間社会の成立

危機のモラル
マレクラ島のフィールドから
●●

船曳建夫

●モラルの問題がもっとも鋭く提起されるのは，ある種の危機において
です．信条やイデオロギーの手前にあるような，瞬間的なほとんど身
体的な反応にこそ，モラルの限界が立ち現れる．社会の底が割れるよ
うな危機において人間はどうするべきか——その答えを文化人類学の
フィールドから模索します．（**K**）

不意を撃つ危機

　私が西太平洋ニューヘブリデス諸島のマレクラという島でフィー
ルドワークをしていた時，1つの危機に遭遇しました．これは危機
といっても，その調査の間に，私がほかで起こした遭難事件などと
比べると，「危険」という要素の占める割合は低かったのですが，
単純でかつ原理的な問題がふくまれていたので，その後それについ
て長く考えることになりました．

　島の山間部での調査の初期，私の住んでいた集落を中心とする人
びとと一緒に，ある集会に出かける機会がありました．男女の性的
分離が厳格な社会なので，いつものように森の中の一本道を，前に
女性と子どものグループが行き，5分間位の遅れで大人の男たちの
グループがついて行きました．私は大人の男たちのグループと共に
歩いていましたが，男たちが女たちに追いつかないようにゆっくり
進んでいたこともあって，ある時点では，私が男たちと女たちとの
間を一人で歩く形になっていました．そこで不意に，行手の15メ
ートルほど先，大きな豚を連れた男に出くわすことになったのです．

　瞬間，次の行動が取れませんでした．1つの理由は，もちろんそ
のようなことを予想せずに歩いていて，彼が静かに低い姿勢で座っ
ていたので気付くことなく，出会いが目前に近付いてからの不意撃

ちになってしまったからでした．しかしもっと大きな理由は，次の行動を起こそうにもその社会に入って間もなかった私には，その男の姿を見たとき身振りによる親愛の合図も，落ち着いた言葉の呼びかけも，とっさにはからだから出てこなかったのです．残されたこととして，私は向こうの目を見入り，それも見ているというよりは逸らすことができないからそうしているという，ただそのままの姿勢で凍りつき，相手もまた同様でした．

この凍りつきは後ろの男たちが私に追いついたことで溶けました．そして彼らの説明により，私に対しては彼が別の方から来て山道の合流点で私たちを待っていたこと，彼には私が最近彼らのところに住み込んでいること，という事実が知られ，危機は解消されたのです．

しかし，この不意撃ちが私を長く，そして今もなお考え続けさせているのは，そこで私が出会ったのがその男だけではなく，「世界にたった二人」という状況でもあったからです．その状況は，恐ろしく単純な，世界といううつわの中の，2つのごろんとした個の遭遇だといえます．二人に予めの関係はなく，そこから始まる何かがあるとしても，それがどこから，いつ始まるか，の手探りもできない，そういった状況です．もちろんある二人が出会えば必ずこうなるのではありません．予めあるべきもの，それを今「社会」と呼べば，それを想像（創造）することが私たち二人に与えられていないときに，その状況は立ち現れるのでしょう．このケースでは，その出会いが不意撃ちであり，私の身振りと言語表現が未熟であったため，あたかも「世界でたった二人」であるかのように場面が切り替わってしまったのです．その時，2つの個に，「関係」は現れず，「時間」は止まり，世界は個を包んで，一挙に凍ります．

この「世界にたった二人」という状況は，社会の成立の「基底」に，あるいはその成立「以前」にあるだろうと考えます．そこから社会の何かが始まる．あるいは，そこからは永遠に何も始まらないのかもしれません．また言い換えれば，そこは私が考えたいと思っている社会のモラルが立ち現れる点に限りなく近接しているはずで

す．社会の成立が危うくなったとき，社会を成立させている精神的な動作，モラルの基底が露わになるのだ，とそう考えて良いでしょう．それゆえにこの「世界にたった二人」という状況，それを基点として考察することは，社会の成立に関して，社会が成立しないところから逆に見るという有効な構えを与えてくれます．その不成立の地点から成立の根拠を見るという戦略のために，ここにもう1つの挿話を加えようと思います．

　それも私の不意を撃ったのです．夜中，床の中でうとうとしていると，遠くから音なのか光なのか判らない，無数の「粒」が高まりながら押し寄せてきて私の小屋を取り囲みました．と，急激に下からぐわっと持ち上げられるように体を揺すり起こされ，やっとここにきて覚醒の状態に戻った私は，起き上がり，屋根の骨組みのぎしぎし鳴る音で，これはあの，そうだ地震だ，と気がついたのです．しかしそのままの姿勢で，飛び出そうか飛び出すまいか決めかねているうちに，揺れは波が引くようにおさまって行き，あとは静寂に戻りました．しばらくは興奮さめやらず，襲ってきた「粒」，あれが地鳴りというものかなどと考えて，かえって恐ろしくなる内に，それが小屋の周りに無数に植えられている芭蕉の葉の雨滴の，地震の揺れで振り落とされて立てる音だったのだと思い当たり，そこでやっと安堵したのです．しかし，これは挿話の前置きです．

　ニューヘブリデス諸島は元来火山列島であり，地震は良く起こります．それだからこそ，マレクラ島民も地震には敏感です．フランスから地震調査のチームがやって来たときには，ある種の社会的なパニックが起きました．調査団のていねいな説明にもかかわらず，彼らの来訪を地震が近付いているしるしと考え，中には地震計を地震を「起こす」機械と取り違える者まで出て，海岸部に住む人びとの中から，地震を怖れ山の中に入って小屋掛けして仮住まいをする人が現れたのです．一家族がするとそれを真似する者もいて，その社会不安は，調査チームがいなくなるまで続きました．

　この社会的な事件では，地震計についての思い違いも興味深いのですが，社会の成立を考える上では，彼らの取った行動により深い

問題が潜んでいるように思えます．つまり「危機」に際して，家族という小さな単位で，自分たちの村を去って山の中に散らばって住む，という，その対処の仕方です．

実は，この挿話にある行動パターンは，彼らがかつて，伝染病の蔓延に対して取った方策，また，集団的な争いや戦争状態の時に取る対応の1つ，と同じなのです．すなわち，散り散りに逃げる，という．しかし，社会全体にふりかかってきた「危機」に際してばらばらに逃げてしまう，というのは，社会の不成立を招くのではないでしょうか．言い換えれば，危機に遭遇して集団から離脱することは，社会のモラル，社会を成立させている精神的動作，に相反する行為とはならないのでしょうか．逆に，もしそれで社会が維持されているとしたらこの「逃げる」ことは，この社会を成立させている「基底」にあることになります．

社会の成立の底までボーリングしていくこと，それを当面の方法として，マレクラ島の社会を例に考えてみようと思います．

危機にみる社会の基底

マレクラ島の南部山地には，私の調査時（1975-77年）には，ムボトゥゴトゥと呼ばれる144人からなる小社会がありました．彼らはおよそ10キロメートルの半径をもつ円状の森林地帯に，数家族単位で分散して住んでいます．生業として根茎作物を栽培し，豚を飼育しています．西欧文明からの人間に直接に接触することはまれですが，鍋や山刀，斧などの金属器は交換によって彼らの社会に入っており，散弾銃を持っている男もいます．家族は一人の男と，一人あるいは複数の妻，そしてその子どもたちによって成立しています．しかしこの社会はすでに触れたように性的分離が厳格で，大人の男である夫と，残りの妻子とは同じ敷地の別棟の家に住み，互いに別の火で調理した食事を取ります．そして結婚していない男と，自分の子どもたちが手を離れ自分自身も老境に入った男たちは男性だけの「儀礼結社の家」に住んでいます．このムボトゥゴトゥの儀礼結社のシステムは非常に精妙にできていて，この社会の男たちにとっ

マレクラ島ムボトゥゴトゥ社会の少年たち.

て，その儀礼を行い付随する宴会を開いて結社の中の位階を上がっていくことが生きがいであり，この活動が彼らの社会をまとめる上で最も重要な社会的行為なのです.

　彼らの社会の危機のスペクトラムの中で，私が経験した地震と不意の出会いは両端に位置します.

　まず一方に，地震，大雨，日照り，疫病，そして集団間の争い，といったものがあります.いずれも社会の成員全体にふりかかる危機です.これらの危機において襲うものは外からやってきます.これらに対してはまずは集団で立ち向かいます.

　彼らの考えでは地震が発生するには大雨が関係しているのでそれもふくめて，大雨，日照りといった自然現象に対しては，雨をコントロールしようとします.しかし，実は雨を降らせる儀礼はありますが，雨を止める儀礼というのはありません.日照りには皆で話し合い，儀礼知識の豊富なものが，雨降らせの儀礼をしますが，大雨や地震には，雨をこっそり降らせている者を全体集会の議論でつきとめて，そのような行為を止めさせるということをするのです.疫病に対しても原因が先祖もふくめた超自然界からの「怒り」だと考えられた場合は，どの霊が原因かを考えつきとめ，その霊に対する

儀礼に怒りをなだめる意を含めます.

　もしそれらの儀礼が効き目がなかったらどうするのでしょうか. その場合は「ただの」（という言葉があります）大雨,「ただの」日照り, 霊の怒りによる疫病ではなく「ただの」熱やあえぎ, と判断します. そして儀礼による超自然的な力への働きかけではどうしようもないものとみなし, 対処はやめます. しかし, 違う考えの者が, あの雨降らしの儀礼はやり方がまずかったから雨が降らないのだ, と言い出し再び試みたり, この「疫病」には別の原因がある, といい出して別の種類の儀礼の挙行を主張したりもします. いずれにせよこれらはムボトゥゴトゥ全体の問題として, 全体で話し合われて方策が立てられます.

　集団的な争いに対しても, 全体で対処するという方策があります. これはある場合は戦争となるわけです. 私の調査時には戦争はありませんでしたし, 彼らの記憶からはこの社会にニューギニア高地にみられるような大がかりな集団的戦争があったという資料は得られませんでした. しかし, 調査時点でも見られた, 彼らの儀礼をめぐって他の集団との間に起きていた政治的対立は, 武力を背景に交渉が進められる点で, 集団間の争闘の可能性だけはみせていました. ここでも全体の方向がまとめられて危機への方策は立てられるのです.

　この社会の危機のスペクトラムのもう一方には, 殺人, 待ち伏せ, 盗み, 姦通, そして儀礼上の侵犯といったものがあります. 私の「不意の出会い」も表面上は相互的な待ち伏せとしてここに入るでしょう. 宗教・儀礼的侵犯というのは, たとえば, 男が女の火で調理したものを食べるといったものです. いずれも社会の個人が主体として働くものです. 襲うものは内側にあります. 互いに, 襲うもの, 襲われるものになり得る行為です.

　このような危機にも人びとは「全体として」対処します. なぜなら社会のルールが犯されたという点で, 社会のすべての人に危機が起きていると考えるからです. ではその対処の方法とはなにか. それは, たき火のまわりでの, 広場での, 誰それが盗んだ, 誰それが呪いを行っている, 誰それの妻が逃げた, 誰それが儀礼の化粧をし

ているところを盗み見た，といううわさ話による「世論」の形成で
す．それは姦通が起きたか起きなかったか，それがどう行われたか，
という下世話なことから始まって，最後にはそれに対して当事者が
どのような対応をしているのかということを焦点として，意見が交
換されます．

　当事者たちの対応に貫かれている理念は「弁償」です．待ち伏せ
や盗みで受けた被害，妻に逃げられたことによる損失，ある個人に
属している儀礼的権利が他人によって使われた，等々の侵害行為に
対しては，加害者に弁償が要求されます．このとき加害者も被害者
も，個人としてその交渉に臨むのではなく，その周りにそれぞれの
近親者や知人による集団をもっています．そのような集団として対
処するのです．さらにこの対立する２つの当事者グループの外に，
それを取り巻く人びとのグループが出来上がります．このグループ
が第三者として，うわさとゴシップのなかで自分たちの意見を述べ，
世論を作ります．問題が大きくなれば，大雨や他の集団との争いの
時のように，全体が集まって，何日にもわたって議論することが行
われます．そのようなときには，第３のグループは，議論を維持し，
公正さのバランスをとるものとして機能します．

　さて，社会全体にかかわる外からやってくる危機と，個人に振り
かかる社会内の危機と２つの極に分けて述べましたが，この両極の
間には中間的な形態があります．大雨が社会の外にいる霊たちの不
満によるのではなく，内部の個人の他の個人に対する恨みであると
判断されたり，社会内の各小集団によって保持されている儀礼の権
利が争点となっているときがそれです．しかしここではそれらも２
つの極の間にある問題として，社会の外に対する方策としてであれ，
社会の内に対する処理としてであれ，その社会を他から区切る境界
線を形作り，また強化することによって問題を解決していることが
判ります（さらに後の議論のためにここで付け加えれば，社会制度という
ものはしばしば，その線の上に立ち上がる，外に対して防衛をし内に対し
て秩序をもたらす壁としてイメージづけられていると思います）．

　ではここに見られるのは，社会が解体の危機にさらされ，その最

深の基底にまで下がった後に再び秩序を回復するプロセスなのでしょうか．危機に対してある決着がついた時，その問題に関してはその危機の位置が最も深い地点だったことになります．しかしそれより深い底はないのでしょうか？　もし，危機が解消されなかったらどうでしょうか．

　「ただの」大雨がさらに続き，地震が起こり，収穫がおもわしくなくなったとき，また敵の集団が強力であり，対立が解消しないどころか圧倒されるとき，そんなときはどうするのか．そのときは彼らは，海岸の村で地震による社会不安が起きたときに一部の住民がそうしたように，「逃げる」のです．親族や知人を頼って他の集団に一時的に避難をします．もちろん社会の内部の個人間の対立にも，一方が離れるという穏便な形での「逃げる」ことによる問題の「無化」という解消法もあります．しかし個人間の争いが起きてしまい，殺人や盗み，姦通に対して世論があるかたちに形成され弁償が課されたとき，それを行ったと非難された者が，そんなことはしていないという反駁であれ，その弁償は多額に過ぎるという不満であれ，強い異論をもっていた場合には，最後の手段としては，「逃げる」ということが残されています．

　逃げた者に対してはどうするのか．「被害者」は追っていくことはできるのですが，はるか離れた村に行ってしまったような場合，その村まで出かけて行って彼から弁償をもぎ取ることはおよそコストに合わないとなれば，追及はひとまず，そこで終わります．もちろん逃げた方も「逃げること」で，家や耕作する土地，儀礼での貸し，それから交友関係，など失うものは小さくないのです．しかし，たとえば暴力的な夫から逃げた妻がそうやって離れて暮らしている間，そのことについての「うわさという形の討議」は継続しており，そのことで，社会の評価，弁償の多寡は変わりうるのです．その事件自体が逃げた者に有利な形で解釈し直されたり，時間の経過とともに，逃げた妻の支払が「時効」となったり減額されたりすることは十分ありえます．その事件の発生の時点での急速な危機の回復ではなく，時間をかけた緩やかな回復ということが「逃げる」ことの

意味です.

　このムボトゥゴトゥ社会を成立させている最も深いところでの精神的な判断，動作としてのモラルは，危機が解消されるそこにあるのではなく，さらに深く，危機が解消されなかった時の「逃げること」にあるのです．それはさらにこう言った方が正確でしょう．すなわち，この社会の成立の最深の基底，つまりそこを越したら社会が成立しない地点に見いだされるのは，逃げることを許すモラルだ，と．

逃げることを許すモラル

　しかし問いはすぐやってきます．逃げることを許すモラルは社会をよく支えるのか？

　たとえば，近代の社会観の源にあるホッブズの『リヴァイアサン』に見られる考え方からは，「逃げること」は社会（国家）を成り立たせている契約の放棄であり，社会を不成立に導くものとみなされるでしょう．ムボトゥゴトゥ社会も，ホッブズの言う「各人の各人に対する戦争状態」にあり，そして上に挙げたさまざまな危機を，各人がそれまでに得ていた共通の理解をもとに，危機の問題を討議の中で再解釈しながら，理性的に問題の決着を図ります．ですから表面上の論理で押して行けば，彼らの社会観によって想像（創造）されたムボトゥゴトゥ社会にとって，「逃げること」は彼らの「契約」を反故にし社会の存立を否定する行為であるといえましょう．このとき，問いは「逃げること」がどのようにして社会を支える行為として組み入れられているのか，に変換されます．

　答えはこの社会の居住形態と社会的ネットワークの保ち方に見いだすことができます．彼らの社会は，非常に散開した居住形式をもっています．それはすでに述べた，広い居住地域に対し彼らの人口が小さいことからきているのではありません．19世紀以来の疫病の流行と海岸地域への人びとの移住によって人口が減少してしまった広い内陸部に，今なお固まらず，あえて散在して住むのは，彼らの社会についての観念がそうさせているのです．彼らの社会は数家族単位の小集落が森の中に複数個，数キロから十数キロの距離を保

って散在するネットワークとして成り立っています．その小集落の間を男たちは，ある時は家族を伴って，頻繁に訪問し合い儀礼小屋に泊まり，物や情報を交換するのです．

　逃げるというのは距離を取ることで危険と不利を回避することです．散在して住むというのはもとより距離を取って危険の可能性を縮小することです．彼らの散在して住む居住形式と，「逃げる」という行動のとり方とは連続したものであり，言ってみれば，彼らは常々互いに「逃げ合って」いるのです．その上で逆に訪問することで，互いに「追い合って」もいるのです．そのようにして，社会のネットワークを形成し維持しているのです．

　そのために，たとえば彼らが他の集落を訪ねるとき，広い豚の放牧地の外側の柵のところまで来ると，有り合わせの棒切れなどでその柵を訪問者の儀礼ランク特有の太鼓のリズムで叩いて（落語家の出囃子のように），訪問が不意撃ちにならぬようにし，また誰が訪問するのかを知らせるということをします．このような訪問の礼儀に関しては多くの社会にも同様のことがあることに思い当たります．現代の世界ではマレクラ島のような物理的過疎の環境にないことも多いのですが，人と人の社会的距離を適切に取ることはそれぞれの方法で意識されています．同様にマレクラ島でも，取っているのは単なる物理的距離ではなく，社会的な個と個の，社会的距離なのです．互いの社会的距離をとりつつもそれを犯さぬように注意をしながら，たとえば，太鼓のリズムの合図と共に訪問することで，危険の可能性を乗り越えようとします．そのような離れつつもその間を乗り越えようとする社会の基本原則があって，「逃げること」がはじめて反社会的な行為ではなく，社会の制度の内側にあって社会を支えるものとなり得るのです．

　『リヴァイアサン』の中でホッブズはこう言います．

　　人はたとえばつぎのように契約することはできる．「もしも私がこれこれのことをやらなかったら，殺してくれ」．しかし，「もし私が，これこれのことをやらなかったら，あなたが私を殺しに来

ても逆らわない」と契約することはできない. (ホッブズ『リヴァイアサン』(永井道雄・宗片邦義訳, 中央公論社, 1979 年) 169 ページ.)

　他人が殺しにやってきたときその根拠がなんであれ「自己防衛」というもの, 例えば「逃げること」が最後の手段としてあり得るとしなければ, 最初の社会を作る目的,「戦争状態」から自己を守ること, に合わなくなってしまうという意です.「逃げること」は社会の内側で, 社会を支えています.

　しかしさらに, 社会の不成立の側から社会の成立を見てみましょう. 夫の暴力から逃れた妻が, そののち世論が彼女に味方して, 再び弁償無しで社会復帰できれば良いのですが, そうではなく, その別のグループに終生留まらずにはいられなくなったとき, 彼女にとって, 元の社会は失われます. また, たとえば男女の調理の火を別にするという厳格なルールに違反した者は, もう完全なメンバーとしては彼らの社会に復帰できません. 逃げた後, 戻れるとは限らないし, 決して戻れない不可逆な行為もあるのです. しかしこういった場合でも, 彼のもつ親族関係によって継承している, たとえば耕作の権利などは失われないのではないか, という論議が私の調査時には進行していました. ここまで, ムボトゥゴトゥ社会の基底には逃げることを反社会的行為にしてしまわない深さがあるのです.

　ではくどいようですが, 社会が, たとえば戦争によって散り散りにされてしまったような時はどうか. その時は社会の基底が完全に割れてしまった, つまり社会が存立を止めたことになります. そこでは「逃げること」は反社会的な行為となり, 人はそれを避けるために最後まで戦わなければ社会のモラルは果たされないのでしょうか.

　そうではないでしょう. 戦わなければモラルは果たされないという考えには, 基底が割れたのは「ある 1 つの社会」に過ぎないという認識と, 社会制度は人間が作っているのであってその逆ではないという認識の, 2 つの欠如があります. ムボトゥゴトゥ社会で考えれば, それはマレクラ島の中で孤立した社会ではなく, 他の集団と関係をもってより広い社会の地平を作っています. 島の中で敵とな

る社会はまた味方となる社会でもあり，そして人は社会制度を再び作り得るのです．マレクラ島南部を1920年代に調査したディーコンは社会集団の分布図を残していますが，その50年後の私の調査時までには変化が起きています．各グループはすでに挙げたようなさまざまな理由で変容消失しているのです．それでも，マレクラ島という社会空間の基底は割れずに残ったのだということが分かります．社会が割れて散り散りになった人びとは，その先々で生きていくことで，社会性を回復し得るのです．その外側に別の人間集団をもたない社会はありません．人はある社会の外に「逃げる」ことができるのです．「亡命」と「難民」が人間の幸福の姿であるかどうかは別として，それらはある社会の外に出る選択の表現としてあります．そうやって逃げ散ることに，人間が社会的に生きることのモラルに反する内容はないのです．

モラルを行為するからだ

このように「逃げること」がいわば社会制度の中の暗黙のルールとして存在している，という論を立ててきましたが，このルールが実際の行為として顕われる過程に関し，もう1つ議論しておくべきことがらがあります．それは，「逃げる」という行為自体の検討です．そのために，私が最初に書いた「不意の出会い」のエピソードを再び使います．

その事件で私に本来欠けていたのは，予め出会いを察知して「逃げる」ことだったのです．それは相手の待ち伏せを避けることでもあり，こちらが相手に危害を加えようとしているとの誤解を避けることでもあるのです．ムボトゥゴトゥ社会の人びとは逃げるということに長けています．出会いと同じく，道を歩いていて，近くで秘密の儀礼活動をやっていことを知ると，遠慮してそこからさっさと逃げ出します．森の中に物音を聞いて，それから逃げるか，その音が野生の豚のものであれば追いかけるか，そういった判断は瞬時の内に行われ，そしてその次の動きも敏捷です．また，あるとき二人の男（A，Bとします）と名前の話をしていました．Aから彼の特殊

な儀礼名を聞き出そうとして果たせず，もう一人のＢに無理に頼み，Ｂの口からその秘密の名がもれた途端，Ａが秘密を明かされた恥ずかしさに（それも一種の危機だといえます）目にも止まらぬ速さで立ち，低い姿勢で小屋の入り口から外に出ていった時の，あたかもその名が私という部外者の前で発せられたのを自分は聞かなかったことにしようとする「逃げる」行為は見事でした．

　ムボトゥゴトゥ社会の新参者としての私には，「不意の出会い」の時も，あの地震にあった時も，「逃げること」が文化的にからだに備わっていなかったのです．そのような文化が「本能のように」身体に備わっていてこそ，それが社会制度の１つのルールとして働き得るのです．そのように文化的な本能にするためには，習うという長いプロセスがどうしても必要となります．そしてその習うプロセスがある個人の人生の中で果たされるには，その社会のさらに長い歴史的な時間の中でそれが確立していなければなりません（私は日本に民主主義が根付いているかどうか，という議論を長いあいだ聞いてきて，最近では，日本人は民主主義の危機にとっさに動くことのできる「民主主義的なからだ」をもっているかどうかを考えなければならないのではないかと思うようになっています）．

　しかしもう一度立ち戻って，あの出会いを考えてみると，私が凍ってしまったのは，「逃げること」ができなかったからですが，それは相手も同じでした．そうなったとき，われわれ二人はあるしばらくの間，見合っていたのですが，あれは何だったのでしょうか．それはまた，ムボトゥゴトゥの文化とも私の身に付けた文化とも違う，さらに深いところで，ある種の埋め込まれた協調行動を取っていたということなのでしょう．それは普通の意味での人間というよりは，生物としての人間というべき，さらに深い基底の存在を思わせます（前章参照）．先ずは相手と同じ行為，静止，を取り，相手に最初の行為を預け，そしてそこに合わせようとする．どちらもがそれをしたがために，あのとき世界は凍ったのですが，そのことはむしろ，どちらもが協調しようとすることにおいては一致していたがゆえの，すくみ合いだったとも考えられます．「逃げること」が許

されている，そうした社会の成立の問題よりさらに奥に，人間の身体の問題があって，しかしながらそれはけっして単に生物の問題ではなく文化の問題である，という，これから考えるべきからだについての大きな問題があるのです．

　最後に，この文が直接関与する現代日本の問題に触れたいと思います．すでに文中で，ムボトゥゴトゥ社会の物理的環境と，私たちの社会のそれとには大きなへだたりはあるが，それにもかかわらず，「逃げること」が問題となるのは物理的距離ではなく社会的距離であることをお話ししました．私がそれによって説明したいのは，この文章が，太平洋のある島の特殊な事例による抽象的モデルの提示ではなく，いわば私たちの社会に直接かかわることがらの検討である，ということです．その意味で，日本社会のモラルに関わる2つの事象を取り上げます．

　1995年1月の阪神大震災では6000人以上の人が亡くなりました．その人びとがなぜ逃げられなかったかについて，私は考えます．私がマレクラ島で深夜逃げるかどうか決めかねていたあの状況で，神戸では次の瞬間天井が落ちてきたのですから，逃げられようもなかったのでしょう．しかし，その後の震災に関する論調には，たとえば自分たちの町は自分たちで守るのがよいのだ，という，踏みとどまって集合して危機に対処するという面が協調され過ぎているような気がします．このようなことにおいては，私たちの社会システムが，社会制度と高度に発達した技術による都市機能とが複相的に織り成されているという現実があって，一刀両断の物言いはできません．しかし，「逃げること」という身体的文化が防災訓練の中でどれほど意識されて訓育されているのかという疑問がわきます．「逃げること」はむしろ混乱をもたらすものだ，とされ，生命より「秩序」の維持が，たとえば小学校の防災訓練などでは目的化されているのではないか，と不安です．秩序と混乱のあいだの自由度，つまり「逃げること」をどれだけ暗黙のルールとして，からだが覚えている文化として，確保できるのか，ということは，危機発生の最初の短い時間における対処の仕方として，また社会のあり方として，

追及していかなければならないことがらだと思います.

　もう1つの具体例は，学校における「いじめ」という名の「虐殺」です. 多くの人は学校のいじめを，いじめは少々あるのは仕方ないが，現在では「昔は考えられなかった」ようなひどいことをするので問題なのだ，と考えているようです. いじめとは，いじめる人間がいじめられる人間の苦痛を楽しむことです. どれほどひどいかという大小の差とは関係なく，それは常に否定されるべきことがらです. しかし，学校のいじめの問題の本質は，その苦痛の形式ではなく，そこから「逃げられないこと」にあります. いじめには「逃げる」しかなく，立ち向かうのは無理です. いじめる方は自分ではなく相手の苦痛を楽しむためにやるのであって，十分に力の差があることを前提に相手を「取り囲んで」行うのです. そしてさらに，学校のいじめが真に陰惨なのは，いじめられた人間は，次の日再びいじめた人間の前に，「いじめられるため」としか思えないような「登校」をしなければならないことです. ここにあるからくりは明らかです. それは「学校」という，内に対してはその「秩序」の内部圧力を高め，外に対しては批判をはねつける，「壁と校門」のイメージで作られた社会制度が，いじめられる人間を逃がさないのです. いじめられる子は，「学校」という制度に取り囲まれ，逃げられないようにされ，「虐殺」されているのです.

　私はこの2つの問題にも私たちの社会を成立させているモラルの基底が露わになっていると考えます. この基底から発して，人間がいかに他人と関係をとることで社会を成立させるのか，という原理を考え直したいと思います. その時の態度の1つは，社会の基底の上に立ち上がる制度が，私たちを「襲うもの」であれば，私たちはそこから一時的にも「逃げること」を権利として主張し，次にそれを作り変える可能性と権利を保持していることを主張するものだ，と私は考えます. そして，その主張のためには，私たちは，からだで，たとえば「逃げること」を覚えていなければならないのだと思われます. それをどこで覚えるのか. これは教わることではなく「自習」することのように思えます. ここにきて，それが大学であ

れ何であれ，「逃げること」を許さない学校とは異なる，開かれた
知の場が必要となってきます．

21 世紀モラルの鍵は？

　もう始まっている 21 世紀の日本のモラルの鍵の 1 つは「からだ」です．
多くの問題，いじめから「オウム」，「モラル」無き政治，経済活動まで，
私たちの「からだ」が考える鍵となります．その「からだ」に関係するこ
ととして，私が具体的に取り上げるのは，体育の授業です．体育の授業を
やめるか，または，それを「全とっかえ」ふうに変えるか，現在，どちら
かが必要です．

　なぜ今の小学校から大学までの体育の授業に否定的であるか，というと，
それによって作られたのが，戦前には上官の命令を良く聞く兵隊としての
からだであり，戦後は，「民主主義的団体行動」という名の，心とからだ
のすべての身ぶりにユニフォームを着せてする行動，それができるように
しつけられたからだだからです．そのからだでは，個人が自分を拠点とし
て，「知のモラル」を求めることはできません．たとえば，体育の授業の
成果である運動会などは，北朝鮮のマスゲームと同じように，古めかしく
も，恐ろしい．あの整列と校長の訓辞で始まり，学年ごとのゲームをいか
にスムースに執り行うかに必死になる，「団体行動」の精華としての運動
会はやめた方がよい．単なる生徒たちのスポーツ大会にしたらよい．

　では，体育の授業で何をしたらよいのか．からだについてのいろいろな
ことをしたらよい．たとえば座禅，瞑想，ヨガ，たとえば音楽の授業と合
同でダンス・ミュージカル，カラオケ，たとえば家庭科と合同でファッシ
ョン・ショー．太極拳，空手，ブレイク・ダンス，もよい．こういった，
やってみたいことをやらずに，体育の授業では何をしているのか，跳び
箱！　ああ，あほらしい．

　一方に健康を確保し，他方に自分のからだを愛してそれが喜びとなるよ
うなこと，それが体育の授業の柱だと考えます．どこかで，単に避妊を教
えるのではなく，セックスがどのような幸福であるのかも普通に話されな
ければなりません．実は，上であげた瞑想からファッション，空手からカ
ラオケは，生徒，学生たちは，学校の外で，やりたいからやっています．
そういったやりたいことを体育の授業で行わないのであれば，そんな授業
はやめた方がよい，そう考えます．

コレクションとアブダクション
学問の作り方とその責任

●●

吉川弘之

● 人間はまた，さまざまな人工物を作りだすことで世界を変えてしまい
ます．そして，学問もまたそのような人工物の生産に直接的に関与し
ています．原子力をはじめとするさまざまな脅威や環境破壊を産み落
とした学問の責任は何か．それをどう考えるべきか．工学さらには学
問全体を貫く人工の倫理を問題にします．（K）

オックスフォードの洋服屋で

10月のオックスフォード．一人の男が洋服屋を訪れます．日本
を出発するときは，好天気続きでまだ暑さを感じるほどだったのに，
オックスフォードは雨で，しかも寒い．

レインコートが欲しいのですが／レインコートはその辺にありま
すが，こちらにオーバコートもありますよ／雨のためにレインコー
トを買いたいのです／お客さんはレインコートと言っても防水性が
完全でないことを知らないのですね．オーバコートでも結構防水性
があります．少々の雨なら同じことです／同じならレインコート
を／今は秋です．これからどんどん寒くなります．オーバコートが欲
しくなりますよ／でもレインコートでも寒さは防げるでしょ／そん
なに寒くなければそうかもしれませんが，本当に寒くなったらレイ
ンコートはだめです／少々の雨で，しかもそんなに寒くなければ，
オーバコートでもレインコートでも同じだということですね．それ
ではレインコートを／デザインを見て下さい．このオーバコートは
今年の流行で，あのレインコートは古臭い／少々の雨なら同じで，
寒くなればなるほどオーバコートが優れ，流行という点ではオーバ
コートがよいということですか／そうです．ではオーバコートをお

包みしましょうか／はい.

こうしてその男は，若く，そしてなかなか感じのよいイギリス人の店員との会話を経て，オーバコートを買うことになります．会話を通じて，雨が降っているからレインコートを，という固定観念を変更するに至ったその男は，決して強制によってでなく，オーバコートを自ら進んで買ったのです.

　ところがその後のオックスフォードは，それ程寒くもならず，しかも大雨となります．男はこっそり別の店でレインコートを買い，雨のオックスフォードを，レインコートを着て歩き廻ったのでした.

　レインコートとオーバコートの関係を論じて，男の意志決定に影響を与えた，あの洋服屋の店員は，はたして倫理的であったか，という問題がここにあります.

　店員の論評に虚偽性はありません．コートに関する専門的知識によって，防水性および保温性の観点から両者を比較したのだし，しかもオックスフォードでは大雨はあまり降らず，10 月には急に寒くなるというのが常識でもあり彼の信念でもあったとすれば，彼の論評は非の打ちどころもない，と言ってよいでしょう.

　もちろん，店員にはレインコートよりオーバコートを売った方が利益が大きい，というような客には言えない動機があったことは十分考えられますが，彼は男に何ら強制をせず，最後まで男がレインコートを買う可能性を奪わなかったのですから，男がこっそりレインコートを買う破目に陥ったからと言って，店員を責めるのはお門違いです．そこには強制するものとされるものの間の責任とか倫理性という問題はありません.

　しかしながら，イギリスの気候や，コートの性能について店員は男よりも豊富な知識をもっていて，その表現が男の固定観念を破壊する可能性と蓋然性があり，そして事実それを破壊し，しかもその結果は正しくなかったとすれば，そこには何か倫理的に問われるものがあるような気がします.

　男の損失に対する店員の責任を考えると，それは個人の行動にお

ける倫理の問題になります．そして損失に対する補償ということになれば，そこには法律的な課題が現れてくるでしょう．しかしここでは，それとは違う方向に行きます．それは，知識，それも公的に認知された知識が本来的にもつ倫理性ということです．店員の倫理性や責任を考えるのでなく，店員が使った，ということは別の人も使うであろう知識そのものの倫理性を考えるのです．

　以下では，やや無雑作に「学問」という言葉を用います．学問の領域，学問の細分化，そして学問の倫理など．ところで私は工学に関する研究を行ってきたものであり，その中で遭遇した諸問題を契機として行った考察が以下の記述の背景となっています．したがって，工学に固有の問題が少なからず含まれています[1]．人工の倫理というとき，工学は重要な役割をもちますが，私たちをとりまく人工環境は工学を超えた，より広い知識によって成立しています．しかし，これから述べることは，工学を契機としているとは言え，より広い範囲の学問にも当てはまるものだと考えていることをここで指摘しておきます．

ハイゼンベルクの責任

　公的に認知された知識について，あらためて倫理性を問題にすることなど許されるのか，あるいは意味があるのか，と感じる人も多いでしょう．ですから，これから学問的知識の倫理性を考える，などと私が言うと，その疑問がますます膨らむか，あるいは学問的知識とは中立的なもので，それの用い方によって善くもなり悪くもなるので，それ自身の倫理性を考えることは無意味だという，かの有名でそしてかなり一般的な結論へ一足跳びに行ってしまうことでしょう．この結論は，学問と倫理についての古典的考え方とも言うべきもので，現在までに，そしておそらく将来においても重要なものです．そこでまずこの考え方を展望することから始めることにしましょう．

　この結論に従うと，倫理性は学問的知識の応用の場面で問うべきものとなります．少なくとも過去においてはこの考え方が主流であ

り，その知識を生み出した研究者を含む善意の人々によって応用の正当性が次第に護られるようになってきたのも事実です．

　学問的知識が，その応用を通じて現実的な社会に影響を与えるのは一般的なことであり，実際に，少なくとも先進工業国と呼ばれる国々の豊かさは，学問的知識の応用と深い関係があります．それが豊かさを生む限り，学問的知識は疑いもなく歓迎すべきものであるとされますが，それが悪い効果を生むときに問題が起きます．

　核分裂に関する研究者が，原子爆弾投下を知らされた直後に行った厳しい議論について，ハイゼンベルクが紹介しています[2]．ハイゼンベルクは，近代自然科学の発展は，人類がすでに数百年前に決意したものである，そして研究者は知識の増大によって起こる悪い結果は抑制可能で善い結果が必ず勝つ，という進歩信仰を確信しているのであり，それが社会的にも容認されているのだから，科学的発見そのものを罪とすることはできない，と主張します．その上で彼の友人たちは，発見には責任がないが，発明にはあるとか，目的と関係のない手段の独立責任などについて議論します．そしてハイゼンベルクは，研究者は自らの研究課題について考えるだけでは不十分で，その結果の実現という場面では国家の行政機構をも含む社会における公共の業務でイニシャティブをとる権限を，ある程度はもつべきだ，と結論します．彼自身はその通りに行動し，その後少なくとも物理学者によってこの結論は強く支持されて，物理学的知識の社会的適用という場面で物理学者は重要な役割を果たしてきたのです．

　この経験は，他の多くの学問分野に影響を与えました．遺伝子についての発見は，それが現実的に応用の拡がりを見せる前に，綱領や法律によって，悪い結果を生まないように応用あるいは発明を規制することが行われました．医学における諸発見についても，自発的な研究者集団や公的な審議会によって，その現実的治療への可否が慎重に検討されています．

　ここには，社会から切り離された象牙の塔としての研究は危険であり，研究者はその専門的知識の深さ故にもつ的確な洞察力によっ

て，研究の成果が社会に良い結果をもたらすべく努力する責任がある，とするハイゼンベルクの主張が生きていることが認められます．そしてこの主張をさらに精緻で強固なものとすることが，現代における重要な社会的課題であることは言うまでもないことです．

しかし，これだけでは不十分だというのが筆者の考えです．それは，一般に真理の探究という名のもとに免責される学問的探究もまた，人間の行為であり，そもそも責任をとらなくてよい行為などがあり得るのかという原始的な疑問と，知識が生み出される速度がますます大きくなる中で，その応用の全部に，倫理性についての吟味を行う余裕が未来にわたって十分にあり続けるかという実際上の疑問に基づいています．

そこで，ハイゼンベルクの責任が社会的に重要な課題であり，今後もそれを強固なものにしていく決意をした上で，もう一つの論点に話題を移すことにします．物理学者の論点は，知識そのものの倫理性は問うことができず，それを利用した行動の倫理性を論じるというものでした．それはオーバコートを買うことの責任を考えることです．しかし以下では，オーバコートを買わせるに至った店員の知識の責任を考えるのです．

学問の成立

すでに述べたように，たとえ歴史的に言って今まで学問と呼ばれたものが中立的であったとしても，学問も人間が作るものである以上，未来永劫，中立性を保証するのは難しいのではないかという原始的疑問が出発点です．そこで，中立性が乱れるとすれば，それはどこでかが問題になります．それを知るためには，学問の成立過程についての考察が必要となります．

これは大変な作業です．現在の学問には多くの領域があり，それぞれの領域は長い歴史をたどりながら，徐々に成熟し，今日に至ったものと思われます．その過程には多くの研究者が参加し，それぞれが学問の成立過程に寄与したはずです．したがって，この作業とはそのすべての寄与を解明することで，それは学問の歴史，すなわ

ち科学史，哲学史，経済史などの専門家の仕事です．

しかし，不思議なことに，これらの歴史からは学問的知識の倫理性という課題は出てきません．その理由を考えることも重要なことですが，ここでは別の接近法で考えます．それは，学問の作り方という接近法です．

学問の作り方などと言うと，目玉焼きの焼き方や雑巾の縫い方のようで，学問の高尚さが損なわれるように感じる人もいるでしょう．しかし，学問も人間が作ったものだ，という事実と，作り方と言われるものは作る対象によらない共通の要素をその内容としてもつ必要があるために，多くの学問に共通するものをそのうちにもつことが期待される，という事実によって，作り方を考えることには意味があります．

学問は，そのどんな領域も，以下のようにして作られます．

(1) その学問領域が扱う対象を限定します．それによって対象集合が定まりますが，これをコレクションと呼びます．

(2) 選んだ対象集合の要素間の関係から単純な基本原則を導出します．これを法則と言います．

(3) 法則と矛盾せずに生起し得る現象についての体系を記述．これが理論体系です．

恐らく多くの学問領域は，この理論体系が主な部分であり，学んだり，教えたり，また応用するのに便利なように形がととのえられているのが普通です．

さて，これだけでは簡単すぎてわかりにくいので，例としてニュートン力学を考えましょう．実際にニュートンが彼の力学理論の全体を世に問うのは，1687年に出版されたと考えられる『プリンキピア──自然哲学の数学的原理』によってですから，彼が45歳のときです．彼の力学に関する関心が学生時代に芽生えていたことを考えると，彼の力学の完成には20年以上かかったことになります．しかも当時はすでに天体の運動に関するケプラーの理論があり，また同時代の研究者もいろいろな研究を続けていたわけですから，ニュートン力学の成立過程ということになると非常に複雑です[3]．し

かし，私たちはここでニュートン力学成立の史実を知ろうとするのでなく，成立の背後にある論理的な構造が知りたいのです．

第1の課題はコレクションです．ニュートンは学生の頃多くの現象に興味をもったことが知られています．物質の本性，場所，時間，運動，宇宙の秩序，エネルギー，光，色，視覚，感覚など．これらは物理，化学，生物，人間など，現代の学問が扱う広範な対象を覆っています．伝統的な自然哲学という立場に立つなら，全体説明性ともいうべき性質が哲学理論の価値であり，認めうる対象のすべてをとりあえず羅列することが出発点として求められることです．すなわちコレクションに，全対象を含めることが要請されていたと言えましょう．

これは現代の学問から考えると不思議です．あるいは無謀とさえ言えます．何故なら，現代の学問は多くの領域に分かれており，全対象を整合的に説明し尽そうとする野心などは決してもたず，ひたすら慎ましやかに限られた対象の説明に収まっているからです．

ニュートンは伝統的な立場に立ってすべての対象に興味をもつことを出発点としながら，しかしその対象を限定していき，遂に力学的挙動をするものとしての運動体のみを対象とすることになるのです．この運動体には，天体のみならず，地上のりんごも含まれていたわけで，今から思えば当り前ですが，当時においてはかなり勇敢なコレクションであったはずです．

彼はこのような対象の限定をつぎつぎと行いました．そしてそれぞれについてできるだけ整合的な説明を与えようとしたのでした．その中には光や化学現象も含まれます．恐らく彼の計画は，自然哲学者としてすべての対象に関心をもって説明しようとはせずに，観点の明示を通して特定の対象を全対象から切り取ってコレクションを作り，それのみを扱う固有の説明を作り出したと言えます．そして，ばらばらではあるが，コレクションごとの理解を重ねていけば，全対象の理解に至るという立場に立っているのです．

ここで，何故天体とりんごを含むコレクションを作ったのか，そして何故光をそこから排除したのか，というような疑問が生じます．

言いかえれば，ニュートンは何を根拠に観点を定め，コレクション
を作ったのかということです．

　現代の学問体系と言われるものは，多くの領域に分けられている
ことを重要な特徴としています．しかしその分け方の根拠や必然性
について，ほとんど説明できないことを考えれば，上述の疑問は現
代においても深刻な重大性をもつものであることが理解されます．

　運動物体と光とを同一コレクションにしていたら，『プリンキピ
ア』が完成しなかったことは確実です．しかし，だからと言って，
ニュートン力学を完成させるために，運動物体という観点を定めて
対象を限定したのだ，という説明は成立しません．それは本質的に
疑問に答えたことになっていないのです．何故なら，限定された対
象があって初めて，説明体系の導出が可能になるというのが論理的
関係であり，対象限定がないのに説明体系があるはずがないからで
す．

　現代の学問体系を特徴付ける領域の本質的な出発がニュートンに
よって行われたのですが，その運動体の力学という領域が，その後
の学問の真の規範となる構造をもっていたという点で，ニュートン
は限りなく偉大です．しかし，領域すなわちコレクションをどのよ
うにして作ったのかが説明できない以上，その成立はニュートンの
偉大さによると言っておくしかありません．

アブダクション

　学問の作り方の次のステップは法則の導出です．コレクションが
与えられると，それに関連する諸量が観測され諸量の間の関係が観
測の結果として得られることになります．ニュートン力学では，コ
レクションは運動物体であり，それに関係する諸量として，密度，
容積，質量，運動量，力などが抽出されます．そして，天体の運動
もりんごの落下も含む，実際に観測されるすべての運動を，あり得
るものと認定するために必要で十分な基本原理，すなわち法則が導
出されるのです．

　ニュートン力学の場合の法則は，力を加えられない物体の等速運

動，力が加えられた物体の運動量変化，そして作用反作用の三法則です．この3つがあれば，すべての観測される運動，それは地上での粘性の影響も考慮した物体の運動と，天体の運動とですが，それらをすべて説明することができるというのがニュートン力学の骨格です．

たった3つで，あらゆる運動が説明できるというのは大変強力です．そこで，このように強力な法則をどうやって見出したか，という疑問が湧いてきます．ところがこれに答えることが，また難しいのです．『プリンキピア』にも説明はなく，恐らくニュートン自身も説明できないのではないかと言われます．

しかし，この法則の導出は，近代以降の，少なくとも自然科学の進歩の主役であると考えられ，それについて詳細な検討がパース[4]によって行われました．

ニュートンが三法則を設定したとき，それは仮説であったと言うべきでしょう．何故なら，この三法則によって，起こり得ると推定される運動のすべてが，現実に観測されるすべての運動と完全に一致するときに，それは正しい法則と言えるからです．起こり得ると推定されるものが実際には起きなかったり，実際に観測される運動が法則からは推定できないことがあったりすれば，その法則は正しくないとするべきです．

したがって，法則が設定された時点では，十分な検証を終えたとは言えず，とりあえず仮説ということになります．したがって法則の導出は仮説形成と呼ばれたりします．しかし，パースはこの推論にアブダクションという名を与えました．そのもとの意味は誘拐というような内容で，理屈なしに強引にもってくる，というような語感をもつと言ってよいでしょう．

学問も人間が考え出したものという点を強調しているわけですが，この場合の考えは推論と呼ばれるものが主役であり，それは，ごく大まかに大別すれば，演繹推論，帰納推論，仮説形成となります．三段論法で考えると，規則，事例，結果の三者の関係で推論を分類することが行われます．

演繹推論：規則と事例から結果を推論

　　帰納推論：事例と結果から規則を推論

　　仮説形成：規則と結果から事例を推論

となります．パースがあげた例，

　　規則：この袋の中の豆は全部白色

　　事例：これらの豆はこの袋の中にあった

　　結果：これらの豆は白色

で考えると直観的によく理解されるでしょう．ここで演繹は間違い
が起きる心配がありません．実はニュートンの理論では，規則が法
則で，事例は天体とりんごのコレクションに含まれるもの，そして
結果が起こり得る運動の集合に含まれるものであり，事例を１つ選
ぶと，それに対応する１つの運動が指定されるようになっており，
その指定を可能な場合を全部含む対応表で行ってもよいのですが，
実はそれが数学的解法で計算されるようになっているのです．対応
が無限になれば表では示せないし，表よりはるかに合理的なこの計
算が有用な働きをしています．

　いずれにしても，ニュートン力学の理論的体系は演繹であること
がわかります．彼の力学を公表した書『プリンキピア』を見ると，
法則にはわずか２ページしか割かれておらず，残りの数百ページは
事例ごとの結果が示されているのです．ほとんど演繹ばかりです．

　それでは，この偉大な書の成立でもっとも大切な法則はどのよう
にして導出されたのでしょうか．先に，ニュートン自身すら知らな
いと書きましたが，長い年月をかけた導出過程は複雑なものであっ
たはずです．しかし，既に分類した推論問題として考えると帰納に
なってしまいます．この袋からいくつかの豆をとり出し，全部白色
であることを知って袋の中は全部白色だと推論するのは簡単で，何
年も苦労して考えることではありません．しかし帰納と仮説形成と
を厳密に区別することは容易でなく，法則の導出が帰納であるとは
言えない面があります．

　これについてパースは明快に帰納と仮説形成の違いを述べていま
す．それは，「帰納の本質は一組の事実からもう一組の類似の事実

を推論するのに対し，仮説形成はある種の事実から直接観察し得ぬ別種の事実を推論するものである」[5]というのです．

　事例というのは，一般に離散的で，したがってその推論は別種の事実の推論である場合が多いので仮説推論を事例の推論とすると説明しやすいというわけです．豆の場合，規則が全部白色で結果に赤い豆が混入したとき，これらの豆は別の袋から，ということになりますが，別の袋という新しい考えの導入が必要になります．ところで帰納なら，全部白色を，少々赤豆が混入という具合に，規則を微修正するだけで済みます．

　学問の世界で，新しい理論として高い評価が与えられるのは法則の微修正でなく，全く新しい法則の提案です．パースは，学問の進歩には，法則の微修正から新提案まで，連続的にいろいろな場合があることを示唆しながら，新しい理論における法則の提案は，帰納と仮説形成との補完的混成物であるとし，新理論という学問の飛躍的進歩に，仮説形成すなわちアブダクションが重要な役割を果たしていることを主張しているのです．そしてパースはアブダクションについて深く考察しました．しかしその行為を明確に説明することは結局できず，人間の不思議な能力という結論です．したがってニュートンが見事に強大な法則を導出したのは，ニュートンが偉大だったから，ということになります．ここにまたニュートンの偉大さが現れます．

　もう少し身近にアブダクションについて考えておきましょう．私たちの日常で言えば，それは発想というようなことで，今世の中でよく言われる，独創性が求められる行為です．独創的な例を挙げます．

　規則として「人間は死ぬ」があります．事例「ソクラテスは人間だ」からは，「ソクラテスは死ぬであろう」が推論されます．これは演繹です．この形式で，「人間は死ぬ」の規則のもとで，目の前で何かが死ぬのを目撃したとします．これは，結果です．ところで，この死んだ何かについて知識がないとき，すなわち事例が何かを知らないとき，仮説形成によって推論します．それは，死んだのだか

ら，人間であろう，とするのは素直なそして多分，独創的な推論です．後世になり，その死んだものがごきぶりであることが明らかにされたとき，当時は「ごきぶりは人間だ」という荒唐無稽な推論をしていたことになります．

　しかしここにアブダクションの本質があります．人類にとって知識を本質的な意味で増やしてくれるのがアブダクションですが，それは間違いを犯す可能性があります．演繹は間違わず，帰納は間違ったとき修正の方向性が与えられるのに対し，アブダクションは，間違ったとき，次の推論はゼロからやりなおしです．

人工物を作る

　オックスフォードの店員が正義なのに，暖くて大雨の中をオーバーコートで歩かなければならなかった男が何かに非倫理的なものを感じたとして，それが店員の知識の中にあるのではないか，というのが話の始まりでした．

　本論の目的は，私たちをとりまく人工環境の倫理性を考えることです．せっせと人々が作っている人工物が形造る人工環境が，すべての人間にとって善であることを願いつつも，それが本当に善なのか，また善であったことを保証するために何が必要かなどを考えることが目的です．

　この目的に向かって，私たちは個別の技術の一つ一つについて考察する道を辿らなかったのでした．高速鉄道，高層建築，一人一台の車やパソコン，ネットワークなど，それぞれ固有の意味を考えることは既に行われているし，いろいろな意見も表明されています．しかし筆者は，個々の製品について，倫理性を論じるのは，ハイゼンベルクの責任の視点であって，それだけでは不十分という立場に立ちます．

　そこでここでも，人工物を作ることの論理的構造を一般的に考察することになります．そして，人工物を作るのも，いささか驚くべきことですが，これまたアブダクションであるというのが筆者の結論です[6]．

一般に人工物はある要求があって作られるものです．その要求は機能です．そして，その要求を満たす人工物とは，人がその人工物をいろいろなやり方で使用することにより，要求されたすべての機能が得られるものということです．したがって三段論法で言えば次のようになります．

　　規則：作られた家

　　事例：家族が部屋に集まって食事（住み方の一例）

　　結果：楽しい雰囲気（要求機能の一例）

ここでは，得られる機能のすべては要求で，施主が住み方のおのおのについて述べた要求のすべてを満たす家を建築家が作り出します．ここで事例は住み方の一つで，どんな住み方をしても，住み方の結果としてその家から得られる機能が要求したものに含まれるという形になっています．ここで得られる機能のすべてが，実は物理学におけるコレクションになっているわけです．このコレクション，すなわち要求が，あまり奇異なものではそれを満たすまともな家が得られないのも一般的な理論の場合と同じです．ニュートン力学では，このコレクションがすばらしかったために，立派な法則が得られたのでした．

　参考のためにニュートン力学をこの形式で書けば，

　　規則：三法則

　　事例：この物体を落下させる

　　結果：この物体の落下運動

です．すべての運動がコレクションです．ここで，パースが述べたように，三法則の導出はその推論結果としての法則の新規性においてアブダクションとすべきだったのです．建築の場合，それが前例の多い形式ならば帰納と言えますが，独創的な建築ならばアブダクションのもつ性質を多く含むことになります．

人工の倫理＝(abduction)[3]

　アブダクションとは何かを明示的に言うことは大変むずかしいのです．パースが深い考察をしながら，偉大な科学者たちがコレクシ

ョンに成功し，法則を導出し，そして華麗な理論を作り得るのは，卓越した美意識によると言い，その美意識は人間が自然の存在であることにより潜在的に自然の法則に到達する可能性をもっているからかもしれない，と言わなければならなかったのは，アブダクションが大変むずかしい過程の推論であったことを示しています．

　考えてみれば，アブダクションが解体され解明されたら，人間の独創が無意味になる可能性をもっています．私たちはこのような例では，解明することにより，人間は必ずより大きな能力を獲得して，それはまた解明できないものであり，結局最終的解明には到達できないことを知っています．したがってここで，アブダクションとは何かを考えることは専門家の研究にまかせ，その特徴的な性質や意義を考えることにします．

　アブダクションの重要性は，従来の知識の言いかえでなく，知識を増やす点にあるのでした．そしてそれは，その過程が解明されていない以上機械的にはできない．このことから必然的に，人によって異なる推論をするということになります．もう一つの大切なことは，それはとりあえず正しい仮説であるが，いずれ間違いであることがわかる可能性を常にもっていることです．

　間違う可能性があることを，パースは重要視していて，これを可謬主義と呼びます．そして間違いこそ自我を客観的に認識する唯一の方法であるとします．また知識増加の根本原理として位置づけてもいます．確かに，すべて間違いなく機械的に思考や行為が進むのだったら，そこには他と異なる自我もないでしょうし，間違いを修正しつつする進歩もないことになります．

　ここで倫理に関する重要な問題に到達します．それは公的知識の倫理性と言うことです．ニュートン力学の例のように，理論はまずコレクションの選定に始まるのでした．そのコレクションは，演繹でもなく帰納でもなく，アブダクションの一種です．

　次の法則の導出もアブダクションです．それにもとづいて構成される理論は，結局2つのアブダクションを経て作られることになります．したがってアブダクションの2乗です．

そして，現代における人工物，これは工場生産を通じて創出されるものがほとんどで，その背後には多くの基礎的理論が使われています．その創出がまたアブダクションですから，人工物はアブダクションの3乗ということになります．

　このようにして，人工の倫理を考えるための骨格が得られます．それは，人工，あるいは人工物（artifacts）が生み出されるまでに，発想としてのアブダクションが3回も作動するということです．

　アブダクションは，基本的に知識を増やすという人間の独創性の中心に置かれるものですが，その論理の過程は客観的説明が困難で，しかも可謬的であるということなのでした．いわばその行為は，人間の全能力を投入してする美意識にもとづく行為であるということになります．

　とすれば，そこでは善意の意識とは全く独立の倫理的責任があることになります．他人に対して悪意をもってする行動はいうまでもなく非倫理的です．しかしたとえ善意にもとづくものであり，しかも行為の時点では結果が益となるか害となるかが予測不可能であることが認められたにしても，なお害を生じたときは行為者に倫理的責任があるということです．

　このことは実は，既に起こっている事から推測されることでもあります．

　今，世界には現代を特徴付ける困難な問題が起こっています．それらの多くは，前述のアブダクションの3乗と関係があります．

　例えば豊かな地域があるのに一方で飢餓地域が存在することは，もともとは無駄な争いを避けるために発想した国家，国境が，今は人の自由な移動を阻止していることが原因です．また地球環境破壊は資源を便利な人工物に変えることを長い間やってきた結果，安定循環系としての地球に擾乱を与えることになってしまったのが原因です．このように，十分な善意をもって，しかも幅広い合意を得ながら，そして少なくともかなりの長期にわたって有効に益をもたらしたものが，ある時，突然害をもたらすようになるというのが，現代を特徴付ける問題の一つです．このことの個々の問題を分析する

必要があるのは勿論です．しかし，それとは別にこれらの問題に共通する，したがってより基本的な，問題を発掘する必要があります．それは，知識の応用としての行動の責任を問うことはできず，行動を支援した背後にある知識そのものに原因を求めざるを得ないという状況にかかわる問題です．原因が知識の中にあるという場合もあるでしょう．しかしより多くの場合知識間を埋め，あるいは脈絡付ける知識が欠落しているという事実によって，その害がある時顕在するようになると思われます．そこでこのことの責任を問うという倫理問題がここに成立する，と考えます．このような場合，誰を，そしてどの行為を責任の対象として示し得るのか，という疑問が生じるのは当然です．そのことの整理をここでしておく必要があります．

　3つのアブダクションのうち，第1のコレクションは，最終的な形には研究者がまとめるのですが，そのような対象群を考察の対象にすべきだと認知するのは，恐らくかなり広い社会の層にわたって起こることであり，今の言葉で言えば世論と言ってもよいものです．例えば環境破壊，生命倫理，社会生活におけるセキュリティ，災害復興，アジアに対する日本の責任などは，いま研究者よりも一般の人々が深い関心をもっています．しかし，それぞれに関して一般の人々が行動しようとするとき，その行動者にとっては，ロケットを発射する行動者にとってのニュートン力学のような整然とした体系的知識が，存在しないという状況があります．

　そのとき，私たち一般人の行動の規範をどこに求めるべきなのか．民主主義という大きな原則の中で生きている私たちは，もはや私たちの行動を無前提に導いてくれる英雄を求めることはできないのです．そのような英雄は多分いないし，出現を許してはいけないのです．英雄の指導なしに，社会が全体として合意しつつ可能な選択をし，そしてすべての個人はその選択の中で，それぞれが固有の，ということは恐らく同じではない現実的行動をとる，というのが唯一可能な方法のように思えます．

　そのとき，ニュートンが力学体系を完成することによって，少な

くとも力学の世界での個人の行動が合理的なものになったように，学問体系は個人の行動をきめる上で依拠すべき一般的な原則を提供するものと位置付けられます．

　個人はその行動において，第3のアブダクションを通らざるを得ないことによって，不可避的にハイゼンベルクの責任を負うことは当然ですが，実は第1のアブダクション，すなわち問題の設定にほかならないコレクションにおいても，一般の人々の個人としての感受性ないし美意識が重要な働きをすることを忘れてはなりません．

　例えば環境破壊の場合，それを産業における廃棄物処理の問題として問題対象を限定するとすれば，とりあえず個人の行為とは無関係な環境理論が作られ，そこから導出される行動規範も産業に対する法律を生み出すことにのみ有用なものとなるでしょう．しかし，今，私が手にしているごみを，どのごみ箱に入れるかを問題対象として包含するコレクションを作れば，そこから作られる環境問題の理論体系は，私たちが環境に関してどのように行動すればよいかを決定しようとするときに有用なものとなるでしょう．このように，一般人としての私たちは，どのような関心をもつかという形で学問の倫理性とかかわることになるのです．

　関心領域が社会的な必然性をもって定められた上で，研究者が理論化する過程におけるより厳密なコレクションでも同様のことが起きます．

　研究者は法則導出に際して，対象領域を調整します．ここでも環境の場合を例として考えましょう．ある研究者がいてこれを体系化するための基本概念として「循環系」を導入し，すべての物質の安定循環系として地球を定義することにしたとします．これは物質を「存在系」として見た今までの体系知識にくらべ，環境について説明性の高い体系が得られるように思われます．その意味では研究としてうまくいく可能性があります．しかし，その中に，生命やセキュリティの問題を，同一コレクションとして入れなくてよいのか，と問うたとき，そこには研究容易性とその体系が将来もつだろう意義の正当性との間の対立があり，その決定の行為は倫理的に判断さ

れるべきものである，ということにより，研究者にも第1のアブダクションにかかわる責任が存在します．

　第2の法則導出にも固有の問題がありますが，その内容の議論は別の機会にゆずりましょう．しかし，それがアブダクションである以上，行為者にとって倫理性の問題から離れられないのは理解できるでしょう．

　そして第3の人工物の創出もアブダクションでしたが，実はこれはハイゼンベルクの責任に対応すると考えてよいのです．

おわりに

　このようにして，人工の倫理という問題は少なくともどんな構造をもっているかが理解されたと言えましょう．しかし，それではどのように行動すればよいかが，以上の議論から導出できるか，というとそうではありません．人が，もっている知識や過去の経験，あるいは関連する理論を使い，そして恐らく多くの場合自らの美意識に依拠して，領域を設定し法則を導出し，人工物を創出する場面での各行為が倫理的かどうかを問う必要があります．しかしその倫理性とは，人工に限らずより広い範囲に共通な倫理に関わるものです．

　したがって，学術団体，大学，研究所，企業などの中で行動する科学者や技術者は，日々くり返す思考作業の中で，いつ，どんな形で本質的に倫理性が問われる場面に遭遇するのかを，知ることが大切なことで，それが理解されたあとは一般的な倫理問題が待っています．

　そして一般の人々も，すなわち自らの専門以外のことを考える場合には誰でも，世論の形成の場面においてやはり倫理性と無関係ではないことを知るべきです．

　そして恐らく，学習という過程においても，自ら科目を選択し学習し，その結果として各自が固有の，個人的ディシプリンを自らのうちに構成するなら，そこには公的な学問領域ではないが，私的な領域の生成があり，したがってそこに，同質の倫理性の課題が随伴していることも忘れてはならないことと思います．

註

1) 工学とは何かを定義することはなかなか難しい．多様な内容を羅列した外延的定義が多いが，内包的定義については筆者の試みがある．『ブリタニカ百科事典』の項目「工学」（TBS ブリタニカ，1995 年）．

2) W. Heisenberg, *Der Teil und das Ganze*, Piper, 1969（山崎和夫訳『部分と全体』みすず書房，1974 年，309 ページ）．

3) ウェストホールは彼の書の序文に，「ニュートンを研究すればするほど，彼は私から遠ざかっていった」と述べて，天才の思考を追うことの困難さを指摘している．R. S. Westfall, *Never at Rest—A Biography of Isac Newton*, Cambridge University Press, 1980（田中一郎・大谷隆昶訳『アイザック・ニュートン』平凡社，1993 年）．

4) Charles Sanders Peirce の論文は，*Collected Papers of Charles Sanders Peirce*, ed. Charters Hartshorne and Paul Weiss, The Belknap Press of Harvard University Press, 1960 としてまとめられている．

5) Ch. S. Peirce, *Chance, Love and Logic*, New York, George Braziller Inc., 1956（浅輪幸夫訳『偶然，愛，論理』三一書房，1982 年）．

6) 筆者が長年研究してきたのは設計者の設計過程であり，その基本的骨格は次の論文で述べた．吉川弘之「一般設計学序説」（精密機械，1979 年）906 ページ．人工物とアブダクションの関係については，吉川弘之『テクノグローブ』（工業調査会，1994 年）．

21 世紀モラルの鍵は？

私たちの世代は，倫理とかモラルという言葉を聞くと，自ずと身構える習性をもっています．それは，幼い頃に倫理を強制された世代だからであり，その上，その強制された内容が正しくなかったからです．しかし倫理は，古い時代から人間が深く関心をもち続けたものであり，常に人間存在の中心に据えられていたものでしょう．

したがって私も，避けようもなく身構えてしまう自分の感情を超えて，強制されたものでない自家製の倫理を作ることに努めてきたのでした．

その成果はつぎのようにまとめられます．「他人にしたサービスと等しい量のサービスしか，自分は他人から受けることができない」というものです．これは当り前のことのようでもあり，とるに足らぬ原則のようでもあります．しかし，当り前というところは，なかなか大切なところです．

人間が集団で暮らすのは，相互に助け合って生きることが必要だからですが，その構成員の一人が，他の構成員の望みに従って行ったサービスの和が，一人が行うサービスであり，その全員の総和がその集団内のサービスの総量です．そして，それを構成員の数で割れば一人当りの受けるサー

ビスの平均値が出ますが，それは一人が行ったサービスの平均に等しい．

この当り前過ぎる計算が私の倫理です．しかし，これは私にいろいろのことを教えてくれます．私の行動は自分のためでもあるが，他人のためには何をするべきか，そのことの結果として他人に何を期待してよいか，世の中を見たとき，本来受けるべきサービスが受けられない人，受け過ぎている人が居るか，もしあれば，それは制度の改変が必要なのではないか．皆が同じサービスを受けるべきだ，というのはこの原則からは出て来ません．この原則は，当り前ですが私にとってとるに足らぬものではないと思っています．

●第Ⅴ部

モラルの希望

●

モラルは，もうすでに決められてある，「何々してはならない」といった，全体に一律に課される超越的な規範ではありません．そうではなく，私たちの行為が社会的な他者という多くの人びとにかかわっていくにもかかわらず，その判断は個人が行わねばならないという，そのような難しさに耐えながら私たちが求めるもの，それをモラルだ，と考えます．私たちがもう生き始めている21世紀は，そのようなモラルについて私たち一人ひとりが，自前で考えていくことを迫っています．この第Ⅴ部では三人の筆者がそれぞれ，芸術，宗教，思想の分野から，「詩」，菩提心，注意力という3つのことがらを取り上げています．この3つが取り上げられているのは，これらが最も重要な鍵だからというのではなく，あるきっかけから考えを絞り込み，自分の行為に関する判断を求めていく，その考え方のプロセス自体が私たちにモラルを考える鍵となってくれるからです．個人がどのようにこれからのモラルの難所を越えていくか，このことに対しての希望をこめて，この第Ⅴ部はつくられています．（**F**）

●主体化

真理からフィクションへ
知のエチカ・詩のエチカ
●●

松浦寿輝

●行為の主体のうちに内在化されなければ倫理ではないという重要な指摘から出発して，知の主体は自分自身に対して責任をとるのだという高らかな断言となる．そして，それはさまざまな制度を解体し，ついには知の外部，その「夜」へと出会う道行きとして記述されます．知の限界において詩が立ち現れるのです．（**K**）

出発点，問い

「知のモラル」の第一条件は，何はともあれ「批判」という精神の姿勢でなければなりません．したがって，私たちはまず，本書のフレームワークをかたちづくっている「知のモラル」という主題そのものに，批判的なまなざしを向けるところから出発するべきでしょう．「知のモラル」と言いますが，いったい「知」とは道徳的（モラル）なものなのでしょうか．「知」はモラルを必要としているのでしょうか．モラルとは無縁なまま作り出され流通する「知」というものはありえないのでしょうか．モラルと対立し，モラルを揺るがせてしまうような「知」，インモラルな「知」といったものを想像することは不可能なのでしょうか．

超越的モラルから内在的エチカへ

そうした幾つもの疑問を数え挙げつつ，私がただちに思い浮かべるのは，ミシェル・フーコーという哲学者がその晩年の著作で提起している「モラル」と「倫理」の区別です．モラルとは何か．人間が行うしかじかの行為，人間が抱くしかじかの意図に関して，超越的な価値に照らし合わせて「善い」「悪い」の判断を下すものが，モラル（道徳）です．それは個人を拘束し束縛する特殊なタイプの

諸規則の束であり，私たちはその規則のうちの或るものを受け入れ，別のものを拒むということはできない．自己を越えた何ものかが自己に強いる命令の声のことだと言ってもよい．

　それに対して，私たちが自分自身で任意に取捨選択できる諸規則のシステムといったものがあるとフーコーは言い，それを「倫理」と呼びます．フーコーが用いているのは morale に対する éthique というフランス語ですが，ここで私たちは，17世紀のアムステルダムのユダヤ人社会に生きていたあの偉大な哲学者スピノザの主著にならって，それをさしあたり「エチカ」と呼ぶことにしましょう．「エチカ」は，観念的なお題目ではなく，私たち自身の日常生活の現実に根ざしているものです．私たちが何を言うにせよ，何を為すにせよ，その言葉や行いのうちには，私たち一人一人に固有のある「生の様態」（端的に自分自身の「生きかた」と言ってもいいかもしれません）が内在しています．日々の生活の中での些細な言動の一つ一つが，そうした「生の様態」を一瞬一瞬，絶えず定義し直しているのであり，その集積の中から，私たちめいめいに帰属し，他の誰にも帰属しえないようなある特異な「生のかたち」が浮かび上がってくるわけですが，私たちの言葉や振舞いを，この私たち自身の「生の様態」に基づいて評価するものが，「エチカ」なのです．

　他から——上から——押しつけられた強制的な規範である「モラル」に対して，私たち自身の「生」に内在し，私たちがみずから一瞬ごとに定義し直し，形成し，修正し，解体し，再形成しつづける終りのない運動の中にあるものが「エチカ」です．それは，いっとき流行った言葉を使うなら，「自己生成的」な運動だと言ってもいい．フーコー自身は，『性の歴史』という総題をもつシリーズのうちの，『快楽の用法』と『自己への配慮』という2冊——この2冊が惜しくも彼の遺作となってしまったのですが——の中で，古典古代期の西欧における身体観・性愛観を分析しつつ，こうした「エチカ」に「主体化」（subjectivation）という名前を与えています．超越的な規範の鋳型に則って自己を形成——むしろ成型——するのではなく，倫理的というよりむしろ美的と言った方がいいかもしれな

いみずからの「生のスタイル」を絶えず参照しつつ，行為と意志の「主体」としての自己を一瞬ごとに絶えず更新し，再定義してゆく終りのない運動．フーコーが，古代ギリシャ人や古代ローマ人の人生観の最良の部分にやや理想化されたかたちで読み取ったのはそのようなものでした．

　1984 年にエイズで死んだミシェル・フーコーは生涯を独身で終えた同性愛者であり，語のもっとも通俗的な意味での世間的な「モラル」の見地から言えば，彼の「生のスタイル」は多かれ少なかれスキャンダラスなものでした．最近，あるアメリカの作家がかなり分厚いフーコー論を著しましたが，それは，秀れた哲学書であり歴史研究でもあるフーコーの著作の様々な細部に，フーコーがその実生活で溺れていた——とその著者の称する——「サド＝マゾ性欲」の反映を読み取ってゆくという，歪んだこじつけに満ちみちたグロテスクな解釈作業の産物で，これほど「エチカ」から遠い「知」の姿もありません．たぶん，「モラル」から自由なつもりでいて，結局は無意識のうちに貧しい中産階級的「モラル」に拘束されている精神だけが，こうした卑しい覗き趣味を「批評」と取り違えたりすることができるのでしょう．フーコーの性生活が「インモラル」だったかどうかは私たちの知ったことではないし，そうした事柄を興味本位に云々するのは——これは私自身がある種の階級的「モラル」に囚われているということかもしれませんが——唾棄すべき振舞いとしか思われない．

　そんなことよりむしろ，自分がエイズ・ウイルスに冒されていることをすでに知っていたフーコーが，最後の力を振り絞って為し遂げようとした試みを前にして，私はある名状しがたい感動を覚えます．この哲学者は，確実なものとして間近に迫りつつある死を見つめながら，彼固有の「生のスタイル」とその美学を，超越的な価値との関連において事の善悪を裁断する「モラル」とは別のものによって，すなわち生きることの現場でみずから選び取る内在的な「エチカ」によって，基礎づけようとしたのです．今挙げた覗き趣味的な著作の皮相なこじつけとはまったく違う水準においての話ですが，

私は私なりに，フーコーの著作は，『狂気の歴史』にせよ，『言葉と物』にせよ，『監視と処罰』にせよ，書き手の実生活ときわめて緊密な関係を持っていたと考えています．たぶんフーコーは，1冊1冊の著書を，みずからの人生が突きつけてくる問題の渦のただなかで，生きることの危機の一つ一つを乗り切ってゆく必死の試みとして書いていったのです．もちろん，ここで「人生」と「知」との関係は，アンシャン・レジーム期のフランスでの罪人に対する残酷な刑罰のさまをフーコーが克明に描写しているのは，彼にSM趣味があったからだ，などという笑止な解釈をはるかに越えたものです．「生」と「知」との間には，途方もなく屈折した，複雑な，──しかしある遠い視座から眺めてみると案外，極度に単純でナイーヴとさえ言えるような，照応と相互干渉の関係があるはずだからです．

　しかし，そのようなフーコーの著作群の中でも，先に引いた2冊の遺著においては，そこでの知的営みが個人的なモチーフに根ざしているさまが，とりわけあからさまなかたちで見てとれるように思います．そして，そのモチーフとは，「モラル」の範疇に属する性的嗜好云々といった問題ではなく，まさしく「知」のありかたそのものの，「知のエチカ」の問題に関わっているのです．フーコーは，最後のものになるということが彼自身にもよくわかっていたこの著作の中で，「知」の追求に捧げた自分の人生を，改めて定義し直そうとした．絶えざる吐き気と頭痛と脱力感に悩まされながらも，死の直前まで，図書館の一隅で終日膨大な資料を読み解きつづけ，彼自身の「生存の美学」の基盤となるべき「エチカ」を模索したのです．

　ここからは，いろいろな系を引き出すことができますが，いちばん重要なのは，「知のエチカ」は，「モラル」とは異なり，誰にも適用されうるような一般的なかたちでは定式化されえないということだと思います．超越的な規範としての「モラル」ならば，一般論として語ることができないわけではない．たとえば社会学者マックス・ウェーバーのいわゆる「価値自由性」（世界観や価値判断は科学的認識から排除されるべきであるという主張）などがその一例ですが，

学問的な「知」が遵守すべき規則としては他にも様々なものが考えられるでしょう．そうしたものを数え挙げたうえで，そこからの逸脱を自戒することの重要性は，もちろん私も決して否定しませんが，今ここでは，それよりもむしろ，一般概念としては提起しがたい「エチカ」の意義を強調したい．「知のエチカ」は，その担い手たる一人一人の個人の「生」と直結した規範であり，その個人の言葉や行いによって絶えず組織され直し定義され直してゆく現在形の運動です．こうした「自己組織的」な倫理は，たしかに，下手をすると，なし崩し的に骨抜きになり，有名無実なものにもなってゆきかねません．「神」だの「法」だのといった，自己を越えた何ものかによって縛られたり監視されたりしているわけではなく，自分の行いや言葉をただ自分自身の「生の様態」に照らして評価されるだけなのですから，何についてであれ，これが自分だ，これが私の「生のスタイル」なのだと開き直ってしまえば，結局，価値判断も善し悪しもへったくれもない，何でもありということになってしまう．自分自身と狎れ合うことほどたやすいこともない．そして，こうした安易な妥協を通じてすべてはとめどなく堕落してゆくことになるでしょう．

　そうした堕落を自分に禁じる「エチカ」としてフーコーが提起した概念の一つが，先に触れた「主体化」の論理でした．「知の主体」となること．それは恐らく，超越的な規範に則って知性を成型し，「道に悖（もと）る」ことのない思考の働きを身に着ける，といったことを意味しない．「主体」となること，それはある責任を引き受けることにほかなりませんが，それはあくまで自分自身に対して取る責任です．超越的な「モラル」から内在的な「エチカ」へ――この「主体」的選択を通じて，「知」は，その担い手たる個人の「生のスタイル」と切り離すことができないものとなってゆきます．

真理からフィクションへ

　ところで，「モラル」から区別されるべき「エチカ」を，他方，もう一つのものからも峻別しておきたいと思います．「エチカ」を

「真理」から切り離さなければならない.「正しい」ことと「誤っている」こととという二元論を越えた場所に「知」を据えるものこそ,その「エチカ」であるべきだからです.

　一般には,「正しい」ことと「誤っている」こととを見分けるすべを教えるものが「知」だと考えられています.しかし,誰も否定しようがない数式のようなかたちで正誤の判定が可能な自然科学の幾つかの領域を除けば,社会や政治や文化の諸事象,また精神の内奥の出来事などを扱う「文科」系の学問領域に関するかぎり,「正しい」ことと「誤っている」こととを分かつ境界線は,実は人が思うほど明瞭なものではない.実際,19世紀までの学問ならばともかく,複雑さ,微妙さ,曖昧さを日々加速度的に増しつつある今日の「知」にとって,「真理」と「誤謬」とを隔てる境界線は,自明とはほど遠いものとなっていると言ってよい.それは,単に,正誤の判別が難しいというだけのことではありません.何が正しくて何が誤っているかを判定することが原理的に不可能であったり,周囲の状況や時間の進展に従って「真理」と「誤謬」とが入れ替わっていったりといった事態が日常化しているような時代に私たちは生きているのです.しかも,ある具体的な現実に働きかけを行うために,事の真偽はとりあえず宙に吊ったままで,何らかの「知」的なフレームワークが必要となるといった状況に私たちはしばしば出くわしています.

　「真理」を語り,「真理」に責任をもつものが「知」であるといった考えかたは,今や,まったく時代遅れな学問観になったと私は考えています.今日必要なものは,むしろまったく逆の考えかた,すなわち「知」は「フィクション」でなければならないという学問観なのではないかと思います.「フィクション」とは,嘘のことではない.その内容の真偽はともかくとして,さしあたって当面の役に立つことだけを目的として生産される,とりあえずの言説のことです.

　役に立つと言っても,私はここで,卑近な有用性を優先させようとする近視眼的なプラグマティズムを主張しているわけではない.

それを何に役立てるのかという目的に関わる展望を見失った場合，「知」は単なる技術的な「知」へと頽落してしまうことになる．これは，たとえば原子爆弾の製造に貢献した科学者にとっての倫理などをめぐってこれまでよく語られてきた問題ですが，ここで私が論じているのはそうした事柄ではない．私が強調したいのは，自然科学の理論などと同様に，「文科」系の「知」的言説に関してもまた，決定的に重要なのは，ある特定の問題に対して然るべく有効に機能するということであって，抽象的な「正しさ」を体現しているということではないという点なのです．ある問題に対して，いかなる言説が機能しうるのか．もちろん，問題の正しい答え，つまり正解をかたちづくる言説がその一つであることは間違いありません．しかし，一つの問題に対して一つの正解がある，そして，知性の行使によって人は最終的にそこに至り着くことができる，という信仰は，20世紀末の今日，ますます通用しにくくなってきています．そもそも原理的に正解などは存在せず，正しいとも間違っているとも判断しかねる複数の答えが立ち騒いでいるといった事態の方が，はるかに一般的だと言ってよい．一つの問題を攻略するために，ある答えが機能するならばそれを採用すればよい．それが機能不全に陥ったらまた別の答えを試してみればよい．役に立つものは何でも利用するということです．そして，それら真偽定かならぬ答えの断片の一つ一つを，ここでは「フィクション」（虚構）と呼んでみたいのです．

　それを，あえて「フィクション」として捉えることが重要だと思います．私たちのうちにまだ「真理」への郷愁が残存しており，だからつい，然るべきやりかたで知性を行使すれば，様々な困難を伴いつつではあれ最終的には唯一なる正解に辿り着くことができると信じてしまいがちです．そう信じた方が明るい気持で生きていけると言えるかもしれない．しかし，今私たちに必要なのは，ある言説の，「正しい」とも「誤っている」ともつかぬ曖昧さをむしろ積極的に顕彰することで，こうした「真理」への郷愁を絶つことなのではないかと思います．単なる虚偽が「フィクション」なのではない．

しかし，少なくともそれは虚偽であるかもしれぬ可能性をはらんだ言説であり，それをはらんでいることで，唯一なる正解であることに固執するあまり退屈な自明性のうちに凝固してしまった「真理」の言説をはるかに越える，力強さと生きいきした運動感を身に帯びることができるのです．真と偽との間のゆらぎが，その言説の機能ぶりにいっそうのしなやかさを賦与すると言ってもよい．「知の主体」に求められるのは，そのような「フィクション」を作り出し，そしてそれをとりあえず100パーセント信じてみることです．超越的な「真理」に照らして正しいから信じるのではなく，ただそれがしなやかに運動する輝かしい「フィクション」であるがゆえに信じるのです．

　「無意識」を見たことがある者など誰もいはしません．「転移」などというのも客観的に証明することの不可能な概念でしかない．「エディプス・コンプレックス」も「死の本能」も同様です．「口唇期」と「肛門期」の区別などいったい誰が確言できるのでしょう．それらはみな結局は「フィクション」でしかないと言っていい．しかし，ウィーンの精神科医フロイトが19世紀末に創始した精神分析は，これらの「フィクション」を駆使することで，精神の内奥の世界に対する私たちの認識を飛躍的に深めたのであり，また，そうした「フィクション」を道具として用いつつ，心を病んだ人々の不幸をある程度まで癒すことも可能にしてきたわけです．もしフロイトが，超越的な「真理」を語ることだけに執着していたならば，これほど生産的な「知」の装置を作り上げることはできなかったはずです．もちろん，ここで言う「フィクション」とは，小説家が恣意的な想像力で描き上げた絵空事のことではありません．あくまで厳密な科学たらんとして「知」を引き絞ってゆくことが第一条件でなければならないのですが，ただ，その過程で，「知の主体」が，超越的な規範としての「正しさ」への忠誠からふと身を振りほどき，「知」それ自身のうちに内在する活力と運動感が最大限に発揮されうるような，真偽を宙に吊ったとりあえずの思考装置を作ってみようという誘惑に，大胆に身を委ねる瞬間がなければならないという

ことなのです．従って，ここでもまた，超越性から内在性へという転回が出現することになります．超越的な「真理」から内在的な「フィクション」へ——ここに，「知のエチカ」のもう一つのアスペクトがある．

　注意しておきますが，「フィクション」は「仮説」とは違います．「仮説」とは，いわば「真理」に到達するための梯子のようなものであり，ひとたびそこに辿り着けたらその瞬間にもう取り払ってしまっても構わない仮の足場のことです．実際，「仮説」は「仮設」であり，工事のためにとりあえずしつらえた仮の足場の枠組みであるにすぎない．他方，「フィクション」は，「真理」という最終目的地を前提とした中間段階ではない．「フィクション」はあくまでそれ自体として輝くものであり，むしろその輝きによって，「真理」の不在を残酷に宣告しつづけているもののことだとさえ言える．凝固した一元的な「真理」への到達を助けるものとしてあり，その到達のあかつきには「真理」の中に解消されてしまうのが「仮説」です．それに対して，「フィクション」はむしろ「真理」への到達を積極的に妨げ，その到来を断固として遅らせつづけようとさえする．

　「真理」の安直な到来を遅延させようとするこの身振りは，あくまで倫理的なものです．ある特定の状況下で具体的に機能しうる「フィクション」を作り出すこと．それはどこか胡散臭さを伴わずにいない作業ですが，「真理」追求というエクスキューズを奪われた場所でこのいかがわしさに耐えつづけるのは，フーコーが言うような意味での「主体化」の実践以外のものではない．ある現実に直面した「主体」が，超越的な権威に頼らず，あくまで内在的な「フィクション」によってその現実に働きかけ，その働きかけの過程でみずからの「生の様態」を改めて定義し直してゆくという高度に倫理的な運動がそこにはあるのです．当節，ありきたりの小説よりもノン・フィクションの方が面白いなどと言われることがありますが，事実に取材したルポルタージュ作品のうちできらりと輝くものがあるとしたら，それは必ず，単なる事実＝真実から離陸した高次の「フィクション」を提起する力を秘めた作品に決まっています．事

実に即くことの方が,「フィクション」を提起することより真面目で一生懸命な感じがするのはたしかです.だが,「知のエチカ」は,あくまで,超越性を欠いた「フィクション」の側にある.

「知」の限界,そして「夜」へ

　ところで,ここまで私たちは,「知」のありかたをめぐって言葉を連ねてきたわけですが,最後に一つ残されていることがあるとしたら,それは,「知」には限界があるという自明とも言える事実の指摘でしょう.この世界には,「知」によっては触れることのできない事象や経験がたしかにある.何も神秘体験や超常現象のようなことを言っているわけではありません.私は神秘主義を心底軽蔑している凡庸なリアリストであって,この世で起きているのは物質の生成と変容の運動に尽きていると考えています.ただ,精神の働きのうちには「知」を越えた部分があることは否定できない.それは,人間の実存のいわば「夜」の部分であり,「知」は,そうした「夜」の部分に淀んでいる深い暗闇に対する畏れ(恐れというよりも)と,そしておののきとを,決して忘れるべきではない.「知」は,自分にはどうしても追いつくことも理解することもできないものがあることを無言のうちに認め,その手前で謙虚に立ち止まるべきなのです.それもまた,「知のエチカ」にほかならない.では,「知」の媒介が無力だとすれば,いったい私たちは何に助けられてそうした「夜」の暗がりに足を踏み入れてゆくことができるのか.

　ここに一篇の詩があります.

　　　　　　静物　　　　　　　　　　吉岡実

　　夜の器の硬い面の内で
　　あざやかさを増してくる
　　秋のくだもの
　　りんごや梨やぶだうの類
　　それぞれは

かさなったままの姿勢で

眠りへ

ひとつの諧調へ

大いなる音楽へと沿うてゆく

めいめいの最も深いところへ至り

核はおもむろによこたはる

そのまはりを

めぐる豊かな腐爛の時間

いま死者の歯のまへで

石のやうに発しない

それらのくだものの類は

いよいよ重みを加へる

深い器のなかで

この夜の仮象の裡で

ときに

大きくかたむく　　　　　　　（詩集『静物』所収，1955年刊）

　生と死の形而上学を鮮烈なイメージのうちに凝縮した，詩人吉岡
実（まさかこの名前を知らない人はいないと思いますが，もちろん20世紀
の最高の――日本の，と限定をつける必要はありません――詩人の一人で
す）の初期の傑作です．何度読み返してみても空恐ろしいような凄
みを秘めた詩だと思います．17世紀フランドル派の静物画を思わ
せる静謐な世界――しかし「静」であるはずのこの空間は不意に揺
らぎ出し，ゆるやかな「動」の世界へ滑りこんでゆきます．「静物」
はフランス語では nature morte（死んだ自然），英語では still life
（静止した生命）と言いますが，この詩に登場する「静物」たちは，
まさしく生と死，運動と静止のはざまで宙吊りになり，現実を超え
た不可能な光景を現出させています．切り詰められた言葉からなる
寡黙な小品ではありながら，この世界は深く豊かであり，水平的移
行（「……へと沿うてゆく」）から垂直的下降（「最も深いところへ
至り……」）へ，旋回（「そのまはりを／めぐる……」）から傾斜

（「大きくかたむく」）へと，多様な運動を繊細に記述する詩人の言語には，まさしく「大いなる音楽」が鳴り響いているのが聴きとれるでしょう．吉岡実にはこれ以前に習作詩集『液体』（1941 年）がありますが，その独創的な詩想と文体が初めて十全に開花したのは実質的な処女詩集と言うべき『静物』においてであり，その巻頭に据えられたこの「静物（夜の器の硬い面の内で）」は，その意味で，彼の出発を画する記念碑的な作品です．孤独で硬質な抒情，不気味なエロティシズム，神なき時代の神秘主義，彫琢しつくされた言葉による堅固な造型性など，後の吉岡実の世界を予告するすべてが，すでにここにあります．

　しかし，私が今述べたこと——名作の「鑑賞」のための手引きのように綴られた解説の言葉——は，結局のところ「知」によって捏造されたむなしい饒舌であるにすぎない．存在の「夜」の深みに身を潜め，そこでの沈黙によって人を戦慄させるものが，「詩」です．そして，「知」は決して「詩」に追いつけない．いかに知性を行使しようと，「詩」の肉体の，白く輝くなまめかしい肌に触れることはできない．「詩」は言葉で書かれていますが，その言葉は「知」を構成する言葉とはまったく異質な種類のものです．吉岡実は，いかなる「知」によっても武装していない瞳をただ見開いて，実存の「夜」を触知し，死と境を接したその限界空間で起こっている沈黙の出来事を，切り詰められた言葉のタブローの中に硬い鑿で刻みこんでいったのです．そうした作品を前にしたとき，それを読む私たちもまた「詩」の「夜」のただなかにいきなり誘いこまれ，そこで，いかなる「知」的饒舌をも禁じられたまま，息を潜めつつ，畏れ，そしておののきつづけるほかありません．

　注意しておきますが，私は，知性ではなくて感性，というあの相も変わらぬ古臭いお題目を持ち出しているのではない．単なる非合理的な感覚や感情の世界が「夜」なのではない．私たちはふつう，ある特定の名前を持った個＝「主体」として，知性をも感性をもひっくるめた統合的な認識空間の内部で暮らしているわけですが，そうした空間の絶対的な外部にあるものをここでは仮に「夜」と呼ん

でみたのです．それは「主体」が「主体」として身を持していられなくなる場所，いっさいの「主体化」の試みが不意に崩壊する場所のことだと言ってもよい．「知」りえないものの前で立ち止まり，その限界のへりのところで，みずからの無力を嚙みしめながら立ち尽くす謙虚さを，「知」は，そして「知の主体」は決して忘れてはならない．超越的な「法」によって命じられるからそうするのではありません．おのれ自身の「生」に恥じることのないように，そうするのです．「語りえないものに関しては沈黙しなければならない」——『論理哲学論考』という美しい書物をこの一行で締め括ったウィーンの哲学者ヴィトゲンシュタインは，こうした「知のエチカ」を完璧と言ってもいいほどに体現した魂の持ち主でした．

要約，そして残された課題

　要約しましょう．私は3つのことを述べたつもりです．重要なのは超越的な「モラル」ではなく内在的な「エチカ」だということ．「知のエチカ」は真理の概念を解体する「フィクション」によってしか実現されえないということ．そして，「知」を越えるものを前にしたときの畏れを失ったとたん，「知」はその「エチカ」をも喪失することになるだろうということ．世に名著と言われる卓越した「知」的作業は，どの一冊をとってみても，この3つの事柄を前提としたうえで書かれているはずです．ニーチェの『ツァラトゥストラはこう語った』でもいい，折口信夫の『古代研究』でもいい，大岡昇平の『レイテ戦記』でもマルクスの『資本論』でもいい，あるいは他の何を挙げてもいいのですが，傑出した知性の産物は必ずこの3つの事柄を基盤として成立しているはずです．それぞれの場合にこの三条件がどういう姿を取るかを一つ一つ立ち入って詳述している余裕は今ここではないので，それは皆さん方への宿題ということにしておきましょう．

21 世紀モラルの鍵は？

　1956 年，13 歳のボビー・フィッシャーが当時のアメリカきっての名手ドナルド・バーンを打ち負かしたチェス試合（このゲームは後に the game of the century と呼ばれるようになった）の棋譜を並べてみるたび，私は感嘆のあまり軽い眩暈に襲われないわけにはいかない．17 手目，黒番のフィッシャーは，自軍のクイーンとナイトがともに攻撃されている場面で，まったく無関係と見える Be 6！（ビショップを e の 6 へ）を指し，クイーンを敵に取らせてしまう．もちろんクイーンを犠牲にしつつ巧妙な王手詰みを達成するというトリックはチェスにはよくあることだが，この場合，ゲームはまだまだ中盤戦で，誰の目にもフィッシャーのクイーンは単に「只取り」されたとしか見えない場面なのである．しかし，その後フィッシャーは巧妙な王手を繰り返し，ダブル・ビショップとナイトのコンビネーションで，41 手目に至って鮮烈なチェック・メイトを達成してしまうのだ．天才が――真に天才の名に値するまぎれもない天才がここにいる．74 年，巨額の賞金のかかった世界チャンピオン防衛戦を辞退し，そのままチェス界から消息を絶ったフィッシャーは，91 年，不意に人びとの前に姿を現わし，かつての宿敵ボリス・スパスキーを打ち負かしてまた姿を消した．頭髪の薄くなった初老のフィッシャーの風貌に，私は，孤独な思索家のみがまというる凜とした品格を感じたが，これは単なる思い入れにすぎないだろうか．ジョージ・スタイナーが『白夜のチェス戦争』で描写したフィッシャー像――幼稚でわがままで，チェスのことしかわからない無教養な反共主義者――は，どうも悪意の籠もった筆で描かれた歪んだポートレートであるような気がする．フィッシャーの自著『私の忘れえぬ六十局』のコメントを丹念に辿ってゆくと，聡明なユーモアに溢れる人柄が浮かび上がってくるからである．

　21 世紀の「知のモラル」の鍵，それはボビー・フィッシャーの沈黙にある，とここで粗暴に断言しておこう．

●探求心

大学と菩提心
「般若心経」に読む知の行為の根源
●●
竹内信夫

●ここでは，大学という制度のなかに身を置いてきた，ひとりの研究
者・教師が，みずからの知のモラルを徹底的に検証しようとしていま
す．1968年からの歴史の流れが振り返られると同時に，その個人的
な時間がもっと広大な宇宙的な時間へと重ね合わされる．そして知と
協同性との本質的な結びつきが語られます．**（K）**

大学の「知のモラル」

　私は本稿で「探求心」というものについて話すつもりです．また，
「探求心」の協同性について話すつもりです．さらにそれを私自身
に即して話したいと思います．

　「探求心」というのは，人類が誕生したときから，私たちの生命
活動を導いてきた大きな力であったように思います．ホモ・サピエ
ンス（Homo sapiens）とは「知るヒト」，「知を有するヒト」の意味
ですが，その人類の「知」の根底には「探求心」という泉が渾々と
湧き出ているように思います．もしかすれば，それはヒトに固有の
ものではなく，むしろ生命というものに固有の性格かもしれません．
進化というものがけっして常に「よい方向」，「優れた方向」に向か
うものでないことは，つまりなんらかの価値基準に従うものでない
ことは，既に承認されたこととしてよいでしょう[1]．しかし生命が
常に前進してやまないものであることは間違いないようです．なぜ
そうなのでしょうか．

　生命の進化を促す力は，宇宙を支配する時間──それは宇宙の鼓
動とでも呼ぶべきものですが──を，原初の生命が自らのうちに取
り込み，自らのうちに働く主体的で自律的な力に変換したものでは
なかったかと私は考えます．そして生命がもし私の考えるように宇

宙的時間の内在化，主体化だと考えるならば，「探求心」が生命そのものの中にプログラムされていたと考えても少しも不思議ではありません．そして生命が大きな協同的システムであることを考えれば，その「探求心」には協同性ということが最初から付随していたと考えられます．

　最初から話が大きく拡散しそうになりました．私がここで話したいのは，しかし，「探求心」の宇宙論的・生命論的形而上学ではなく，もっとつつましく，現在の大学に「知のモラル」というものがあるとして——そして私自身はそのようなものがあるべきだと思うし，さらに言えば現代の大学にもっとも欠けているのはそれではないかとさえ思っています——，それが何であるかを私自身に即して考えてみることです．現代の大学の「知のモラル」の根源をなすべきものは，大学という共同体が共有する「探求心」だと私は考えます．どのようにして「探求心」を共有することができるか，それが大きな問題です．

　「知のモラル」について書くことを引き受けたとき，私にはある決意がありました．それは自分自身が今まで知らず知らずのうちに身につけてきた「知のモラル」あるいは「知の反モラル」が何であったかを徹底的に検証してみることでした．そしてそのことを通じて自分の拠って立つべき「知のモラル」の源がどこにあるのかを探求してみるということでした．したがって，以下に述べることは，私自身のささやかな探求の報告にすぎません．「知のモラル」について論じた文章であるよりも，私自身の大学での活動を支えてくれている基盤のようなものの率直な表白にすぎません．ですから以下の文章は私自身が現段階で拠って立つ拠点からの1つのメッセージと考えて下されば幸いです．

　したがって，本稿の目的は論証することよりも，訴えること，主張すること，提言することにあります．大学における（実は大学でなくともどこでも）「知」は一個の行為であり，一個の実践です．それが行為であり，実践である以上，「知」は固有のモラルを自らに課さなければなりません．もし夢を語るならば人は太古の昔からそ

の身体に，あるいはその脳髄に去来するさまざまな形象を自由奔放に，時には傍若無人に言葉というものの中に解き放つことができるでしょう．しかし，行為について語る場合には，その行為が何に基づき，何を目指し，そして何よりもそれが何であるのかを言明しなければなりません．「知」は自らを語ることによって初めて一個の行為たりえるのですから．そして，その言明はまず第1に自らを縛る一個の規律となることも承認しておかなければなりません．

　「知」の根源に働くものとして「探求心」を見る私の立場からすれば，「探求心」について語るそのこと自体が同時に「知のモラル」について語ることにならざるをえないということはおわかり頂けたと思います．そしてまた，私がここで行おうとしている提言は，誰よりも先に私自身に向けられたものであるということも理解して頂けたと思います．「私自身に即して」と最初に断りましたが，それは私自身の体験と活動を抜きにして「知のモラル」について私は語り得ないからです．

　前置きが長くなりました．しかしもう少し続けさせて頂くなら，なぜ，「探求心」について語ろうとするとき，私はことさらに「知」の実践的性格を強調し，その責任やその自己拘束性についてくどくどと話すのでしょうか．それは，そのことが，「知」のありように関して，大学自身がもっとも厳しく自覚しなければならない課題だと私が感じているからです．詳細に踏み込むことはできませんが，私は，現在の日本の大学の「知」の状況は，恐るべき怠惰と無責任によって覆われているのではないかと考えています．大学というエスタブリッシュメントを構成する個々の人間の誠実と勤勉を疑っているのではありません．私が言いたいのは，一個の共同体としての，あるいは集団としての，怠惰と無責任さです．「知」の共同体としての，「知」の集団としての自覚の欠如とでも言ったほうが的確でしょうか．その具体的表れの一つが，今回の大学改革の前まで，大学の教育と研究の現場を覆っていた惰性と無気力です．大学に「知」の共同体としての意志と主張が欠けていたのは，「知」の実践的性格，つまり協同性が欠けていたからだと思います．

語り合う探求心

　私が学生だった頃（理科1類の学生として私が東京大学に入学したのは1963年でした），駒場のキャンパスにはあの「安保闘争」の余燼がまださめやらず残っていました．デモなども頻繁に行われていました．授業のつまらなさも手伝って私もひとかどの学生活動家を気取っていたこともあります．無知ゆえの愚行も数多く重ねました．当初から私は大学には何の希望も見出せないでいました．ところで，当時の駒場には「駒場新聞部」という学友会に所属する部活動がありました．その「駒場新聞部」の活動を通じて私は生涯の師とたのむ先生に出会うことができました．その先生に出会うことによって，私は学問というものを知り，「探求」ということを考えるようになり，また「語る」ということが何であるかを教えられたのです．大学の教室にはほとんど出ることのなかった私でしたが，先生からは「知のモラル」の最初のレッスンを受けたように思います．3年程前に亡くなられましたが，駒場のフランス語教室に属しておられた平井啓之先生とおっしゃるかたです[2]．

　私が本郷の学生になった時に，世に「東大闘争」という名で知られている学生たちのプロテストの運動が起きました．その機縁はごくささいなことでしたが，それに対する大学側の対処の仕方があまりにも無責任だったこともあって，大学全体に運動は広がりました．東京大学ばかりか全国の大学にさまざまな形の異議申し立ての運動が拡大して行き，「全共闘」という名を日本戦後史に残すことになります．「全共闘」というのは「全学共闘会議」の略称で，今では『広辞苑』にも載っています．その運動はやがて終わるべくして終わったのですが，そこで問題であったものは解決されることなく先送りされてしまいました．「そこで問題であったもの」とは，大学自身の自己改革，でした．私は「東大闘争」の前にも，最中にも，その後にも東大の学生でしたから自信をもって言えますが，あれだけの騒ぎがあったにもかかわらず，東大自身は少しも変わらなかったのです．

先ほど名を挙げた平井先生はその「東大闘争」の最後の局面で「命の危険を感じて」（先生自身の言葉です）大学をやめられました．先生はフランス語の先生でしたが，私は先生に教室でフランス語を教えられたことはありません．しかし，先にも少し触れたような機縁で先生のうちに出入りを許されるようになり，先生の話を聞き，先生の生き方に触れる機会を与えられました．その先生が，延々と飽きることなく話される話はまことに興味尽きないものでした．話題はさまざまでしたが，何が話されても，まことに生き生きとした先生の姿がそこにはありました．何故あれほど平井先生は生き生きとした印象を私に与えたのか，またそれが何故私をあんなに魅了したのか．その理由を私はずっと後になって理解することができました．それは，先生が「探求者」，しかも「語る探求者」であったからだと思います．

　ランボーやマラルメを，また自身の学徒出陣の体験や「わだつみ会」の活動を語り続けることを通じて，先生は自分自身の，また人間という存在の深みにある生の根源的動機を探し求めていたのです．先生にとっては「語る」ということが「探求」そのものだったように思います．話すことによってそれを私に，私だけでなくその話を聞くすべての人に，じかにぶつけていたのです．お前もおれと同じように探求せよ，おれと同じように語れ，先生の話の熱気にはそういうメッセージが込められているように思いました．先生がそう言われたのではけっしてないのですが，私のほうが自然にそういう声を聞いてしまう，というふうでした．

　平井先生の思い出はいずれ別の機会にまとめて書きたいと思っていることなので，今はこのくらいにしておきます．しかし，一つのことだけは本稿との関係で言っておかなければなりません．それは，先生が私に伝授してくれたのは単に「探求心」というものの存在だけではなく，「語り合う探求心」だったということです．そこには孤独な「探求心」の自己満足や，目的を失った「探求心」の無責任さはまったくありませんでした．

　「大学教師の一人」として語り続ける先生から受ける感動と大学

のなかの状況とのあまりに大きな落差に私はとまどいを感じました．先生自身が大学改革に奮闘なさったこともあったらしいのですが，それに私は学生として触れることはできませんでしたし，他方では先生の努力も残念ながらすぐに実を結ぶことはなかったようです．大学は再び以前の，いや以前よりももっと大きな怠惰と安逸のなかにもぐりこんだように感じられました．「東大闘争」が提示した真の課題は大学の自己改革であったということを先に言いました．学生たちも「大学解体」を叫んでいました．しかし，実際には，その「闘争」を経て，東京大学は日本社会のなかの虚の重心としていっそう強固に存続する結果になったのです．大学が社会に背を向けたというのではありません．入学試験を通じて大学は社会としっかりと手を握りあっていました．しかし，その握りあった手を通じて熱い共感が交換されていたわけではありませんでした．以来，大学のなかには，妙に「しらけた」，冷たい空気が淀むようになりました．

学生と「オウム真理教」

　しかし，課題は明らかでした．大学の内部構造そのものが古臭いものになっていたのです．なかでも，「教養課程」と呼ばれる大学1，2年生の教育プログラムは恐ろしく時代遅れのものでした．さらに悪いことに，専門課程においても「旧制度」が依然として強固に温存されていました．そればかりか「闘争」を勝ち抜いた自信さえそこにはつけ加えられたように感じられました．また，大学院の重要性が大きくなっていたにもかかわらず，大学のすべての機構が古臭い講座制の牢獄のなかで窒息させられていました．とても新しい社会状況に対応できるものではなかったのです．大学は「知」の共同体としての活力を失い，権威と自尊の跋扈する「知」の荒野と化してゆきました．

　それ以後20年の間に，日本は「経済大国」として今までとは全く異なった国際的地位を占めるようになりました．それにつれて日本の大学で学ぶ学生は日本人だけではなくなっていました．日本の大学はのっぴきならない危地に立たされていました．今回の大学改

革は，特に駒場キャンパスでのそれは，その危地からの脱却を図る企図以外の何ものでもありません．それは恐らく，敗戦直後の新制大学の誕生ということを除けば，戦後 50 年のなかで最大規模の改革となるでしょう．それはまた大学自身が自らのイニシアチブで行った最初の自己改革でもあります．その成果がどう評価されるかはしばらく時間をおかなければわからないでしょうが，一つだけ確かなことは，そこでは大学における「知」のあり方が真摯に問われたということです．「知」をめぐる三部作が構想されたのもそれがあったからです．

　話は変わりますが，去年（1995 年）は日本人の常識が大きく覆された年でした．「オウム真理教」というカルト教団が引き起こした一連の事件も，淡路・阪神でのありうべからざる（と信じられていた）断層直下型地震も私たちの常識を覆すには十分な迫力をもっていました．後者の場合には単に私たち自身の無知に出るものであると言えば言えるので，みんなが一様にその無知を思い知らされたというにすぎないかもしれません．その無知に対する反省の材料にはなっても個々人の「モラル」にまで届く衝撃ではなかったかもしれません．

　しかし，前者の場合はそこに多くの若い「知的エリート」たちが積極的に関与していたことが明るみに出ることで，特に「知」の領域に大きな衝撃を与えました．大学自身が自己改革のさなかになかったとするならば，そしてそれが社会的に一定の評価を得ていなかったとするならば，大学は戦前にそうであったように再びスケープゴートに祭り上げられたかもしれません．事実，マスコミでは大学教育のあり方にも大きな疑問が提示されました．何かがおかしいのではないか，何かが間違っているのではないか，そのような問いが抑え難い苛立ちとともに繰り返し問われました．

　私が今は教師を務める東京大学でも，大学を逃れて（あるいは大学から拉致されて）教団に加わる者がいましたし，私が教えていたクラスの学生が大学から教団への逃走を企てるという個人的体験も加わって，私にとってもこの一連の事件は他人事ではありませんでし

た．しかし，私のクラスには平井先生から伝授された「語り合う探求心」の萌芽のごとき雰囲気がありました．私と学生たちの間には，フランス語を教え学ぶことを通じて，緩やかな連帯感が存在していました．私はそのことを今でもいささかの誇りをもって思い出します．その連帯感と信頼感が結局はその学生を教団から救い出すことに役だったからです．詳細は省かざるを得ませんが，私は，クラスから消えた学生に再び自分のクラスで相まみえるという，大きな安堵と同時に教師としての深い感動を味わったのです．一連の「オウム真理教」事件よりも前のこの「オウム」体験は，私に多くのことを教えてくれました．そのなかでも，大学が，そして教室が今でも「語り合う探求心」の場でありうるということを確信させてくれたことは私にとって重要なことでした．

　ところで「オウム真理教」に勧誘される学生は人一倍探求心旺盛な学生だと言われます．私の印象も同じです．少なくとも私が知っている「オウム信者」となった学生はそうでした．真剣に，時には真剣すぎるほどに自分の生きるべき道を探し求めている学生だったと思います．当世珍しいといえば珍しいのかもしれません．しかし，いわゆる「しらけ世代」の学生にも実は旺盛な「探求心」の火が燃え続けていることを私は自分の体験から知っています．「しらけ」は大人に対するシニカルな演技ではあっても彼らの本心ではないでしょう．彼らが大きな問題を内面に抱えていることは疑う余地がありません．そして，言うまでもなく，問題があるところに「探求心」は芽を出します．それに気付かないのはわれわれ教師の側にそのような問題の意識が，あるいは感覚が欠如しているからにすぎません．

　もう一つ，私が歯がゆい思いで痛感させられたのは彼ら（というのは「オウム真理教」という，どう考えても「非真理」，「反真理」の教団に「真理」の幻影を求めて飛び込んでゆく若者のことですが）の無知でした．特に，宗教と呼ばれるものの過去と現在に関するあきれるほどの無知でした．この無知は現代の日本社会が共有しているものと見えて，テレビ・新聞などに登場する解説者たちが間違ったことをま

ことにおおらかに口にしているのを私は何度も聞き，目撃しました.

　私は人間としての空海に関心をもっているのですが，そのおかげで日本の仏教の歴史にもある程度の知識を有しています.「オウム真理教」がいくら「オウム」(oṃ) だの,「サティアン」(satyaṃ) だの,「金剛乗」(vajra-yāna) だの,「マントラ」(mantra) だのを口にしようとも[3]，それが仏教史の一般向けの概説書やさる新密教教団の出版物からの借り物であることはとうの昔にわかっていました. 日本の仏教，特に密教がたどる栄光と悲惨の歴史を少しでも知っていれば，また80年代に急成長を遂げたある新密教教団の言説に少しでも注意を払っておれば，「オウム真理教」の密教的厚化粧の下にどのような素顔が隠されているかということは誰にも明らかなはずでした. しかし，事実はそうでなく，その厚化粧に若者たちはまことに現代風俗的な新しさを見出したのです.

　「知」の欠如はそのような場合，大きな過ちに人を導きます. 純粋無垢な「探求心」に駆り立てられていればいるほどその危険性は大きくなります. そういう意味では日本の教育が宗教の問題を忌避して来たことは大きな過ちでした. また，大学のなかには膨大な量の宗教に関する情報と知識が蓄積されているにもかかわらず，それが「学術」的操作によって消毒されてしまっていたことにも問題を感じます.「宗教」の問題を「宗教学」の狭い枠から解放し，より広く「知」の問題として真剣に取り組むべき時期がきているように思います. 宗教はけっして個人の内面の問題や信仰の問題に還元されるべきものではありません. 人がそれを自覚していようがいまいが，宗教は「知」のゆるぎない文化的枠組みであるし，その土壌なのです[4].

「般若心経」

　ところで，仏教の最大の問題は，キリスト教やイスラム教の場合とは違って，「信仰」や「帰依」ではなく，自立した個人の協同する「知」であり，「探求」であり，「努力」なのだということは案外知られていません. しかも，その「知」や「探求」や「努力」の視

野のなかには，個人ばかりか共同体や国家，世界までもが見据えられているのです．キリスト教やイスラム教が「神」の問題として語ることを，仏教は人間の主体的かつ協同的「知」の問題として提出しています．その点で私が提唱する「語り合う探求心」の問題とも深い関連があります．いやむしろ仏教的「探求心」こそ私の言う「語り合う探求心」のプロトタイプを提供してくれているように思います．そこに，「知」の普遍的原理を，したがってまた「知のモラル」の原点を見出すことも不可能ではないと思います．

　一例をあげましょう．

　日本人の仏教徒が唱えることの多い「般若心経」の中心主題もやはり「知」の問題です．「心経」と言われるのはそれがマントラ（この言葉もすっかりなじみになりました）を提示し解説するテクストであるためですが，「般若」（パーリ語の paññā の音訳語で，サンスクリットでは prajñā と言います）とは端的に「知」であり，内容に即して言えば「色即是空，空即是色」の認識，即ち，それ自体として永遠に存続するような自己存在ないし実体は存在しない，という仏教の根幹を成す認識に至る「知」なのです．「般若心経」のなかに繰り返し表れる「般若波羅蜜多」（prajñā-pāramitā）とは「知」（prajñā）の「完成」（pāramitā）のことです[5]．

　内容を知った上で「般若心経」を唱える人は現在ではまずいないのではないでしょうか．多くの解説書が出版されていますが，すべて，その呪文としてのありがたさや効能を説くことに終始しているようです．「オウム真理教」に見られたように，マントラというものが抗い難い誘引力を今なお日本人に対して発揮できるのも，「般若心経」が連綿として唱え続けられているという日本の文化的状況と無縁ではないと思います．さらに言えば，それは日本の「知」のありように深く結びついてもいます．なぜなら，呪文あるいはマントラは，いわば自動化された「知」だからです．自動化することによって，確かに，それは本来の意味を失い，人に「知」への歩みを促すはずのものが，自由な「知」の働きを縛り，それを麻痺させる働きをもつようになります．しかし，それは何も「般若心経」ばか

梵本 心経並尊勝陀羅尼（法隆寺献納宝物 法8）　写真の梵夾2葉のうち下（右）の1葉が「般若心経」のテクスト．シッダマートリカー（悉曇）とよばれる文字で書かれており，6～7世紀に遡るものとされている．上の1葉には東アジア世界の仏教では「般若心経」と並んでポピュラーな「仏頂尊陀羅尼」とよばれるダラニのテクストが書かれている．その最終行には悉曇字母が書かれている．（東京国立博物館蔵）

りではありません．現在私たちが学ぶ，あるいは学ばされている多くの「知」がそれと同じような呪文的性格をもっていないかどうかはよく考えてみなければなりません．

「般若心経」にはこう説かれています．「知の完成」を目指す者（これをボーディサットヴァ（bodhi-sattva），つまり「菩薩」といいます）は，最終的には，「阿耨多羅三藐三菩提」（anuttarā-samyak-sam-bodhi），つまり「最高の完全な目覚め」に至る，と．これは「般若心経」独自の「知の技法」にほかなりません．そこにはまた「般若心経」独自の「知の論理」も表現されています．有名な「空の論理」，あるいは「中の論理」です．「般若心経」は般若経典の「心」となる経典を標榜するものですが，その般若経典の背後には所謂「大乗仏教」（私は「菩薩仏教」という言い方を好みますが）の歴史があります．それは，始祖ゴータマの言葉を源泉とし，部派仏教の存在論を経て，やがて空の思想の旗印のもとに中観から唯識，そして密教までにも流れ込む巨大な宗教思想のうねりです．その中心には常に「知」の問題が横たわり，「探求心」の問題が提示されていました[6]．

私はここで「知」の根拠としての「探求心」について考えています．「探求心」に促されつつ努力する者を「探求者」と呼ぶことにしましょう．人は皆ある意味ですべて「探求者」です．しかし，むやみやたらに探し回っても，その成果はあがりません．「求めよ，さらば与えられむ」とは言っても，やはり「求める」にはそれなりの方法が必要です．また求めるもの，求めて求め得たものを人に伝えるためにもそれなりのやり方があります．「知の技法」とか「知の論理」の存在理由はそこにあります．しかし，「知の技法」や「知の論理」の重要性を主張したのは何も東京大学教養学部が初めてというわけではありません．インドから中国を経て日本にまで至る長く広範な仏教の足跡が，その広い地域に既に「知」と「探求心」の問題をしっかりと根づかせていたのです．そこでは「知」は「般若」と呼ばれ，「探求心」は「菩提心」と呼ばれ，「探求者」は「菩薩」と呼ばれていました．

ゴータマ――「知」の探求者

　そこで最後に，私は一人の優れた「探求者」あるいは「菩薩」を
とりあげて，仏教における「知」の問題を考えてみたいと思います．
それが私自身の「知のモラル」の探求に大きなヒントを与えてくれ
たからです．その「菩薩」とはほかならぬ仏教の始祖シッダールタ
(Siddhārtha) 別名ゴータマ (Gotama) です．あのお釈迦さん，歴
史上の仏陀です．「仏陀」も「釈尊」も尊称ですが，お釈迦さんを
「仏陀」(buddha) としてではなく「菩薩」(bodhisattva) として考
えるときは（そして，事実，お釈迦さんは最初の卓越した「菩薩」でし
た），ゴータマあるいはシッダールタと呼ぶべきでしょう[7]．シッダ
ールタは彼の本名，ゴータマは「最も優れた牛」の意味で一種のあ
だ名です．以下，ゴータマで統一します．

　彼は 30 歳で出家した後は死ぬまで「日々旅にして旅を栖とす
る」[8]生涯を送ったのでしたが，その彼の最後の旅を物語る経典が
『大般涅槃経』です．ダイハツネハンギョウ，と読みますが，パー
リ語の mahāparinibbāna-suttanta，つまり「偉大な死についての経
典」の意味です．そこに示されるゴータマの姿こそ仏教的「探求
者」，言い換えれば「菩薩」の原像なのです[9]．

　印象的なのは，『大般涅槃経』に描かれるゴータマが，絶えず弟
子たちに語り続けていることです．「語る」ことが彼の「知」の実
践の核心に存在しています．さらに彼は「語り合う」ことを弟子た
ちに要求します．国家が亡びないためにも，修行僧たちの集団が衰
亡しないためにも，常に語り合え，と彼は弟子たちを諭します．彼
の「衰亡をまぬがれる七つの法」の第 1 条は次のようなものでした．

　　　修行僧たちよ．修行僧たちがしばしば会議を開き，会議には多
　　くの人が参集する間は，修行僧らには繁栄が期待され，衰亡はな
　　いであろう[10]．

　仏教は孤独な修行が基本だと考える人はこの文句を意外に思うか

もしれません．しかし，「会議」は仏教の修行の最重要事だったのです．中村元はそこにゴータマ教団の共和国的性格を見ています[11]．私としてはさらに踏み込んで，そこにゴータマの「知」の探求において，相互批判によって保証される協同性の契機が不可欠であったと考えたいと思います．現在でも会議を軽視する人は多く見かけます．そういう人にとっては会議とは主体的関与を欠いた，上意下達の場でしかないのではないでしょうか．しかし，それはもはや「会議」とはいえません．ゴータマの言葉は「探求」における協同作業，つまり「語り合う」ことの重要性をはっきりと指摘しています[12]．

　やがて，ゴータマに死の時が訪れます．80歳の老いた肉体の衰弱が死の根本原因であったでしょう．しかし，経典の記述はそれが「意志的な死」であることを主張しています．そこにもゴータマの知的性格が強く反映しているように思います[13]．彼に付き従う弟子たちに向かって彼が残した最後の教えは次のような言葉で伝えられています．

　　「もろもろの事象は過ぎ去るものである．怠ることなく修行を　　完成させなさい」[14]．

　この簡潔な言葉のなかにゴータマの「知」のすべてがあり，「知のモラル」のすべてがあると言っても過言ではないでしょう．「もろもろの事象は過ぎ去るものである」は私たちにはなじみの深い「諸行無常」ですが，これはけっしてニヒリズムの宣言ではありません．それは絶対的存在，絶対的真理の否認です．「無我」といい，般若心経の「色即是空，空即是色」といっても同じことです．だからこそ，怠ることなく努力せよ，と彼は言うのです．ついでながら，近代科学が依拠した原理としてポパーが提示するところの「反証可能性」つまり「すべての理論は仮説である」という原理は，別の形の「諸行無常」の確認ではないでしょうか．彼の知的自伝が『果てしなき探求』（Unended Quest）と題されているのも興味深い点です[15]．

それはともかく，この「怠ることなく修行を完成させなさい」という言葉こそ，「知のモラル」の原点に立つべき言葉ではないかと思います．それ以後，この言葉を実践する仏教運動，即ち「菩薩」たちの仏教運動が澎湃<ruby>澎湃<rt>ほうはい</rt></ruby>として起こり，南アジアから東アジアの広い地域を覆い尽くすことになります．私たちの文化のなかにその血は脈々と流れ込んでいると言ってよいでしょう．その「菩薩仏教」の運動の中からナーガールジュナ（龍樹）やアサンガ（無著）のような偉大な学問体系の建設者も現れます．玄奘や義浄，空海や円仁のような卓越した求法者も誕生してきます．

　ところで，「修行の完成」を目指す「菩薩」には一つの徳が要求されます．それは「利他」ということです．ここにさらに一歩進んだ「知のモラル」の姿があります．ゴータマにおいて既にみごとなまでにそうであったように，その「怠ることなき探求」は我だけのためではなく，何よりも人のためだという自覚に「菩薩」は立ちます．「知」が独りよがりの思い込みにならないために，独善的で排他的な「探求」に陥らないためにはどうしても自らを絶えず他者との緊密な関係に置いておかなければならない．「菩薩」においては，それは慈悲の心，つまり他者への労り慈しみの心として発現します．

　ここに述べた「菩薩」の姿には「探求者」の一つの到達点があるように思います．それを空海は『大日経』の一節を引用しながら次のように要約してくれています．「菩薩」の求める「知」の根底にあるものは何か，という問いに対する大日如来の答えということになっていますが，しかし，それは「菩薩」仏教のもっとも簡潔な要約でもあります．

　　菩提心為因，大悲為根，方便為究竟．秘密主．云何菩提，謂如実知自心．
　　菩提心を因とし，大悲を根とし，方便を究竟とする．秘密主よ，何が菩提であるかと言えば，それは実の如く自心を知ることである[16]．

この「如実知自心」という五文字を初めて読んだ時の興奮を私は今でもはっきりと覚えています．ここに示されているテーゼは，細かい解説を加えれば優に一冊の本を必要とするかもしれない内容を含んでいるのですが，簡単に言えばこういうことです．つまり，

　　「知」の探求においては，「菩提心」が出発点であり，また「慈悲心」が根本になければならない．また，その際，もっとも重要なのは状況に適合した「方法」を見出すことである．「探求」とは何か．それは「真実ありのままに自らの心を知る」ということである[17]．

　「菩提心」が「探求」の主体的契機であるとすれば，「慈悲心」はその他者性の，協同性の契機といってよいでしょう．「方便」とは技法と論理の問題です．
　ゴータマの生涯をかけた事業，そしてその事業の最後の瞬間に彼が残した言葉から私たちは今でも多くの教訓を得ることができます．「知」の飽くなき探求者であったゴータマが指し示してくれたのは，今私たちが求めている「知のモラル」のもっとも明らかな核心，もっとも凝縮されたエッセンスではなかったかと私は思います．「知」への終わることのない歩みは，「探求心」と「慈悲心」を車の両輪とし，「方便」を牽引力とする，という『大日経』の教訓も同じことをおしえてくれます．それは私たちに遠いものではありません．数知れない「菩薩」たちの努力の成果として日本文化の流れのなかに，私のなかにもあなたのなかにも，脈々と流れているものです．私たちの「知」の行為が再び豊かな生命力を獲得するために，立ち帰るべき場所が，そこに示されているのではないでしょうか．

註
1)　進化の中立説については木村資生『生物進化とは何か』（岩波新書，1988 年）が手頃な入門書です．進化の宇宙論的意味についてはジャック・モノー『偶然と必然』（渡辺格・村上光彦訳，みすず書房，1972 年）をおすすめします．

2) 平井先生がどういう先生であったかを知りたい方は，是非，先生の著書『ある戦後——わだつみ大学教師の四十年』（筑摩書房，1983年）をお読みください．そこには戦後 40 年間「東大・立大で常に全力で学生と接してきたフランス文学者の発言」が収められています．

3) 「オウム」oṃ（本当は，「オーン」と音写するのが正しい）は，ヴェーダ以来ヒンドゥイズムで重視される聖なる音節．o はサンスクリット音韻論上 a と u の合音だとされるので「オウム」は AUM と書かれます．また，「サティアン」satyaṃ は，「存在」を意味する動詞 √as の現在分詞 sat（英語の being）からの派生名詞で，「目の前に明らかに存在するもの」を意味します．「真理」ではなくむしろ「真実」です．「オウム真理教」の名を具現する「サティアン」satyaṃ が「アサティアン」asatyaṃ（「非 - 真理」）あるいはハリボテのシヴァ神の館に転落した顛末はよく知られているとおりです．

4) 例えば，儒教は東アジア世界の「知」のありようと切っても切れない関係にあるのですが，その儒教が今なお生きた宗教であることを喝破したのは加地伸行氏でした．加地伸行『儒教　沈黙の宗教』（筑摩書房，1994 年），同『儒教とは何か』（中公新書，1990 年）を参照．

5) 「般若心経」に関しては，中村元・紀野一義訳注『般若心経・金剛般若経』（岩波文庫，1960 年）9-38 ページ．

6) 仏教の全体的歴史，また「般若」や「菩薩」の意味などについてさらに知りたい人のために次の本を挙げておきましょう．中村元・三枝充惠『バウッダ』（小学館，1987 年），梶山雄一『空の思想』（人文書院，1983 年），同『菩薩ということ』（人文書院，1984 年）．

7) buddha は動詞 √budh「目覚める」の過去分詞で「目覚めに到達した人」，「知を完成した人」の意．bodhisattva の bodhi は同じ動詞から派生した名詞で「目覚め」，sattva は「存在するもの」から一般に「人」を意味します．bodhisattva 全体で「目覚めを求める人」の意．ブッダとボーディサットヴァの大きな違いは前者が既に「目覚め」に到達した人，「探求」を完了した人であるのに対して，ボーディサットヴァはその途上にある人であるという点にあります．ゴータマにはブッダよりもボーディサットヴァの呼称の方がずっと相応しいと思います．「菩薩」にとって「探求」は常に進行形であって完了形ではありません．彼にとって「探求」が完了するのは肉体的な死の時だけです．その瞬間に彼がブッダになるかどうかは誰にもわかりません．彼が仏（ホトケ）になることだけは確かなようですが．

8) これは芭蕉の言葉ですが，考えてみれば芭蕉もまた偉大な「探求者」でした．引用は萩原恭男校注『芭蕉おくの細道』（岩波文庫，1979 年）9 ページ．ゴータマも芭蕉もともにその探求は「旅」と深く結ばれていました．「探求心」をめぐる大きな問題がここにあるのですが，残念ながら今回はそのことにはまったく触れることができませんでした．

9) 『大般涅槃経』については，中村元訳『ブッダ最後の旅』（岩波文庫，1980 年）が必読文献です．詳しい注記があって，そこでは，このテクストの提示するあらゆる問題が論じられています．

10) 前出『ブッダ最後の旅』18 ページ．

11) 同書 200 ページ．

12) ソクラテスにおいても「対話」が彼の「知」の実践——それを彼は「知を愛すること」（philo-sophia）と呼んだのでしたが——における不可欠の要因であったことが思い出されます．また翻って，「オウム真理教」の反真理性も，「語り合う」ことの決定的欠如にあったのではないでしょうか．

13) 前出『ブッダ最後の旅』71 ページのゴータマが自らの死を悪魔に予告する箇所と，それに対する訳者の注を参照．また，「意志的な死」の日本文化における問題性についてはモーリス・パンゲ『自死の日本史』（竹内信夫訳，筑摩書房，1987 年，ちくま文庫，1992 年）を参照．

14) 前出『ブッダ最後の旅』158 ページ．

15) ポパーの「反証可能性」の原理については彼の『果てしなき探求』（森博訳，岩波書店，1987 年）を参照．同書は「同時代ライブラリー」の一冊として再刊されています（岩波書店，1995 年）．その，上巻 142 ページ以下．また，「諸行無常」との関連で言えば，同 156 ページに述べられている，「不断に変化し，永久に決定的でない，批判的議論」に関する箇所などが参照されるべきでしょう．

16) 空海『秘密曼荼羅十住心論』．この著作は空海の思想的探究の到達点を指し示しています．引用は，『定本弘法大師全集』第 2 巻（高野山大学密教文化研究所弘法大師著作研究会編，1993 年）8 ページ．

17) もちろんこの「自心」は閉塞された「自我」のことではなく，いわば宇宙全体と合一した自己，インド的な言葉に翻訳すれば「梵我一如」の「自心」です．また，この言葉はソクラテスの「知」の探求の根本命題である「汝自身を知れ」（gnothi seauton）をも思い出させてくれます．また，最近世界的ベストセラーになったヨースタイン・ゴルデル『ソフィーの世界』（池田香代子訳，NHK 出版，1995 年）の出発点にある問い「あなたは誰？」とも響きあっています．どの場合にも，世界全体と融通無碍につながっている自己の存在根拠のことです．

21 世紀モラルの鍵は？

「執筆者紹介」欄の「一言」にも書いたように，私は，ここ数年，取り憑かれたように「悉曇」というものにのめりこんでいます．それが現在の私の比較文化研究のメインテーマにさえなっています．そのせいで，日本や中国，韓国の，どちらかと言えば鄙びた，多くの場合山のなかにある仏

教寺院をたずねることが多くなりました.

　そんなふうにして，東京と東アジア各地の山中を往復している間に気付いたことがあります.それは，私もその種に属する1個体でしかないヒトという生き物は，やはり何か「大いなるもの」に，ほかの動物や植物ともども，大きく抱かれているのだということです.例えば，韓国の海印寺（ヘインサ）の夜の空は私が小学生の頃毎日見ていた四国の空のように真っ暗で，そこには地上の闇ごと私を抱き取るように銀河が流れていました.ああ，あれが，わが地球の属している銀河宇宙の景観なのだと，不思議な感動を覚えました.中国天台山の山地では頭上に広がる空の大きさに圧倒されたことを思い出します.また，揚子江の上流，猛洞河を船で遡ったときには，大地の奥深さにあらためて感嘆しました.

　宇宙的感覚とでもいうべきものに身をふるわすことができるのはそういう旅のなかの予期せぬ一瞬のことです.ブルターニュ半島の尖端，プワント・デュ・ラーの荒れる海に突き出た岩の上に立ったときにも，そのような感覚に襲われました.それは「大いなるもの」を実感できる瞬間です.イエスが彼の「神」に触れたのも，ゴータマが彼の「悟り」に達したのも，空海が彼の「虚空蔵菩薩」の示現に立ち会ったのも，みなそういう瞬間のできごとではなかったかと思います.

　それに何という名をつけようと自分を抱く「大いなるもの」を感じたとき，人は「モラル」とよばれているものの始源に立つのだと思います.その時には，本当に，周りにある一木一草にも，同じ生命の流れのなかの同じ地点に自分は立っているのだという，親密な友情と連帯を感じることができます.

　「神」を都市のなかで語ってはならないのではないか，それが最近の私の考えです.都市と都市文明の原理は無神論的なものだと私は考えています.すべての責任はその建設者が負うべきものなのです.しかし，都市というのは大海に浮かぶ小島のようなもので，「神」はその大海のなかにいるのではないか.いや，小島と大海との関係のなかに存在して，その間を往復する者，旅する者によってだけ，感じられ，語られ得るのではないか.そう私は考えるようになっています.

「魂の自然な祈り」
ベンヤミン・大江健三郎・ヴェイユ

●●

小林康夫

●モラルにおいて重要なことは，われわれの魂のもっとも根源的な能力に目覚めることでしょう．いくつかのテクストを辿りながら，注意力という何気ないテーマの回りをまわってみます．そして，知が，芸術的な創造や祈りと接する領域を探ってみます．（**K**）

はじめに

　あるテクストを読んでいて，突然，ある語句，ある表現の前に釘付けになったように立ち止まってしまうということがあります．まるで，思いもかけないところから差し込んできた光に不意に照らし出されたかのように，何気ないと思われた言葉がなにか重要なことを言わんとしている．すぐにはそれがなにか理解できないけれど，いや，むしろそれだからこそ，それが心を揺さぶって離れない，そういうことがあります．

　もし読むということが単に情報を受け取るだけではなく，未知の世界へと開かれることであるのなら，結局，そのような出来事が起こらない限りはほんとうにはなにかを読んだということにはならない．テクストの端から端までただ隈なく読んだというだけでは，たとえそこに書かれていることがすべて明快に分かったのだとしても，それだけではまだ読むということの本質的な豊かさからは遠いのであって，むしろすべてが易々と分かったということほど，読むことを貧しくしてしまうものはありません．それでは，わたしとテクストとのあいだに結び目ができない．新聞記事のようにさらさらと情報が流れていくだけで，わたしはその言葉，その他者，その未知なものとほんとうには出会っていないということになります．

　結び目は，つねになにか不可解な，謎めいたものを含んでいます．

すべてが理解可能な（intelligible）わけではない．いや，第一義的にはすべてが理解可能であるにもかかわらず，しかし同時に——たとえば一輪の花のように——その簡明さがまた曖昧（obscure）であり，さらには神秘的（mysterieux）ですらある．そういうものと出会うということが，出会いなのです．そして，そういう出会いから出発してはじめて，自分にとって真に意味のある理解が可能になる．われわれはその謎めいた結び目を解きほぐそうとし，そうしながら未知の他者に触れ，同時に自分を開いていく．その経験の連続が，おそらくテクストを，とりわけ広い意味での文学的テクストを読む幸福にほかならないのではないでしょうか．

　と，前置きが長くなりましたが，それは，わたしにそのような経験を与えてくれたあるテクストのなかの短い語句を想い起こすためでした．それはとても短い表現なのですが，しかしそのとき——もう何年も前のことです——わたしを立ち止まらせ，そしてある意味ではいまだにわたしをそこに立ち止まらせ続けていると言っていい．そして，そうやってわたしが立ち止まっているうちに，次第に，時間のなかで，その結び目がほかの結び目，ほかの出会いを手繰るように引き寄せてくるということがある．結び目がつながって，ひとつのセリーとなり，そうしてそこにあるトポス（場＝主題）がおぼろげに浮かびあがってくる．ここでは，わたしの前にそんなふうに浮かんできたひとつのトポスについて語ってみたいのです．

「魂の自然な祈り」

　さて，そのときわたしが読んでいたテクストは，ヴァルター・ベンヤミンがフランツ・カフカを論じた評論（「フランツ・カフカ」1934年）でした．いくつかの断章からなるこの論のひとつに「せむしの侏儒」と題されたものがあって，そこでかれは，カフカの文学の根底に横たわる動物的な身体表象——毒虫になってしまうグレゴール・ザムザばかりではなく，オドラデクと名付けられた奇妙なオブジェ＝動物存在や，犬，もぐら，チンパンジー，さらには断食芸人などカフカ的世界のさまざまな住人をすぐさま思い出すことができ

る読者も多いはずです——が「忘れられたもの」，しかも単に個人的な意味ではなく，「太古の世界において忘れられたもの」のアレゴリーであるというきわめて重要な指摘を行い，しかも，そこから一挙に，「しかしいちばんひどく忘れさられた未知のものは，われわれの肉体——自分に固有な肉体——なのだ」という驚くべきテーゼを提出していました．ここでの本題ではありませんから詳しく扱えませんが[1]，それは，カフカの文学を読み解くための決定的な鍵とでも言うべきプロブレマティックなのです．そうした決定的で，独創的な読み方を提示した上で，ベンヤミンは，それを今度は，かれ自身の文学世界における身体表象のオブセッションである，ドイツの民謡に歌われている「せむしの侏儒」に結びつけます．「かわいい子どもよお願いだから／このせむしの侏儒のためにも祈っておくれ」というその民謡が引用され，そしておそらくは，この「祈り」という言葉に触発されたのでしょうか，ベンヤミンは次のように言ってこの断章を終えるのです．

　　カフカは祈ったことはなかったが——それはわれわれの知らざるところだ——マールブランシュが「魂の自然な祈り」とよんでいる，あの注意 die Aufmerksamkeit こそ，いかにもかれにふさわしかった．そしてカフカは，ちょうど聖人たちが祈りのなかにそうするように，この注意のなかに，すべての生き物を封じこめたのである[2]．

　「注意」について言われたこの「魂の自然な祈り」というなんということのない，短い言葉がそのときのわたしの読む歩みを足止めにした．それこそ魂に光が差し込んだと言ってもいいかもしれないし，それほど大げさでないとしたら，表面的な意味を越えてこの言葉を理解するためには静かにじっくり考えてみなければならないと強く感じたと言ってもいいかもしれません．いずれにせよ，ベンヤミン自身の言葉ですらなく，かれが引用しただけの短い語句がわたしに忘れがたい衝撃を与えたのです．

ベンヤミンのテクストがこの言葉に用意しているコンテクストは
はっきりしています．かれは，ある意味では，カフカの文学全体が
「すべての生き物」を封じこめている壮大な祈りのようなものだ，
ということを言おうとしている．カフカの文学の根底には，救いへ
の，しかも「すべての生き物」の救いへの祈りに一致するものがあ
るということです．しかし，それは，かならずしも直接的に宗教的
なものではなく，信仰に基づくものではない．それは，なんらかの
超越者への祈りではなく，超越者を欠いた，そしてその意味では
「祈り」とは言いがたいが，しかし人間の魂がおのずから備えてい
るあの注意，心遣い，集中によって支えられている．宗教的な祈り
の等価物であるような非・宗教的な，自然な「注意力」なのです．
そして，テクストのエコノミーの観点からすれば，マールブランシ
ュの言葉は，短いものながら，まさにこの２つの系のあいだの橋渡
しをしていることは明らかです．「魂の自然な祈り」という引用に
よって，ベンヤミンはみずからの説明を省いて，一挙に，祈りと注
意とを結びつける支えを得たわけなのです．

　ここで，もしわれわれが，素直な学問的好奇心に駆り立てられて，
マールブランシュのもとのテクストにまで遡ってこの言葉の意味を
考えてみようとするならば，かなり有名な語句であることもあって，
さほど労苦を払うまでもなく，出典を明らかにすることができます．
1683 年に書かれた『基督者の瞑想』のなかの一節で，そこにはこ
う書かれている──「注意とは精神の自然な祈りであって，それは
神からただちに，ということは媒介者，つまりは恩寵の作り手とい
う資格でわたしがそこに関与することを必要とせずに，もっとも高
い真理の光と理解とを得ることなのだ」．これからだけでもすぐに
分かることですが，マールブランシュの言う「注意」は徹底して宗
教的なコンテクストのなかにあるのであって，「注意」と「祈り」
とがそこで対比的に論じられているわけではかならずしもないので
す．ところが，「神」という言葉が出てくる後半の部分が切り離さ
れて，「注意とは精神の自然な祈りである」という部分だけが一人
歩きをはじめると，すでに見たように，むしろ非宗教的なコンテク

ストにおいて，「祈り」と等価であるようなものとして「注意」を規定するように機能するわけです．

そして，ベンヤミンにとっては，この言葉のそういう機能が大事なわけです．言葉はすでにマールブランシュのコンテクストを離れて機能している．そして，わたしがこの言葉に打たれるのもまさにベンヤミンのような意味においてなのであって，それ故にわたしはここでマールブランシュの思考の方に引きつけられるのではなく，むしろここから出発してベンヤミンがそれを用いた方向に思考を展開してみたいと思うのです．

ちなみに，フランス語の原文では「注意」は「精神の自然な祈り」(une prière naturelle de l'esprit) となっています．ベンヤミンのテクストでは，それが「魂の自然な祈り」(das natürliche Gebet der Seele) となっていました．「精神」という言葉が完全に "l'esprit" というフランス語に対応するわけでもなく，また「魂」がつねに "die Seele" と一致するわけではない，3つの言語が入り乱れる問題圏にわれわれはいるわけですが，ここでは，そういうこともあって，「魂の自然な祈り」という訳語に沿って論を進めたいと思います．

「クイナ，です」

さて，このマールブランシュの言葉との出会いから随分と時間が経って，そのあいだにいくつか「注意」というテーマに注意を向けさせられる機会がなかったわけではない．とりわけ，ベンヤミンが『イビサ組曲』という短い文章ばかりを集めた作品のなかに「習慣と注意力」と題された一篇を書いていて，——これは余裕があるならぜひここで詳しく触れてみたいエッセイなのですが——この作家におけるこの主題の重要性をあらためて認識するということもありましたし，また，精神分析の技法としてフロイトが述べている「分析家は注意を一点に集中しないで，全体に漂わせていなければならない」という有名なテーゼもわたしの強い関心を引き起こしましたが，しかしなんと言っても，この言葉がはっきりと思い起こされた

のは，つい最近のこと，1994年のノーベル文学賞をとった大江健三郎のそのノーベル賞受賞講演を含む9本の講演を収めた『あいまいな日本の私』を読んだときのことでした．この講演集は，発話の場の特性に応じてそれぞれ異なる主題を扱っていますが，しかし同じ時期に語られたものであるだけに，いくつもの共通する旋律がこちらでは主旋律となり，あちらでは副旋律となるような仕方で一貫して貫かれています．そして，そのようないくつかの旋律のなかで，きわめて大きな重要性を与えられているのが，——これはお読みになった方には明らかですが——大江光さんという御子息，言葉の発達に障害を負っていながら，作曲家として深い癒しの力に満ちた音楽を創り出しているその存在でした．そして，この息子について語る大江健三郎の言葉のうちにまさに「注意」というトポスが現れるのです．

こんなふうに大江健三郎は言います．

　その夏，北軽井沢の山のなかに行った私は息子を肩車して森のなかを歩いていました．そのうち向こうでクイナが鳴いたんです．トントンと鳴いた．そうすると頭の上の息子が「クイナ，です」といった．私は幻聴かと思いましてね，自分が何か空想したのかなと思った．しかし鳥がもう一度鳴いたらいいと思った．そして息子がもう一度「クイナ，です」といったらば，注意して聞くんだからそれは本当で，そうしたら私の子供は人間の言葉を話す可能性があるんだと思いましてね．そのときどうしたかというと，私は祈っていたわけなんです．

　わたしは無信仰のものなんです．カトリックを信じない，プロテスタントも信じませんし，仏教も信じない．神道も信じていない．信じることができない．だけれども祈っていた．祈ったというよりも，集中したというほうが正しいかもしれませんけど．目の前に一本の木がありましてね．まだ若いダケカンバの木なんですけど，その木を見ていました．いま自分がこの木を見て集中している，ほかのことを考えないでコンセントレートしている，こ

のいまの一刻が，自分の人生でいちばん大切な時かもしれないぞ，と思っていたんです．そしてもう一度クイナが鳴きましてね，息子が「クイナ，です」といったんです．（「井伏さんの祈りとリアリズム」3)）

　これこそまさに「魂の自然な祈り」ではないか．いったいこの話以上に，「魂の自然な祈り」という言葉が言わんとすることを，われわれにはっきりと示してくれるものがあるでしょうか．
　自然のなかで，「無信仰のもの」がおのずから集中し，注意を傾ける．それが自然と祈りになっているという出来事です．ここには，祈りのもっともプリミティブな形がはっきりと現れている．信仰のあるなしにかかわらず，人間にとっての祈りがどのように生まれてくるかがよく分かります．若き父親である大江健三郎は，ここで，息子が「人間の言葉を話す可能性」，その未来の時間を待っている．それを祈っている．そして，その発話の可能性を「注意して聞こう」としている．起こるかもしれないこと，しかしまだ起こっていないことに注意を集中しようとしている．しかし，いま現に不在なものに対するこの集中が可能になるためには，おそらく現に存在しているものへの集中が不可欠だったにちがいない．かれは，目の前の「まだ若いダケカンバの木」へとその注意をコンセントレートするのです．
　おそらく，もしここで祈りの行為論というようなことを考えてみるのなら，祈りには，祈りが待っており，それに向かって開かれている来るべき出来事だけではなく，かならずやその祈りを聞き取るべきもの，それを託されるべきものが必要だということになるでしょう．大江健三郎はそのとき，ほかのひとが仏像に，あるいは十字架に——そしてそれを通じて超越的なものに——祈るのと同じようにダケカンバに祈ったのです．それがほかのなにものでもなく，「まだ若いダケカンバの木」であったということは，単なる偶然ではなく，大江健三郎の世界にとっては決定的な意味をもつとわたしは思いますが，しかしある意味では，もし目の前の一本の木に祈る

ことができるのなら，そのひとにはもはや既存の宗教的な信仰は必要ないのだとも言えるかもしれません．

　いずれにせよ，ここでは，他者が「人間の言葉を話す」人間的な他者としてあれ，という強い，しかももっとも根本的な祈りが，自然に，来るべきひとつの言葉への注意となり，その注意が目の前の一本の木への注意として立ち現れてきています．そして，そのなかで，「このいまの一刻が，自分の人生でいちばん大切な時かもしれないぞ」という思いを深くする．それは単にこの結果によって自分の人生が左右されるという単純なことではないでしょう．むしろこの注意と祈りの深さのなかで，自分の人生のもっとも純粋なあり方に届いているという感覚が溢れたと言ったほうがいいかもしれません．

　若い父親がダケカンバに祈るような注意を集中する．すると，まるで「恩寵」のように──と言わずにはいられませんが，もう一度クイナが鳴き，そして「息子が『クイナ，です』といったんです」[4]．光が「クイナ，です」と言う．それは，ある意味では，ヘレン・ケラーの「Water！」と同じような瞬間です．知覚的世界と言語的世界とが，火花が散るように，触れ合い，人間的な世界の可能性が開かれた瞬間です．そして，こうして開かれた大江光の世界──そこから近年の目ざましい作曲活動が花開くことになるわけですが──もまた，そのすべてを「注意力」に負っているのです．

　同じ本に収められた別の講演で，光の音楽について大江健三郎は次のように言っています．

　　そういう人ですけれども，音楽についてだけは，確かな能力を持っているのです．その能力をよく見ていますと，根底に注意力があると感じられます．音楽の細部について注意する力，注意力を持っている．ほんの少しでも演奏家が間違った音を出されたりすることがあります．そうするとかれは，それに気がつかずにはいられない．つねに注意して音楽を聴いているのです．ほかのことにはね，まったくぼんやりしているのですけれど．（「新しい光の

音楽と深まりについて」5)）

　耳を傾け，注意を傾け，音を聴いている．そして，その音に応え
ようとしている．ほかのことにどれほどぼんやりしていても，音楽
に関しては人並みはずれた注意力を傾けることができる．そして，
それがそのまままみずからの世界となり，みずからの表現さらには創
造となる．あらゆる創造の根底には注意力があります．大江光の音
楽の根底にある注意力は，おそらくベンヤミンがカフカの世界の根
底に見いだしたものとけっして違ってはいない．カフカの世界のな
かにさまざまな動物の形象が現れるのと同じように，大江光の世界
はさまざまの鳥の声からはじまり，それを含みつつ音楽的なひとつ
の世界として次第に立ち現れてくるわけです．それは直接的には祈
りの世界ではないけれども，しかし――もしこんなことを言ってい
いのなら――そのとき若き父親にまさに祈りにほかならない「若い
ダケカンバの木」への注意を教えたのは，あるいはクイナの声への
光の激しい注意であったかもしれない．そのとき父子は，みずから
知らずして，ひとつの同じ注意を生きていたのかもしれず，それこ
そがこのエピソードのもっとも深い「恩寵」だとわたしは思うので
す．

注意力の訓練

　こうして，かなりの時間を隔てて，しかも思いもかけないところ
で，わたしはかつてわたしの注意を引き止めた「魂の自然な祈り」
という言葉と完全に響き合うテクストを見いだしました．知の世界
もまた，こうした不思議な出会いに満ちているのです．それはけっ
して，一方的な論理の展開の世界ではない．そうではなくて，不意
に訪れてくるようなさまざまな出会いによって織りなされた世界な
のです．そして，そのような豊かな出会いに出会うことができるた
めには，みずからの感受性が開かれていなければならない．他者の
言葉，他者の運命に対して純粋な注意を注ぐことができるような魂
の開けを保持していなければならない．

実際，大江健三郎の場合においても，この「注意」というトポスが身近なものとして引き受けられるためには，まさにそれに注意を喚起してくれるようなテクストの出会いがなかったわけではない．「注意」ということが問題になるたびごとに，かれはそのことをはっきりと言っていますが，それはかれが「若い時からずっと読んできた」シモーヌ・ヴェイユのテクストとの出会いです．

　シモーヌ・ヴェイユがどのような人だったのかを言うことはとても難しい．哲学者というのとも違う．思想家というのでも足りない．いかなる教会にも属さない，それだけに徹底して純粋な神への信仰を生きただけではなく，その生活のすべてを過激なまでに祈りと一致させた人と言ったらいいでしょうか．若くして，まるで両端から蠟燭を燃やし尽くすようにみずからの身を祈りによって燃焼させて亡くなったこの女性が残した思考の跡を辿ると，たしかに彼女が「注意」をそれこそ，人間にとってのもっとも大事な能力として考えており，しかもそれを「祈り」の基盤として考えていたことが分かります．実際，「注意と意志」と題された断章群では，「完全にどんな夾雑物もない注意が祈りである」というような言葉が読まれます．彼女の文章は，祈りが人間にとってのすべてであると考える激しい信仰を持ったひとであるだけに当然のことなのですが，注意から祈りへと向かっていく．高まっていく．マールブランシュと同じです．ところが，わたしは，ここでは，ベンヤミンや大江健三郎とともに，かならずしも逆に祈りから注意へと向かうというのではないが，創造や学問といったそれ自体としては宗教的ではない領域における「祈り」に当たるものとして「注意」ということを考えようとしている．いや，それどころか，むしろシモーヌ・ヴェイユのような究極的な思考の助けを借りて，人間の知性とはまさに注意力以外のなにものでもないと言おうとしているのです．

　たとえば，シモーヌ・ヴェイユはこう言います．

　　詩人は，真に実在するものにじっと注意をそそぐことによって，美を生み出す．人の愛するという行為も同じである．今そこに，

飢え渇いているその人がわたしと同じように真に存在するものだと知ること——それだけで十分である．残りのことは自然につづいて起こってくる．

あるひとりの人間の活動の中に，真，善，美といった真正で純粋な価値が生じてくるのは，いつの場合にも同じ一つの行為を通じてである．対象にまったく完全に注意をそそぐといった行為を通じてである．

教育の目的は，注意力の訓練によってこういった行為ができる準備をととのえてやることにつきるといっていい．

あるいは，

一般的に，知性を訓練する方法は見つめることである．

もうひとつ最後に引用しましょう．

学問研究と信仰．祈りとは純粋な状態での注意にほかならず，学問研究は，注意力の訓練といってもよいものだから，学校での勉強はどれもみな，霊的生活の一部分でなくてはならない．それには方法が必要である．ラテン語の訳をするについても，幾何学の一問題を解くについても，ある一定のやり方を守るのが（どんなやり方でもよいというわけではない），注意力をいっそう祈りにふさわしいものにするのに適した訓練となるのである[6]．

「どんなやり方でもよいというわけではない」——そうなのです．学問には，いや，学校の勉強には，「一定のやり方」があります．方法があり，技法があります．そして，方法や技法とは，単なる制度的なルールというのではなくて，その本質は注意力の訓練なのです．注意力は訓練されるし，また訓練されなければならない．そして，そうして訓練されるべき注意力は，学問的な内容を削ぎ落としたその純粋な形態においては，祈りにつながっていく，そうヴェイ

ユは主張します．われわれは，学問を通して，注意力が魂の自然な力になるまでに訓練しなければならないと言ってもいいかもしれません．そして，少なくともヴェイユにとっては，魂の自然な力とは祈り以外のなにものでもないのです．

知の祈り

実は，わたし個人としては，ヴェイユのように，そこまで言い切る確信はありません．そう断言するには，祈りということがわたしにはまだ充分に分かっていないと感じられるからです．だから，その手前で——ということはあくまでも知の領域のなかにとどまりつつ——注意力こそ知のモラルにとっての，技法というよりは，むしろ大地であり，地平なのだと言いたい．そして，その注意という地平において，知は祈りと，少なくとも隣り合い，接している，接していなければならないと言いたいのです．

「まだ若いダケカンバの木」を前にした若き父親である大江健三郎の注意は，光の未来，その可能性，その人間性に向けての強い祈りによってもたらされました．それと同じように，目の前の対象に学問的な注意を注ぐ知の営みも，また，その注意力の根において，他者に向けての，他者の可能性や未来の時間に向けての，そして人間の尊敬に向けての純粋な祈りによって分有されているべきなのです．しかし，今日，それはほとんど忘れ去られているように見える．知の行為を行いながら，しかしそれがどのような普遍的な祈りに結びついているのかを問うようなことはますます行われなくなってしまっている．そして，そのことによって知は，そして知に携わる人間はますます尊大になってしまっているように見えるのです．

シモーヌ・ヴェイユは言います，「知性の領域では，謙遜の徳とは，注意力にほかならない」．もちろん「我」から出発した執着とは異なって，みずからが「無」であることから出発して対象に注がれた注意——それは，支配し，コントロールする知ではなく，対象を見つめ，対象の存在に出会い，そうしてそこに働くわれわれの思惑を超えた法を注視する知，そしてそのことによってみずからをよ

り謙虚にする知です。そして，その獲得された謙虚さにおいて，それはもうほとんど祈りに近いのです。

　おそらく，注意力とは，まさに知と祈りと創造のすべてに共通する基盤であるような力なのです。あるいは，注意力という一点において，知と祈りと創造とは一点を共有し，そこで交わると言ってもいい。そして，そうであれば，カフカからはじまって，ベンヤミン，マールブランシュ，大江健三郎，ヴェイユといくつかの結び目を辿ってきたこの思考のたどたどしい歩みの最後に，まるで円環を閉じるように，カフカのものとされる次のような言葉を引用するという誘惑にわたしは抗することができません。

　G. ヤノーホの証言によるわけですが，それは次のようなものです。

　　　私はたずねた。「何が正しいのですか」。
　　「これです」とカフカは即座に答えて，出口の近くにある脇祭壇の一つの前に跪いている老婆を指した。「祈りです」。
　　　彼は手を私の脇に差し入れて，なにか曰くありげに教会の扉のところへ私を連れていった。
　　　私たちが前庭に出たとき，彼は言った。「祈りと，芸術と，学問の研究と，これは姿こそ違え，同じ坩堝から燃え上がる三つの焔にすぎないのです。人は，かりそめに与えられた個人的な意志の偶然性を踏み破り，みずからの小さい自我の限界を超越しようとするのです。芸術と祈り，それは暗闇に向かって差し出された両の手にすぎません。人はみずからを与えんがために物乞いをするのです」[7]。

　そう，注意力とは，まさに「みずからの小さい自我の限界を超越しようとする」ことにほかなりません。そして，それこそまさに一切のモラルの前提となることです。注意力は，おそらくすべての行為の手前，そしてそれ故にすべての義務の手前にあるものです。しかし，もし充分な注意をもってそれが行われないのなら，どんな行

為もどんな義務も，けっしてその本来のモラルを全うすることはできないでしょう．だから，注意とはまた，モラルのほとんど絶対的な条件とでも言うべきものなのです．

　注意力のないところに知はありません．そして，対象に注がれるその注意の力は，それ自体で，すでにモラルの条件であり，そしていや，単なる条件を超えて，すでにして，人間の普遍的な祈りへと触れています．知と祈りはけっして簡単に切り離してしまえるものではない．そして，いまもっとも大事なことは，そのことをあらためて思い出すことでしょう．知の祈りがなんであったのかを，もう一度，注意深く考え直してみること，それこそが知のモラルというこの困難な課題に応えることだと思います．

註

1) この問題に関しては，わたしは拙著『起源と根源』（未来社，1991年）所収の論文「存在のアルケオロジー──ベンヤミン 1933」のなかで論じたことがあります．

2) 晶文社版『ベンヤミン著作集』第 7 巻，あるいは岩波文庫『ベンヤミンの仕事 2』（1994 年）などを参照のこと．

3) 大江健三郎『あいまいな日本の私』（岩波新書，1994 年）．タイトルからも明らかなように，ここでは大江健三郎はこの祈りを井伏鱒二の文学，とりわけその『黒い雨』における祈りの問題とつなげています．われわれの思考の舵をそちらの方向に切ることもできますが，ここではその道を追うことはしません．

4) ここで，「クイナ，です」という言葉が 2 回聞かれるということはとても重要です．ここではそれを指摘しておくだけで，それ以上の展開はできませんが，最初の出来事の到来そのものが，2 度目によって確証されるという構造であるわけで，それは，出来事あるいはその表象，その真実性についてのきわめて重要にして複雑な問題圏へとわれわれを連れていきます．

5) 同上より．なお，大江健三郎は，この注意力のテーマを家族の問題へとも接続します．同書のなかの「『家族のきづな』の両義性」も，余裕があれば，ここで検討しておくべき重要な示唆を行っています．

6) 以上の引用に関しては，シモーヌ・ヴェイユ『重力と恩寵』（田辺保訳，ちくま学芸文庫，1995 年）などを参照しました．

7) G. ヤノーホ『カフカとの対話』（吉田仙太郎訳，筑摩叢書，1967年，ちくま学芸文庫，1994 年）．真偽も定かではないエピソードですが，個人的にわたしにとっては決定的に重要なトポスであり，これま

でにも一度引用したことがあります（拙著『光のオペラ』筑摩書房，1994 年，34-35 ページ）．

21 世紀モラルの鍵は？

「モラル」という言葉にわたしが託したのは，まだうまく説明できないのですが，「中間的なもの」ということです．たとえば国家や社会システムというような制度化されたハードな行動規範でもなく，ちょうどそれを逆立させたような個人の孤高の倫理性とも違う，その中間にある領域．超越性と内在性，弱い力と強い力，あるいは他者性と個人性とがゆるやかに接続しあい浸透しあっているような複雑でしなやかな領域がどう組織され，どう生まれるか——そういうことを考えてみたかった．そして，そのような領域形成の「鍵」はともかく「開け」ということだと思われた．閉ざされ，研ぎ澄まされ，尖端化された強力な力の幻想から開放されて，もう少しゆるやかな，しなやかな，非完結的なモラルが考えられるべきだと思われたのでした．人間はようやく「線」の思考を超えて，「面」の思考を開始すべきときに至ったのでは，とも思うのですが……．われわれの言語に，ほんとうに現実的な「働き」を返すことがまず第一歩だと思います．

結び

そして希望せよ

船曳建夫

メイキング・オブ・「知の三部作」

　希望の本となりました．しかし同時に，この知のシリーズの最後に来て一番難しいものになったとも思います．それは読むのに難解な本というのではなく，考えるのに困難なことがあつかわれている，と，そういう意味です．しかしこの困難さは始めからうすうす感じていたことではありました．

　始めとは，まだ『知の技法』の編集を進めていた頃です．作りつつあったその本にすでに手ごたえを感じて，小林康夫と私はこれは続けて出さないと何かが終わらないと考えが一致し，いつものように最初の一撃に俊敏な小林が，それは「『知の論理』，それから『知のモラル』だ」と断言したのでした．それが余りにすらすらと出たことに二人は晴れやかな気分でしたが，それは，すでに「モラル」という言葉に酔ったというより，そのようにして自然に出てきたからにはもうその想念を捨てるわけにはいかない，という，やるしかないと決めたときの感情でした．ですから，『知の技法』や『知の論理』が多くの読者に受け入れられた，というある種の成功がこの『知のモラル』を生みだしたのではなく，むしろ逆に，この『知のモラル』がどのような本になるかで前の二作の価値も測られるだろうと考えました．『知の論理』と『知のモラル』は『知の技法』の続編や続々編ではなく，『知のモラル』を予め構想された完結編として三部作なのです．ですから，読者の批判は，最後の『知のモラル』から逆に貫かれて三部作全体に刺さってくるのだ，と思い定めていたのです．

　それにしても困難だったのは，『知のモラル』の編集にいくつか

のとっかりはあったものの，それらがすでに「モラル」という言葉の意味がもつ問題性を大いにはらんでいたことです．最初のうち，とっかりとして私が考えていたのは次の2つでした．

　1つは日本という国，社会が主体として抱えている，政治的なまたは経済的な国際上のモラルの問題を議論するということでした．それらのモラルの問題（moral issue）——たとえば第2次大戦中の従軍慰安婦の「問題」，開発途上国における日本企業の森林伐採の「問題」など——は，『知のモラル』が第1の読者として想定している「大学の卒業生」にとって，それぞれの社会の現場でこれから自分たちの問題として立ち現れるものであり，社会的な存在として生きていく彼らにとって避けられない問題群であるから，それをこの本の議論の対象としようと考えたのです．その時，同時に，私はそれを英語版で *Moral Voices from Japan* というタイトルで出そうとさえ考えました．

　この考えが次第に劣化していく感をもったのは，これらの問題が，すでに「問題」として設定されている以上，ある意味で答えも出されている，と気づいたからでした．たとえば，上に挙げた従軍慰安婦の「問題」は，問題だとされたときすでに謝罪すべき，補償すべきことがらとして判断は出されており，それをいかに行うかが議論の対象となっている．もう1つの森林伐採の「問題」も「悪」として認識されており，それを何で代替させるかが問われている．いずれも解決されてはいないが，それらは「問題」としてくくられた時すでにある判断で方向づけられているのです．

　『知のモラル』という本によって，そのようなひとつひとつのモラルの問題をとりあげるとしたら，すでにくくられた問題に対して「もう1つ」の意見を述べることになる．そのことに意味がないわけではない．しかし，その「現在」の問題という緊急性に対しては，個々の書き手が別の媒体，雑誌や新聞といったものの中で意見を公開していく方が適切であろう．『知のモラル』が『知の技法』と『知の論理』を受けて一冊の本として読者に差し出されるためには，その本の中で大学における知が，技法という同等の他者への語りか

けの方法と，論理という共有されうる知恵，の中にすでにふくまれていた，「モラルへのある種の配慮」を受けて，すでに設定された「問題」への有識者の意見ではなく，モラルの問題自体が現在，そして21世紀においてどこにあるのかを探り当てなければいけない，そのように思ったのです．

　もう1つのとっかかりは，『知の論理』の「結び」に書いたものです．知の作り出すさまざまな「論理」はそれぞれの内部で論理的整合性は高められても，それが他の論理と現実の問題の中で突き合わされたときには，それらを調停する大理論（宗教）が現在私たちに無いとしたら矛盾が生じる．そのような現実のディレンマに直面しても生きることを止めるわけにいかないとすれば，私たちは何とかそれに対応し，決断する．そのようなディレンマに対する人間的応答がモラルである．私はそのようなことを書きました．その時私は『知のモラル』では，大学の知が大学の外に出ていったとき，現場の条件の中でいかにそれが有効に働き得るのか，または働き得ないのかを個別の事例にそくして見ていこう，と考えていたのです．

　しかし，この編集の方向にも疑いがわきました．大学の内と外（現場），という簡便な図式が，再び大学の知を内側に閉じこめるかたちで表現してしまう．「知の三部作」は大学改革の一環として始まったのですが，その立ち上がりの理念の中には，大学が現場そのものであることを再確認するという考えがあったはずなのです．知の論理の整合性は必ずしもモラル的な行為を導くことを保証しないという，そこまでは当たり前の認識を，さらに，なぜそうなのかと原理的に考え直すことが必要なのではないだろうか．

　ここにきて，困難さの正体がおぼろげながら分かってきました．『知のモラル』という題の本が，毎日の教訓が書かれている「日めくりカレンダー」のように，説教を垂れているものであってはならない．それは他の本に任せよう．そうではないものを読者にこの本で呈示しなければならない．たとえばこの本が第1の読者として想定するこれから大学を出ていこうとするあなたに，処世訓ではなく，それぞれの個別のディレンマの困難の方に，自分の知の力でもって

向かおうとする，「とっかかり」を示さなければならない．そうで
なければ，『知の技法』はその語の低い意味でマニュアル本となり，
『知の論理』は単に思想カタログであったことになってしまう．そ
のとっかかり，出発点とする礎石になるものは何か．私たち編者は
これらのことを念頭において，「モラルの地平」から「モラルの希
望」までの構成を広げてみました．

『知のモラル』という題名

　では誰に書いてもらうのか．お説教ではなく，自らの高潔さに関
する独白でもない，原理的ではあるが，読者が自分の問題に関係さ
せながら読める直接性をもつもの．こう考えていたとき，私は編者
ではなく，そのような本を読みたいと願う一人の読者でした．

　この本の執筆者である隅谷三喜男さんをお訪ねしたのはまさにそ
のような読者としての期待からでした．しかしすべての執筆者の中
で，隅谷さんに最初に話にいったのは何故だったのでしょうか．私
たちには隅谷さんが，「大学の知」を，他者への配慮を行わねばな
らない現場において，最もよく示している一人であると思えたから
です．しかし，私にとって，ここにはまだ考えの不徹底さがあった
のです．私たちには隅谷さんが大学をずっとその知の活動の場とし
てきた人であるという評価があり，彼に，モラルを説くのではなく
学問がもたらす知のモラルについて論じて欲しいと依頼するつもり
でいながら，私個人の頭の中には，多くの人がその活動と存在自体
までも，モラルの最もよき体現者として認めている「隅谷先生」が
この本の中に名を連ねていることがどこか「おさまりの良さ」を感
じさせてくれるだろうという思いもかすめていたのでした．

　しかし，こういった不徹底さ，または編集方針の逡巡は，私たち
の依頼に対して返ってきた隅谷さんの自身の言葉によって本来の方
向に正されました．それは批判のかたちで発されました．すなわち，
『知のモラル』という題には「モラル」というものが確かにある，
という前提がすでに与えられているのか．また，テーマとして社会
的公正さについて書いてくれとのことだが，その「公正さ」もそれ

が，予めあるものとして考えられているのか．もし自分が書くとしたら，モラルや公正さがどのようにしたら得られるのか，その時どのようなものとしてあり得るのか，という内容になるが，それはこの題名の本に合うのだろうか．

　この批判はまさに私たちがお願いしたかった文章の内容そのものでした．このとき『知のモラル』の進む方向は定まり同時にその困難な方向に進むことに勇気づけられたのです．

　実際，この隅谷さんの批判，疑問はほかのすべての執筆者から出されたものでもありました．それらは，『知のモラル』というある意味で大胆な，またある意味で不遜なタイトルをもつ本が，出版されるに足るものとして成立するには，その本自体にモラルに対する内在的な批判がなければならない，それをあなたがた編者は理解しているか，という忠告だったのです．私の尊敬する友人の口からは，責任をとると言わんばかりのことはしては「いけない」，という意味のことさえ発されました．私にはその言葉が彼女の韜晦でも逃げでもなく，この本をつくるにあたっての戒めと響きました．

　そしてこの書物の多くの文章が，「知のモラル」という設定に対する留保，あるいははっきりとした批判を出発点として書かれることになったのです．たとえば樋口陽一さんの「『知』の賢慮に向けて」は，論理的な次元で「『知』と『モラル』は真向から対立する」という指摘から始まっています．松浦寿輝さんの「真理からフィクションへ」はモラルを超えていくことを提起して結ばれています．

　編者としてはこの期に及んでなぜ『知のモラル』という題名にするのか，という問いに答えなければなりません．ていねいな答えは，「はじめに」と第Ⅰ部の「知のモラルを問うために」にあります．そこに書かれていることを短く言えば，いわゆる誰か（たとえば，神）によって定められた超越的なモラル（それは『知の論理』の「結び」で私が述べた「大理論」と同じ位置にあります）とは違ったモラルを，大学で学ぶ「知」によって，私たちが自前で考えようではないか，ということです．そのための助けになる本の題名は『知のモラル』であることが，いちばん直截であり読者に届きやすい，と考え

たのです.

　同時に，この題名は，「モラル」という言葉で何かを考えている人にとっては，直截であるがゆえに前述の留保と批判をすぐに喚起する言葉でもあります．そのような留保と批判を議論の場に置くこと，それがこの題名が目指しているものです．『知の技法』という題名に対して，「知」に技法を云々すること自体への反発から，大学の教育に「技法」をどのように取り入れるのかという具体案まで，多くの議論が喚起されました．『知の技法』同様，『知のモラル』という名も，センセーショナルな題名で読者の目を引き付けるという戦略とは違って，この問題を再考してみようという社会的な提言として付けたのです.

モラルの問題にプロはいない

　それにしても，この題名の本に文章を書くのは難しいことのようでした．『知の技法』の時は，執筆を依頼した方々から普通の教科書だととられてしまって，編集の考え方を説明するのに苦労をし，二度も説明の手紙を出しました．『知の論理』の時は逆に，『知の技法』が例としてあったので，執筆者たちは呑み込みが早く，助かりました．しかし，この『知のモラル』はその2つのどちらとも違って，むしろ何か書きたいと腕を撫していた人もいたようなのですが，私が読者として何を書いてもらえるかな，と期待した人たちは一様に，うーん，とうなって考え込んだのでした.

　しかしすべての執筆者にもう1つ共通するものがありました．それは，この題名で何が書けるのか，時間をかけて考えてみる，という答えと，そこに見られる意気込みでした．なるほど私たち編者はそれぞれの方にこちらが望むテーマを示しました．それはたとえば吉川弘之さんには「人工物」でした．工学者としてそれは吉川さんの専門分野の中核のコンセプトであり，それを考えずに研究を行っているわけはないのですが，それはむしろ，究めていく核として最後に残される問いだったのかもしれません．ましてやそれがモラルという問題と切り結ぶところで文章を書くとしたら，それは易しい

ことではなかったはずです．

　そのような困難さへの答えがこの本です．原稿が集まってきて次第に分かったのは，それぞれが専門の分野においてあるテーマをモラルの問題と関係づけて語っているのですが，それぞれの専門的知識がけっして下駄を履かせてくれてはいない，ということでした．ふだん，啓蒙的な文章を，純粋な学術論文とは違ったかたちで書くとき，読者にはないその専門的知識がある程度底上げをしてくれて，その高さから論を始めることができるのですが，この本では，そしてこのモラルの問題においては，執筆者はそれぞれの学問の最初に戻って，いわばゼロ地点から説き起こさなければならないことになりました．

　先に挙げた「人工物」，そしてまた「探求心」といったテーマが，モラルという私たちの生き方の根幹に関わることにおいて問題となる時，少なくともそれらについて考え始める第一歩を踏み出そうとする時，「モラル」に関するプロもアマもそこにはいないのです．そして，蓮實さんのように，自分から敢えて危険を冒した執筆者もいます．「〈美〉について」と慎重に〈　〉で美をくくりながらも，その自分自身の文章のなかで「何ごとかを『美しい』と呼んでしまったとしたら，それは彼の作家としての敗北を意味しています」と書いている時，同じことは，つまり「美」について語ることの危険性は，自分は批評家だからといって逃れられるものではないはずです．むしろ，逆に筆者がここで示しているのは，「美」についてモラルとの関わりで書くとしたら，それはプロの批評家としてでも作家としてでもない，そして自分というものがなくなるようなゼロ地点を少なくとも想像した上で始めなければならない，ということだったと思うのです．

　しかし，私にはさらにその先の感想がありました．編者としてというより，読者として集まった原稿を読むうちに，モラルの問題に専門家はいないとしても，このような困難な文章を書くには研ぎ澄まされた合理的理性だけではなく，それ以上に，経験から出てくる覚悟と勇気が必要なのだな，ということでした．これはやや大げさ

な物言いと聞こえるかもしれません．たぶん，どんな文章一つ書く
にしても，あることから目をそらさずにそれを書き切ろうと思えば
勇気は必要です．しかし，とりわけこのような題名の本に，たとえ
ばあなたがモラルをめぐって文章を書こうとすれば，自分のお説教
とモラルとを勘違いしているのでもないとしたら，うーんとひとつ
うなってから，勇気を奮い起こすことをまずしなければならないで
しょう．

　このとき，経験がものを言うとは，そのような似たことをかつて
したことがあり，二度目三度目なので慣れている，という事態では
ないようです．モラルに関して論じてはいないとしても，そのもの
がもつ難しさについて，どこで突破しなければいけないか，どこで
むしろ抑えなければいけないかを，「からだ」が覚えているという
ことなのです．では，モラルにはプロがいないとしたら，そのよう
なことを，プロになろうとしての専門教育の中ではなく，どこで身
に付けるのか．そしてそれは教育機関，たとえば「大学」で身に付
くことなのかという疑問がわきます．

習い性となること，たとえば民主的なからだを作るには

　『知の技法』，『知の論理』には，それぞれ技術と実践（プラクシ
ス）を扱う「手引き」の部分がありました．この本ではそれはあり
ません．モラルに関わる問題にどのような技術で備えればよいのか，
前二作と同じように提出できるとは思わなかったのです．その代わ
りに私たちが考えたのは，第Ⅴ部の「モラルの希望」と，「21世紀
モラルの鍵は？」です．

　そこでの考え方は，小林康夫の言い方を借りれば，「何かとても
簡単な，そしてだれもが心がければ始められるようなこと」がない
だろうか，というものでした．私も，もしそうでなければモラルな
どという大きなことに，私たちは永遠に近づけない．モラルがかつ
てのプロ，哲人や宗教家だけのものではなく，私たちが21世紀に
おいてますます必要とする日用品となるのであれば，それは何かの
点で身近なものであるに違いない，と考えたのです．

第Ⅴ部で語られる「主体化」,「探求心」,「注意力」は,そのよう
なヒントとして挙げられています. しかし,この部が技術と実践に
代わるというのは,いくつか分かる範囲でポイントを挙げたという
点においてではありません. それら3つとも重要なことがらですが,
そのような鍵となる技術のようなものをどのようにして自分のもの
としたのか,その実践例が並ぶところとして,ここが「技術・実践
編」なのです.

　しかし,これは大学で学ぶことなのでしょうか?　少なくとも分
かっていることは,「知の技法」,「知の論理」を大学で学ぶとした
ら,そこに共に出てくることとしてモラルの問題はあるのです. し
かし,それは大学だけで学ぶことではありません. 大学までにも,
大学を出てからでも,そして,特に具体的に「大学」と限定してそ
れが学ばれるようなものでは全くないのです.

　この『知のモラル』の第1の読者は大学を出ていくあなたたちだ,
と言いました. あなたたちにはこれからもよりいっそう実際の場面
で,モラルの問題が立ち現れてくる,と予想されます. あなたが入
った会社が開発途上国の森林伐採を重要な部門として推進している
かもしれない. あなたが入った役所で,従軍慰安婦の補償問題に直
接関わるかもしれない. そして実際は書かれたドラマのようにこと
は進まず,もっと細かく複雑なことがらとして「ディレンマ」は現
れるのだろうと思われます. そのようなときにあなたを助けてくれ
るのは何か. いや,私個人の問題としても,何が私を,けっしてド
ラマチックではない毎日のことがらとして現れるディレンマに,未
来もふくむさまざまな他者への配慮と想像力を喚起しながら,私個
人の行為として踏み出していくのか.

　答えを具体的に言おうとしても,実にあいまいな,私が持ってい
るすべてを総動員して,ということにしかなりません. おそらく私
の畏友が,責任をとるようなことを言っては「いけない」と言った
のはこの辺りに効いてくるのでしょう. 教訓を垂れないように,と
いう戒めをここで思い起こさなければいけないのかもしれません.
しかし1つ,これもヒントにしかならず,むしろ今からするのであ

れば，遅きに失しているかもしれないことを述べようと思います．

　そのことを最近では私は「民主的なからだはどのように作られるのか」という言葉で考えています．ある場面で，それはおかしいと思った時そう発言すること．次第にうなだれて静かな沈黙の中に沈み込みそうな時に，自分の中の誤りをもう一度検証しようとエネルギーを呼び戻すこと．そうした民主主義を支える行為はどこから得られるのか．

　啓蒙的な理性という，近代を支えている主体の性格，それに疑問が出されていても，それを捨ててしまって明日から私たちが生きていけるとは思いません．しかし，それだけでは足りないでしょう．理性を右手にして，もう一方の左手に，私は，「習いを性としたからだ」，というものを考えます．最近それについて語られることの多い，阪神大震災における若い人たちのボランティア活動も，おそらく彼らの社会，家庭，学校で習ったことが，ある文化的な「性」となって，からだによる行為に結び付いたものだと思います．そのような，モラルが「身に付いた」からだがあるのではないか，と気づいたのです．それは，伝統的なコミュニティの中では慣わしとしてあったものでしょう．それが，社会的な関係の中で，個人がコミュニティ的な同質性から外れて，別々の特異な存在として生き始めて久しい現代の社会では，「慣わし」として世代から世代へと自動的に移っていくものと油断していてはなりません．それはひとつひとつ作り直さなければならないのです．蒙を啓かねばならないのは理性だけではなく，からだもそうなのです．

あなたに贈る言葉があるのか

　ここまで書いてきて，私は自分が『知の技法』の「結び」に書いた言葉を思い出します．私は議論には「度胸」が必要だ，と書きました．後になって，それを読んだ方から，「ではその度胸というのはどうやって身に付けることができるのですか」と聞かれました．問いはその時，議論する「からだ」はどうやって作るのですか，という上に述べたことがらに触れていたのです．

もちろん，はかばかしい答えはできませんでした．せいぜい，実は私だって度胸がないほうなのでその悩みはよく分かります，意識して経験を積むことしか方法はありません，と答えるだけでした．おそらく今聞かれれば，その経験というものが，自分がそうするだけではなく，そうしている人を見ることが大事，そしてその時，その人の言う言葉ではなく，彼の「からだ」，具体的には身振りや姿勢が重要です，と加えるでしょうが．

　また長期的に見れば，この「啓蒙的からだ」を作るには社会全体による「教育」の変革が必要となります．私たちがまだかなりの間，国家というシステムを社会の有力な枠組みの1つとして維持していくのであれば，私たちが「日本人」である場面において，私たちは日本における「民主的なからだ」がどのように作られるのかを考える責任があるでしょう．

　それは対外的に優越する国家を作ろうというのではありません．私が日本の外で感じる，たとえばアジアでは具体的な過去の行動，第2次大戦の軍事的行動から現在に至る経済活動まで，日本が国家として行ったと見られる行為について「反モラル的」であると考えられていること．また，欧米では，日本の経済活動だけが肥大して映り，そのかわり日本がその他の政治・外交などで取る，国家としての主体的行動が「非モラル的」（モラルを行動の規準にもっているとは思えない）であるとしか見えていないこと．そのような現在の悪い事態と対外的な関係とを，未来に向けて変えていくという，火急にして，かつ長期的な問題に取り組む，という意味で「民主的なからだ」を考えていかなければならないのだと思います．何度でも繰り返される，日本の政治家たちの「失言」の問題は，彼らがそう論理的に考えているというより，その「からだ」がそのような態度をとっさに取らせているというところにあるのだと，森政稔さんの文章に触発されて私は考えています．

　しかしこのような長期的な話とは別に，すでに「うなずきあいの18年」を過ごし，大学には4年いるだけで出ていくあなたに，もっと短期的に意味のある，贈る言葉はあるのでしょうか．この本で

は教訓を垂れないことを戒めとしてはいます．しかし，たとえば，ある女性が大学で「知の技法」を学び，それによって自ら「知の論理」として女性の社会的性（ジェンダー）に関する言説のあり方に批判的な議論を「発明」して卒業論文を書いたとします．その卒業論文，つまり大学で得た「知の論理」がある意味で先端的であればあるほど（といって良いかと思うのですが），卒業後に出会う社会のさまざまなディレンマの風圧は増して感じられるはずです．その時，「知」的であり続けるために，なにか贈る言葉はないのかと考えてしまうのです．

　おそらく，その困難さに対して，今から言っておくに足る具体的な言葉はないのです．たとえばその「女性差別」にしてから，現実には常に見えない，つかめないかたちで現れながら，その存在は確かに感じられるという厄介なものとして襲ってくるのですから，具体的には，何とかその場その場でしのいでいくしかないことが多いのです．それゆえむしろそのような，つまり現実に対して持てる道具でやりくりしていくという方法が，けっして無定見な，あるいは問題の核心を外したことではないのだ，と伝えることが最低限必要かもしれません．その時，この『知のモラル』にあるいくつかの考えや言葉，批判も有効な道具になるでしょう．

　しかし，実際に社会の中で，そのような「知」の活動を個人的に続けていくことは疲れることです．この「知の三部作」も，大学改革（もちろん大学も社会なのです）という，大から小のさまざまなディレンマをふくんだ問題群との，だらだらとした，ある場合は辛気くさい格闘から生まれたものです．いっときそれはドラマチックですが，常に日常の惰性の中で，より強い反動のバネが働き，私たちを疲弊させます．それに対するかのように，この三部作を共に編集した小林康夫はこの本の第Ⅰ部で，希望という言葉を使っています．私もここでこだまのようにエールを返したいと思います．

　幼いときに読んだ，『岩窟王』の最後に，主人公のモンテ・クリスト伯爵はこう言葉を残します．「待て，そして希望せよ」．これは自らの脱出行から得た，困難に当たる者への励ましの言葉であり，

恋愛にだって，これは効き目がありそうです．しかし，待つだけでは何か物足りないではありませんか．「待て」のところ，そこに何を入れるのか．「跳べ」か「笑え」か「思いをこらせ」か．いずれにせよモラルが人間の自力の応答であるのならば，そこに入れる言葉は何よりもあなた自身のあなただけの言葉となる．そしてその後が，大学を出ていくあなたと「知の三部作」のすべての読者に，私の贈る言葉，「そして希望せよ」．

小熊英二（おぐま えいじ）

1962年　東京生まれ
[専門] 相関社会科学（社会学，歴史学，国際関係論など）
[著書]『単一民族神話の起源』（新曜社），『ナショナリティの脱構築』（共著，柏書房）.
[一言] このシリーズの著者としては唯一，教える側でなく学ぶ立場で大学に接している者です．大学時代にまず物理学，つぎに農学，さらに会社勤めを経て現在のような研究にたどりついたものの，「歴史」などという大テーマを書くのはいささか無謀だったかもしれません．私は歴史だけの問題というより，社会科学一般の問題として論じたつもりですが，読んで何らか感じていただけるところがありましたら幸いです.

Cacciari, Massimo（カッチャーリ，マッシモ）

1944年　ヴェネチア生まれ，イタリア人
[専門] 哲学（美学）．現在の研究の中心は，西洋世界の歴史における哲学と神学のかかわりの問題.
[著書] *Dell'Inizio*, Milano 1990；*Meridiens de la décision dans la pensée contemporaine*, Paris 1992；*Architecture and Nihilism*, New Haven 1993；*Geofilosofia dell'Europa*, Milano 1994 など.
[紹介] 1960年代以降，イタリアの哲学・文化・政治に関する論壇の主要な論客の一人．現在，ヴェネチア大学の美学講座の正教授．1976年から83年までは国会議員もつとめ，93年よりヴェネチア市長．"Angelus Novus", "Controplano", "Laboratorio politico", "Il Centauro", "Paradosso" などの雑誌の共同編集者をつとめるとともに，ハルトマン，ジンメル，ルカーチなどの著作のイタリア語訳の編纂者の経歴もある.

[訳者]
村松真理子（むらまつ まりこ）

1963年　東京生まれ
[専門] イタリア語，イタリア文学，日本語教育
[著書等] ルイジ・ノーノ「現代音楽の詩と思想」（訳，小林康夫編『現代音楽のポリティックス』所収，水声社），P. カプリオーロ『エウラリア，鏡の迷宮』（訳，白水社）ほか.
[一言] ヨーロッパの「北」と「南」を内包しつつ，「外」の世界へと開いた地中海に臨むイタリアは，西洋的知性の源流を辿る上で不可欠の旅程でしょうが，そこからの光がなかなか極東にまでとどかないのは，発信の地の混沌の故か，それとも受信側の怠惰のせいなのでしょうか.

小寺彰（こてら あきら）

1952年　京都生まれ
[専門] 国際法，国際組織法
[著書]『経済のグローバル化と法』（共著，三省堂），『多国籍企業の法と政策』（共著，三省堂），『国際関係研究入門』（共著，東京大学出版会）など.
[一言] 国際社会の相互依存関係の増大によって国際法の役割が大きくなり，国際法学も法律学として正当に遇される時代になったことを実感できるのは嬉しい限りです．ただ，それに比例して現象に流されやすくなったことも事実です．基礎理論と解釈実践のバランスをどうとるか，難しい課題です.

小林康夫 (こばやし やすお)

1950 年　東京生まれ
[専門] 表象文化論（芸術の行為論，テクストの存在論的分析など）
[著書]『身体と空間』（筑摩書房），『出来事としての文学』（作品社），『光のオペラ』（筑摩書房），『起源と根源』（未来社），『無の透視法』（水声社）など.
[一言] ホップ，ステップときて，どうジャンプするのか，というのがこの本の編集の困難であり楽しさでした．いろいろな跳び方があったなかで，こうなったということにある種の感慨があります．力のこもった原稿を下さった執筆者の方々に感謝．そして，三部作完結にあたって，この企画を支えて下さった膨大な数の読者の方々にあらためて感謝を申します．この多くの読者によってこそ，とかく閉鎖的で権威的な東大が少しずつでも開かれていくのだと実感しています．前二作に続いて編集を担当してくれた羽鳥和芳さんにも感謝を.

隅谷三喜男 (すみや みきお)

1916 年　東京生まれ
[専門] 労働経済論，工業経済論
[著書] 専門の関係では『日本賃労働史論』（東京大学出版会），『労働経済論』（筑摩書房），『日本石炭産業分析』（岩波書店）等．専門外では『大学はバベルの塔か』（東京大学出版会），『大学で何を学ぶか』（岩波書店），『アジアの呼び声に応えて』（新教出版社）.
[一言] 私の生まれた年を見てミスプリントと思うなかれ，他の筆者に比べて，1.5 世代も古い．私は老人と言って執筆を断ろうとしたら，精神年齢は若いなどとおだてられて，一文を草した．最近は時間と時との異質性など考え，読みたくても読めなかった本など読んで，晴耕（稿？）雨読の日を送りたいと思っている.

竹内信夫 (たけうち のぶお)

1945 年　空襲直前の大阪で生まれる．父に抱かれて逃げ回ることから人生を始めた.
[専門] フランス近代詩，比較日本文化論（とくに，密教と悉曇学の東アジア的展開）．ともに，「仏」文学に関係あり.
[著書] Mallarme's Text Database （共著，本の形で出したのもあるが，本体は20MB ほどのコンピュータ可読ファイル，マラルメ・データベース研究会），『スタンダード仏和辞典』，『ジェネス仏和辞典』（ともに共著，大修館書店），『自死の日本史』（訳書，モーリス・パンゲ著，筑摩書房），『遠近の回想』（訳書，クロード・レヴィ＝ストロース著，みすず書房）
[一言] 最近は悉曇資料の調査で日本や東アジア各地を一人で旅行することが多い．一人で旅行していると，人を信じるということが常に自分自身の意志と決断によるものだということを教えられる．誘惑と危険に満ちているという点で読書とよく似ている．旅をするように本を読み，本を読むように旅をしたい.

蓮實重彦 (はすみ しげひこ)

1936 年　東京生まれ
[専門] 表象文化論（フランス第二帝政期の文化，映画論，文芸評論）
[著書]『凡庸な芸術家の肖像——マクシム・デュ・カン論』（ちくま学芸文庫），『監督小津安二郎』（同），『夏目漱石論』（福武文庫）など.
[一言] およそ，生真面目な悲劇性ほど〈知〉にふさわしからぬものもまたとあるまい．何にもまして，艶やかな色気と，爽快な笑いとで〈知〉を軽やかに彩らねばならぬ．そして，いくぶんかの距離の意識をもって，言葉にしなやかなうねりを与えること．実際，動くことを知らない〈知〉は，醜さの同義語にほかならぬ．大学の歴史が醜さの歴史であった時代を，いま，過去のものにすべきときがきている.

長谷川寿一（はせがわ としかず）

1952 年　川崎生まれ
[専門] 人を含む動物行動学，進化心理学
[著書] *Understanding Chimpanzees* (Harvard Univ. Press)，『動物社会における共同と攻撃』（東海大学出版会）（いずれも共著）ほか.
[一言]『技法』『論理』と続けて実践編を分担したが，本書では専門に近いテーマを自由に書かせてもらった. もし『モラル』でも実践編を書くとするならばと考えると，いろいろなテーマが浮かぶ. 教室（研究室）の独裁者とならないための教師のモラル，研究テーマの倫理性，研究活動とロビー活動，知的剽窃，研究評価の公正性，アカデミズムにおける性差別等々. 研究教育分野とは，実は，社会的公正にひどく疎い領域ではないかと思えてくる.

長谷川眞理子（はせがわ まりこ）

1952 年　東京生まれ
[専門] 行動生態学
[著書]『クジャクの雄はなぜ美しい？』（紀伊國屋書店），『オスとメス＝性の不思議』（講談社），『男学・女学』（共著，読売新聞社）.
[一言] 理学部にいて専門の研究だけをしていた時代には，自然科学の全体像や科学と社会の関係などということにはまったく思い至らなかった. 文科系の大学で教養課程を教えるようになって初めて賢くなってきたようだ. 専門の研究という点では，水から引き上げられて窒息寸前という状況なのだが，これでかえって，水というものが理解できるようになったのである. それでもなんとか窒息はせず，両生類になって生き残っていきたいと思っている.

樋口陽一（ひぐち よういち）

1934 年　仙台生まれ
[専門] 憲法学
[著書]『憲法』（創文社），『何を読みとるか——憲法と歴史』（東京大学出版会），『近代憲法学にとっての論理と価値』（日本評論社），『近代国民国家の憲法構造』（東京大学出版会）ほか.
[一言] 既成の権威を批判し，今まで誰も言わなかったことを 1 行書くのにあぶら汗を流すのが，「知」のいとなみです. だが，そういう仕事が可能であるような世の中にしてゆくために，また，そういう世の中を維持してゆくために，わかり切った平凡なことを言うカッコ悪さに耐えるのも，「知」です.

船曳建夫（ふなびき たけお）

1948 年　東京生まれ
[専門] 文化人類学（儀礼と演劇，世界志向システムなど）
[著書]『現代の社会人類学 1-3』（共編，東京大学出版会），『国民文化が生まれる時』（共編，リブロポート）.
[一言] 若いころ長くつきあっていた人がいたが，結婚しなかった. 今でも深い深い夢の中でそのひとに出会う. 目覚めると夢は鮮烈に残り，なぜか（というか僕には不思議ではないのだけれど），その都度，ちゃんと生きなければいけない，という気分になる. 僕の夢の底には，『知の論理』の「一言」に書いた安部未来子先生とそのひとが，2 つ並んだ桜桃のようにこちらを見ている.

松浦寿輝 (まつうら ひさき)

1954年 東京生まれ
[専門] フランス文学，表象文化論
[著書]『口唇論──記号と官能のトポス』(青土社),『スローモーション』(思潮社),『映画 n−1』(筑摩書房),『平面論──1880年代西欧』(岩波書店),『折口信夫論』(太田出版),『エッフェル塔試論』(筑摩書房),『映画1＋1』(筑摩書房). 他に，詩集として『ウサギのダンス』(七月堂),『冬の本』(青土社),『鳥の計画』(思潮社) など.
[一言] これに先立つ二冊についても同じだが，使い捨てのツールとして構想された本書がみずからに課した謙虚な使命は，こうした『知の……』何とやらなどを傲然と軽蔑しうる「知性」の出現を準備するという一事に尽きている. しかし，ジャーナリズムのお祭騒ぎをほどほどに楽しめるという余裕もまた，そうした「知性」に必須の資質の一つというものだろう.

森政稔 (もり まさとし)

1959年 三重県生まれ
[専門] 政治，社会思想
[著書等]「産業化と自由，そして連帯──初期社会主義思想からみた自由と自由主義」(『自由と自由主義』所収，東京大学出版会) など.
[一言] 私自身，中高生時代に幾人かのすぐれた先生に恵まれた者であり，できれば教育についてもう少し希望のある話を書きたかったのですが，結局果たせませんでした. 一部の学校（あくまでも一部ですが，例外的ではない）で野放しにされている暴力とそれを正当化する言説が徹底的に批判されてはじめて，新たに正常に教育を論じる出発点に立つことができる，と考えます.

吉川弘之 (よしかわ ひろゆき)

1933年 東京生まれ
[専門] 一般設計学
[著書]『一般設計学序説』(精密機械),『信頼性工学』(コロナ社),『ロボットと人間』(NHK出版),『テクノグローブ』(工業調査会) など.
[一言] 東京大学の教職員約8000名，学生約20000名，予算は1000億円を超える. ここで知の生産が行われる. 規模の差はあるが，日本には大学が600以上あり，知の生産の規模は小さくない. このことの意味を，考えてみたい.

Richter, Steffi (リヒター，シュテフィ)

1956年 ライプチヒ生まれ，ドイツ人
[専門] 日本学（近現代文化），比較文化（もともと哲学を専攻したが……）
[著書] *Ent-Zweiung. Wissenschaftliches Denken in Japan zwischen Tradition und Moderne* (Akademie-Verlag Berlin), *Wie und warum entstand Philosophie in verschiedenen Regionen der Erde ?* (共著，Dietz-Verlag Berlin) など.
[一言] 初めて自分で日本語で書いた論文です. おもしろい冒険でした.「日本語は学問に相応しくない言葉だ！」という考え方は，私の経験と一致していません. もちろん，簡単なことではありませんでしたが，しかし相談し，意見を交換する相手さえいれば，人間はなんでもできるのではないでしょうか. これは実践的な比較文化だなあ，と思います.

知のモラル　新装版

1996 年 4 月 10 日　初　版第 1 刷
2023 年 9 月 25 日　新装版第 1 刷

［検印廃止］

編　者　小林康夫・船曳建夫

発行所　一般財団法人　東京大学出版会

代表者　吉見俊哉

153-0041 東京都目黒区駒場 4-5-29
https://www.utp.or.jp/
電話 03-6407-1069　Fax 03-6407-1991
振替 00160-6-59964

印刷所　株式会社三陽社
製本所　誠製本株式会社

知の技法——東京大学教養学部「基礎演習」テキスト

小林康夫・船曳建夫 [編]　Ａ５判・296 頁・1500 円

開かれた「知」をめざす大学改革のさなか，東大教養学部で開設された文系１年生必修科目「基礎演習」のテキスト．問題設定からアクチュアルな認識とアプローチ，記述や発表等の表現まで，社会における実践的対話へとつながる「知」の行為の技術を伝える究極の参考書．

知の論理　新装版

小林康夫・船曳建夫 [編]　Ａ５判・352 頁・2200 円

さまざまな学問領域において，未知の対象を認識し，記述する仕方——すなわち論理はどのように発明され，どのように用いられ，どのような問題を提起しているか．具体的な現場を通して，論理の多様性とその実践的な創造性のダイナミズム，知の課題を浮き彫りにする．

知のモラル　新装版

小林康夫・船曳建夫 [編]　Ａ５判・324 頁・2200 円

困難な時代，さまざまな論理がぶつかり合う現実のディレンマに直面した際，人間として，どのように応答し，行為すべきか．『知の技法』『知の論理』の根底にあった知のモラルへの問いかけを前面に出し，大学の内外を問わず多くの人々とともに考えてみようとする．

教養のためのブックガイド

小林康夫・山本泰 [編]　A5 判・256 頁・1800 円

何を読んだらいいのですか？——東大教養学部が，教養教育の実践として新入生に提示するブックガイド．本を読むことの楽しさを通して，大学の豊かな可能性を伝える決定版読書案内．〈開かれた知〉への誘い．

知のオデュッセイア——教養のためのダイアローグ

小林康夫　四六判・288 頁・2800 円

本質的他者との対話への準備がないものは大学を去れ！　時に創造的に介入し，または偶然に導かれて，「出会う」力とは．自らの枠を超えて呼びかけに応答し，「人間についての新しい思考」を模索する旅を綴る．アクティヴィストとしての本領を存分に発揮したエッセー．